浙江省社会科学界联合会课题研究成果

浙商企业形象人格化研究

周鸣阳 著

浙江工商大學出版社
ZHEJIANG GONGSHANG UNIVERSITY PRESS

图书在版编目(CIP)数据

浙商企业形象人格化研究 / 周鸣阳著. — 杭州：浙江工商大学出版社，2015.12

ISBN 978-7-5178-1503-7

Ⅰ. ①浙… Ⅱ. ①周… Ⅲ. ①企业形象—研究—浙江省 Ⅳ. ①F279.275.5

中国版本图书馆 CIP 数据核字(2016)第 007966 号

浙商企业形象人格化研究

周鸣阳 著

责任编辑 王黎明
封面设计 林朦朦
责任印制 包建辉
出版发行 浙江工商大学出版社
(杭州市教工路 198 号 邮政编码 310012)
(E-mail:zjgsupress@163.com)
(网址:http://www.zjgsupress.com)
电话:0571-88904980,88831806(传真)
排　　版 杭州朝曦图文设计有限公司
印　　刷 浙江云广印业股份有限公司
开　　本 710mm×1000mm 1/16
印　　张 19.75
字　　数 323 千
版 印 次 2015 年 12 月第 1 版 2015 年 12 月第 1 次印刷
书　　号 ISBN 978-7-5178-1503-7
定　　价 42.00 元

浙江工商大学出版社营销部邮购电话 0571-88904970

前言

习近平总书记提出："创新是引领发展的第一动力。""惟改革者进，惟创新者强，惟改革创新者胜。"崇尚创新，国家才有光明前景，社会才有蓬勃活力。对企业来说，创新是持续发展之基、市场制胜之道，抓创新就是抓发展，谋创新就是谋未来。纵观中外企业创新史，无不经历了"技术创新—管理创新—文化创新—形象创新"逐级上升的演变过程。形象创新，是企业全面创新的基础和前提，能够为技术和管理创新提供不竭的精神动力和思想源泉。

浙商作为中国第一商帮，是"冒险家"和"革新家"，在适应和引领新常态中能否继续走在前列，关键就在于能否把准"变革求胜、创新致胜"的时代脉搏，持续保持形象创新。如何创新浙商企业形象是个大课题，既有学术研究的特殊价值，更有现实实践的迫切需求。本著作期待对此重大课题作深入而全面的透析。

本著作的思路，从以下四个方面阐述：

一、问题导向："三新"开题——新常态、新浙商、新形象。

当前，中国经济社会已经进入新常态，从保持经济增长、调整产业结构、转变发展方式、加强生态环境等方面看，改革已经进入深水区，经济增速换档回落已成"新常态"。这意味着我国经济已进入一个与过去30多年高速增长期完全不同的新阶段，适应"新常态"的核心是在经济减速与提质增效之间实现平衡，它必然伴随着经济增速换档和转型升级的阵痛，这是国际金融危机与中国发展阶段大变化叠加产生的历史性过程。改革开放后迅速掘起的"新浙商"，如何适应经济"新常态"、发现新机遇、突破新瓶颈、重塑新形象，需要哲学新思维、责任新担当、诚信新形象。在建设"两富"浙江、"两美"浙江的现代化进程中，亟待提升浙商企业新形象。

二、确立目标:“三象”建标——产品形象、品牌形象、企业家形象。

什么是“最美浙商”?就是浙商生产的产品和服务形象更佳、浙商企业创建的民族品牌形象更好、浙商企业家队伍整体形象更美,加快推进“浙商制造—浙商创造—浙商智造”的历史进程。省委书记夏宝龙提出:“希望广大浙商回归浙江,争做责任浙商;坚守实体,争做实业浙商;转型升级,争做创新浙商;义利并举,争做最美浙商。”浙商在创新发展和转型发展中,积极做好实体企业的“坚守者”,讲质量、铸品牌,把主业做久做实、做强做大,成为市场经济的“常青树”,从“经济浙商”向“人文浙商”“和谐浙商”“责任浙商”转变和提升。

三、路径探索:“三创”破题——创新思维、创建品牌、创设举措。

浙商迅速崛起和快速发展,包含和呈现着丰富而又深刻的人文精神,如不甘贫穷和平庸、百折不挠地专注、勤奋且吃苦耐劳、机灵并善抓机遇、敢为天下先、善于学习搞创新等,形成独特的浙商形象,它既是浙商取得成功的奥秘所在,又是困扰和阻碍浙商企业发展的重要原因。如企业核心价值观错位导致形象理念落后;家族制管理模式、块状经济同质化现象、企业创新能力不足等造成企业形象定位模糊;企业主素质不高、人文精神缺乏、功利性太强等,常被解读为“土豪”式企业主形象,导致出现许多企业“只有知名度,缺乏美誉度”现象。

如何创新管理和重塑浙商形象,如何破题?从文化深层思考,必须确立哲学思维、承担社会职责、坚持诚信道德,明确“哲商”是浙商企业生存之基、“责商”是浙商企业发展之道、文化是浙商企业形象之本;企业家精神是浙商企业形象之魂、管理创新是提升浙商企业形象的根本路径。告别野蛮生长,坚守诚信守法,成为真诚浙商,善良浙商,美丽浙商。

我们借鉴国内外已有研究成果,审视浙商企业形象,融合相关学科知识、整合企业形象资源,期盼在理论上有所建树和创新。从哲学高度审视浙商形象,传承中华传统文化和浙江重商文化的精华,发扬当代浙商优良精神,破解形象管理创新瓶颈;从人格化视角分析浙商物质基础和人格特征,探索浙商基业长盛之魂;构建形象力评价体系,从理念形象、行为形象和视觉形象进行分析、设计和塑造,探索技术创新和形象创新的方法。浙商需要哲学思维导航、努力创建企业品牌、创设改善形象举措。在深入实施“两富”“两美”浙江建设战略、突破经济结构调整和实现增长方式转变“制约瓶颈”的背景下，期盼通过塑造浙商企业形象，提高企业知名度、美誉度和市场竞争力，为增加企业经济效益和社会效益提供思路。

四、谋篇布局：“三人”构篇——人文化探源、人格化探魂、人性化探术。

人类因梦想而伟大，企业因文化而卓越，提升浙商企业形象要以企业文化建设为核心，因为它是企业生命机体整体的、独特本性的体现和表达，是浙商企业独特智力、体力和情感的融合和表现。我们以浙商群体为研究对象，以企业形象为研究内容，以企业人格化为研究重点，探索提升企业形象的路径、措施和方法。全书分三篇十章，第一篇为浙商企业形象研究人文化探源，千年商脉，源远流长，通过分析浙商产生、发展和演变历史，从人文化视角探索企业形象之源。第二篇是浙商企业形象管理人格化探“魂”，通过企业差异化定位、企业家战略设计、企业理念人格化设计，从人格化视角探索浙商企业形象之魂。第三篇是浙商企业形象设计人性化探“术”，通过企业品牌形象、行为形象和视觉形象设计，从人性化视角探索提升浙商企业形象设计的策略和战术。

本书承蒙浙江商业职业技术学院提供的学术专著出版资助，特此鸣谢！

作　者

2015 年 11 月

目　录

第一篇　浙商企业形象研究人文化探源

第二篇　浙商企业形象管理人格化探魂

第三篇 浙商企业形象设计人性化探术

第一篇

浙商企业形象研究人文化探源

[篇首语]

习近平在《“浙商文化”是浙商之魂》中指出：“从文化渊源上看，‘浙商文化’传承于浙江深厚的文化底蕴。从实践基础看，‘浙商文化’形成于广大浙商的创造性实践，是支撑浙商开拓进取的精神动力。浙商的新飞跃，需要‘浙商文化’的支撑。”①在千百年的创业实践中，浙商正是秉承浙江人以民为本、注重民生的人本观念，工商皆本、义利并重的务实作风，坚忍不拔、锐意进取的开创精神，灵活变通、兼收并蓄的博大胸怀等文化基因，形成了浙商品质和精神，并使之成为浙江经济发展壮大的文化支撑。

文以载道，以文化人。企业形象是企业文化精神的表现，文化力量通过企业形象，影响企业发展、决定企业未来。当前，适应和引领新常态成为浙商转型发展的时代必答题；把浙商文化提升拓展到企业文化提振精神、强企壮企，是应对新洗礼、战胜新挑战的当下必解题。本书通过浙商和浙商企业形象文化探源，提出提升浙商形象举措建议。发出一个提醒、提供一点思路，供您借鉴参考。

第一篇“浙商企业形象研究人文化探源”，分为浙商企业形象文化审视、文化探源和现状分析等三章。我们将浙商形象置于人类历史文化中加以考察，探索浙商企业形象产生、发展和演变的人文渊源和经商之道。在经济社会转型背景下，阐述浙商企业形象概念内涵、表明研究动机和现实意义，国内外研究动态和浙商研究现状，以及对浙商新形象的期盼；阐述近代浙江商帮形象，分析传统文化对浙商形象的影响；理清当代浙商企业形象形成过程和各区域浙商形象特征，分析浙商企业形象存在的问题，提出转型期浙商企业形象建设目标，呼唤商业哲学思维、主动承担社会职责、坚持商业诚信道德，探索提升浙商企业形象的路径和措施。

---

① 习近平：《之江新语》，浙江人民出版社 2007 年版。

第一章　浙商企业形象文化审视

知斗则修备，时用则知物，二者形则万货之情可见矣。故旱则资舟，水则资车，物之理也。

——计　然

商人首先应该有商德，无德之人做不好生意。做生意先做人和做事先做人的道理一样。做人首先要注重的就是道德与品格。在经商过程中商德是决定一个生意人能否成功的关键要素。

——徐冠巨

企业形象管理必须正确处理"器、物、德、道"关系，"德"乃企业文化和形象，"道"乃企业家价值取向和动力。提升浙商企业形象要以德服人，以道服市场，实现人品和产品完美结合。

——作　者

立足浙江社会经济和历史文化，研究浙商企业形象变迁历史和现实状况、探寻企业文化渊源、分析浙商群体形象，本研究旨在通过浙商企业形象研究和探源，培育、提升形象力和核心竞争力，创建浙商民族品牌，使浙商成为名副其实的“第一商帮”。

浙商企业形象管理呼唤“人文化”，“人文化”就是“以人为本”，人既是文化的创造者，又是文化的享受者，更是文化的传承和创新者。人文化要求浙商企业从科学理性的角度看待个人和社会发展，不能孤立地片面地坚持“物质决定论”“经济决定论”，防止朝物化主义的偏极滑行，避免灵与肉、神与形的扭曲失衡。浙商企业要利用人类积淀的优秀文化传统来培育企业精神和文化，使企业家和员工的行为、语言、习俗、思想、感情、学问、智力，不断地由粗鄙、野蛮、低级向优雅、文明、高级进化。

在企业形象力制胜的时代，浙商企业家如何运用形象力促进企业发展，是研究浙商企业发展的重大课题。

第一节　浙商企业形象研究动因

党的十一届三中全会提出的改革开放政策，实质上是中国经济制度和生产方式的根本转变。在这次社会经济大变革中，浙商企业开始崭露头角，依靠廉价的土地、劳动力、环境资源配置和利用所带来的“要素租金”推动了经济的快速增长，成为浙江经济建设的主力军。

浙商抓住改革开放的历史机遇，成为中国当之无愧的“第一商帮”，理应具有卓越的企业文化和美好形象，但媒体对浙商的负面报道不断，不少浙商企业只有知名度和影响力，缺乏美誉度和话语权，企业形象文化“软实力”薄弱。当代企业如果没有代表企业文化理念、管理、技术等综合因素的形象，难以有机会赢得市场，更不可能成为业界翘楚。

浙江最大的优势是浙商。习近平在《“浙江人经济”拓展浙江经济》中，对浙江经济和浙江人经济做了辩证的分析，他认为：“通俗地理解，‘浙江经济'是浙江省域范围内浙江人和非浙江人创造的经济总量，而'浙江人经济'则是浙江人在浙江以及浙江以外任何地方创造的经济总量。'浙江经济'不是'浙江人经济'，前者立足点在地域，是地区经济的概念，是GDP 概念；后者立足点是人，更多的是文化概念，是 GNP 概念。这表明了浙江的经济发展模式不仅是富民强省的发展模式，而且也是能够为全国乃至世界经济做出重要贡献的发展模式。"①

我们以浙商企业作为研究对象，以企业形象作为研究内容，以企业形象人格化研究作为重点，探索提升浙商企业形象的路径、措施和方法。本部分主要涉及老浙商商帮组织形象文化渊源、新浙商企业形象、现状分析及提升企业形象的路径研究，重点研究理念形象、视觉形象、行为形象、品牌形象和企业家形象。旨在通过提升浙商形象，增强浙江企业对人才的吸引力，提升科技创新能力，加强自主品牌建设，增强核心竞争力，努力实现经济转型和产业调整升级的目标。

一、研究背景

浙商企业的产生和发展，有其特定的社会历史和经济政策环境，提升浙商企业形象力，是浙商改革开放"再出发"、经济"再腾飞"的重要砝码。

提升浙商企业形象是时代的呼唤。党的十八届三中全会审议通过《中共中央关于全面深化改革若干重大问题的决定》，是改革开放政策的"升级版"。现在我国经济进入第二次转型，从"要素租金"向"创新租金"驱动的经济发展模式，即从制造经济向创新经济的转变。在此期间，浙商却丧失了原有的制度优势和人才优势，现阶段又正值家族企业代际传承高峰，遭遇金融危机、人才"瓶颈"和中西文化的"碰撞"，加上市场经济力量的"倒逼"推动，让浙商企业站在一个新的十字路口，经济转型产业升级困难重重。② 曾经作为中国市场经济"榜样房"的温州，今天却已失去往日风采，产业发展"未熟先衰"。2005 年时任浙江省委书记习近平在《从"倒

① 习近平：《之江新语》，浙江人民出版社 2007 年版。

② 周宙等：《基于企业文化视角的人力资源结构优化研究》，《东方企业文化》2011 年第 14 期。

逼”走向主动》一文中提出：“我省一些地方以脱胎换骨的勇气，从被‘倒逼’转向主动选择，逼出了‘腾笼换鸟’、提升内涵的新思路，逼出了‘借机升天’、集约利用的新办法，逼出了节能环保、循环经济的新转折，从而用‘倒逼’之‘苦’换来发展之‘甜’，争取实现‘凤凰涅槃、浴火重生’的新飞跃。”①

1. 浙商企业形象要随着经济转型而转型。

浙江获全国首个“转变经济发展方式综合试验区”试点省份，这实际上是将浙江省级战略提升到国家战略层面。国家将在产业转型、生态环境等方面给予更多的政策扶持，以推动浙江产业转型升级。社会转型就是社会经济结构、价值观念、文化形态等发生深刻变化，包括体制转型、社会结构变动和社会形态变迁三个方面。人类社会本身就是一部社会变迁的进步史，社会变迁是一个缓慢的历史过程，而转型就是社会变迁当中的“惊险一跳”，就是从原有的发展轨道进入新的发展轨道的过程。

我国近 100 年来，真正意义上的社会转型有三次。第一次是辛亥革命，它结束了长达 2000 多年的封建帝制；第二次是 1949 年中华人民共和国成立，建立了人民民主的社会主义制度；第三次是正在进行的改革开放，国家实现对内改革对外开放的政策，实际上就是一个社会转型的过程。② 社会经济全面转型是改革开放的继续，是深化改革继续开放的客观需要，是“倒逼”推动文化、经济和政治的全面转型。

社会经济全面转型，给浙商企业带来的既是机遇更是挑战，改革开放后发展和壮大的浙商群体，主要是靠“块状经济”和“建造市场”来拓展业务的，然而一味地依靠低端的、传统的、粗放的、外延的规模扩大，是以环境污染为代价的，是难以持久和健康发展的。正如习近平所说的：“粗放型增长方式要消耗大量的资源能源，可谓之‘暴饮暴食型经济成长’，就如‘暴饮暴食’，不仅浪费食物、暴殄天物，终将消化不良、自损健康。”③特别是在全球金融危机后，过度依赖外贸的浙江企业，生产经营状况陷入困

① 习近平：《之江新语》，浙江人民出版社 2007 年版。

② 杨树荫：《关于社会转型的若干思考》，《今日浙江》2009 年第 11 期。

③ 习近平：《之江新语》，浙江人民出版社 2007 年版。

境，转变经济发展方式势在必行，经历过这种市场“倒逼”的、依靠外力推动的、“脱胎换骨”的转型，众多的浙商企业可能在经过“凤凰涅槃”后获得“重生”，也有成千上万的企业未能经得住转型的“阵痛”而“破产”，如温州有数以百计的老板选择“跑路”、永康“美女”老板出境外逃，致使浙商企业整体形象严重受损。

2. 浙商企业形象要随着产业调整而调整。

产业结构调整是经济转型的核心，是城市转型、社会转型和体制转型的基础。产业结构调整主要是结构合理化和产业高级化，产业结构横向均衡和合理化，就是在数量比例、地域布局等方面与市场需要相适应。产业升级主要有四种方式：工艺升级、产品升级、功能升级（向微笑曲线两端延伸）和产业链升级（进入新的产业）。前三种是企业平时进行的常规发展方式，是保持和提高竞争力的基础，而产业链升级对企业诱惑最大，相应的要求和风险也更高。产业结构纵向发展的基本规律是：产业结构沿着“劳动密集型—资本密集型—知识密集型”的方向演进、由“低加工度—高加工度”产业演进、由“低附加值—高附加值”产业演进。因此，产业结构优化的过程，就是产业结构高度不断提升的过程。浙江产业结构性矛盾突出，过多地集中在门槛低、技术密集度低的行业，高端产业基本空缺，部分行业产能过剩，过度依赖投资与出口；自主创新能力薄弱，模仿多于创新，产品附加值低、同质化、市场竞争力和抗风险能力差；发展方式落后，高消耗、高排放、低效率的增长方式；要素制约严峻，自然资源匮乏，人才素质提升缓慢等。浙商企业不仅要遵循国际产业发展规律，更要针对自身处于国际产业链末端、抗风险能力弱、缺乏国际竞争力的现状和特点，通过提高自主创新能力、促进传统产业转型升级、建立现代产业体系等经济增长方式，探索具有浙江特色的产业结构调整之路。浙江产业结构的持续升级转化，推动着工业化与城市化发展的进程，是转变经济发展方式的重要动力源泉。

浙商企业产业结构调整是一场深刻的“产业革命”。改革开放前30年浙江经济始终在全国第一方阵“浙江、广东、江苏、山东”之中，可是近几年浙江省经济增速明显放慢，如杭州的经济总量和增速近十来年一直力压南京，但从2012年上半年开始，双双被南京超过；宁波也已落后于同等级的深圳、青岛、大连、苏州、无锡等城市。① 浙商企业有的出现“动力危机症”,有的陷入“做大就做死”的犹豫期。产业结构调整是“二次创业”,既涉及产业之间的结构比例调整,又有产业内部的层次结构调整,而产业内部的转型升级,关键是企业科技创新。要从生产制造环节向产品研发、设计和品牌、营销发展,主要是在价值链的升级和延伸中提高企业核心竞争力。通过创建浙商企业文化、提升企业形象,重塑民营企业精神,调动和激发科技人才的积极性和主动性,进而达到企业经营目标。

3.浙商要借助区位优势重塑企业形象。

首先,要借助长三角经济群的区位优势。浙江是以长江三角洲作为第六个世界级城市群未来“一体两翼”的格局来定位的,根据长三角和浙江经济“三圈三带一群”的发展规划,即杭州、宁波、温州三大都市经济圈;环杭州湾、温台沿海、金衢丽高速公路沿线的三大产业带;以及浙中城市群。早在2004年,习近平就在《推动我省经济布局不断优化》中提出:“近几年来,省委、省政府为优化我省经济布局,进一步明确了区域发展战略,即增强杭甬温三大中心城市的集聚效应和辐射功能,加快环杭州湾产业带和温台沿海产业带的要素集聚,优化金衢丽地区生产力布局,加大山区和海洋综合开发力度,并突出强调浙西南地区要重点发展生态农业、生态工业和生态旅游等特色产业,舟山等海岛地区要重点发展海洋产业。”②

其次,要借助上海自由贸易区的区位优势。对浙商而言,上海自贸区的启动不仅意味着可以凭借地缘相近分享更多的机遇,同时也意味着短期内不可避免的虹吸效应以及更高的转型要求。上海自贸区内不仅有一般边界意义上的关税减免开放,还将实现贸易自由、投资自由、服务自由和能源自由。中央赋予上海自贸区的种种突破性政策,不可避免地会在短时间内对浙江乃至整个长三角群的资源产生一定的虹吸效应,集聚更多的人流、物流和信息流,也对周边产生辐射和带动效应,使之能够服务于更广泛的地区。

再次,要借助新型城市化建设的优势。党的十八大提出要加快城市

① 王运宝等:《浙商回归——浙江为什么“急”》,《决策》2012年第8期。

② 习近平:《之江新语》,浙江人民出版社2007年版。

化建设，在充分考虑城市和农村发展、城市居民利益和农民利益的基础上，实现城乡经济的协调发展，走出一条具有中国特色的城市化道路。城市化战略最重要的是城乡统筹协调发展，城乡利益“共赢”。浙江省的城市化道路起步较早，2006 年 8 月，浙江省委、省政府召开全省城市工作会议，出台了《关于进一步加强城市工作，走新型城市化道路的意见》，在全国率先提出了“走新型城市化道路”的战略决策。它是一项系统工程，涉及政治、经济、社会、文化等各个方面，特别是提出促进第二产业和第三产业的发展，以解决农村转移的人口。因此，浙江城镇化道路必须促进浙商企业的快速发展，浙江城市形象的改变必须与浙商企业形象创新相适应。

同时，为了全面实施“八八战略”和“创业富民、创新强省”总战略，浙江省制定了《浙江省美丽乡村建设行动计划(2011—2015 年)》，努力建设一批全国一流的宜居、宜业、宜游的美丽乡村，促进生态文明和惠及全省人民的小康社会建设。在建设美丽乡村的同时，更需要提升为农业、农村、农民服务的企业形象。

此外，要借助产业集群的区位优势。浙商民企占全省 GDP 的 70%以上，是将 400 多个“块状经济”向 42 个省级产业集群发展的主力，浙江的经济发展状况、发展速度及成效，都取决于浙商企业的发展。“块状经济”向产业集群的发展方向，改变了以“量”扩张为主的增长模式，扬弃产业结构锁定低端的现象，它将决定着浙江经济转型的成败。要破解在经济增长中，主要依靠物质资源消耗支撑的状况，解决产业结构层次低、地域布局散、市场竞争力弱的格局，彻底改变依赖低成本、低附加值的竞争局面，积极探索具有浙江特色的科学发展道路。但是，现在浙商企业原有制度先发优势、企业家资源和人力资源优势等逐渐散失，经济转型乏力，急需提升浙商企业的市场竞争力。

4. 浙商企业形象建设要借助“互联网+”的商业模式。

2015 年政府工作报告指出，要制定“互联网+”行动计划。推动移动互联网、云计算、大数据、物联网等与现代制造业结合，促进电子商务、工业互联网和互联网金融健康发展，引导互联网企业拓展国际市场。李克强总理考察“中国网店第一村”(义乌青岩刘村)，首届世界互联网大会在乌镇召开，都强化了浙江成为互联网时代新经济形态探路者的地位。浙江要加快信息化和工业化融合，培育云计算、大数据、物联网等产业，加快发展电子商务、软件、信息产品制造等产业；支持桐乡创建国家互联网创新发展试验区。2012—2014 年度浙江网络销售额分别为 2027 亿元、3821 亿元和 5642 亿元，《2014 年浙江省电子商务发展报告》显示，浙江电子商务交易额突破 2 万亿元。目前，全国约有 85%的网络零售、70%的跨境电子商务及 60%的企业间电商交易都是依托浙江的电商平台完成。浙江 IT 产业年均发展速度都在 25%以上，全省信息消费规模已经达到 1500 多亿元人民币，居全国前列。美邦服饰公司董事长周成建倡议政府积极引导和扶持新型品质电商的发展，尤其是在税收、创新资金、知识产权保护等方面应给转型中的传统企业以特别支持。大力发展以互联网为核心的信息经济，既能够规避浙江人多地少、自然资源匮乏的情况，又能放大浙江在电子商务、信息技术产业方面的发展优势。

2014 年浙江省出台《关于加快发展信息经济的指导意见》，确立了信息经济在全省经济中的主导地位，以期打造浙江经济“升级版”。现在浙江的区域创新能力在全国处于第五位，企业机制创新能力居于第三位，知识产权综合实力处于全国第二位。近几年，浙江兴建了杭州未来科技城和青山湖科技城、宁波材料科技城、舟山海洋科学城等科技城，这对集聚人才、推进科技创新产生重要作用，浙商企业在“互联网＋”时代已经树立了信息技术管理创新的新形象。

5. 浙商回归是提升企业形象的重要平台。

浙江经济的发展主要依靠劳动密集型传统产业，吸纳了大量低素质劳动力，这些来自浙江农村和省外的劳动力带来了社会管理问题，而带着资本和技术的浙商，却“逆向”流动到省外甚至国外，严重地制约了浙江区域经济发展。为了优化产业结构和人口结构，省委省政府提出“浙商回归”工程，旨在吸引浙商资本回归和人才回归，推动产业结构优化升级。

浙商回归不仅是浙江能给予回归的浙商什么优惠的各种鼓励政策，还与浙商企业形象建设密切相关，回归企业的知名度、美誉度、影响力和形象力，都决定着回归后企业生产经营成效。2011 年 10 月召开首届世界浙商大会，“浙商回归”被列为 2012 年度省政府“头号工程”，当年到位资金1297.9亿元,2013年到位资金1752.13亿元,[1]2014年到位资金2235.7亿元,2015年到位资金3066亿元,[2]为浙江经济建设注入新的活力。

浙商回归不仅是资金、技术和企业家的回归,更重要的是企业家精神的回归。企业家是特殊的人力资本,它表现为企业家才能,即创新经营才能、承担风险能力和决策领导控制等能力,企业家精神是企业家的灵魂和标尺,它的价值就在于促进企业家各种才能的效用最大化,是本源性的价值要素,是企业家各种价值的抽象回归。

浙商回归也是经济健康持续发展的回归,群凤回巢,百鸟归林,大批省外、海外商人回归家乡,带回众多项目和资金,现已初见成效,但作用与效果尚不理想。其原因是多方面的,其中浙商企业形象、企业家精神缺失等是浙商的"硬伤"。针对浙商特点加强企业文化和形象建设,包括理念形象、行为形象、视觉形象、品牌形象及其个性化研究,特别是浙商企业家的人格特性,以人格化、人文化、人性化等视角,设计符合自身发展道路的企业形象至关重要。

二、研究意义

浙商企业文化建设和企业形象设计,是承担社会责任、提升企业形象、创建特色品牌、提高经济效益的重要途径。我们基于浙江经济转型产业升级的时代背景,分析浙江企业形象现状,探索塑造和提升企业形象的对策措施,具有重大现实意义。

1. 塑造和提升浙商企业形象,对转型升级具有重要作用。

消费者不仅关注与产品相关的直接因素,如质量、性能、价格、外观等,更加关注与其产品相关的各种信息,如企业知名度、美誉度、实力感等。这些间接的市场信息,在推动消费者购买行为上的作用,甚至高于产品的内在质量。所以,是否拥有消费者认可的市场信息,无疑成了企业竞争实力高低的重要因素,而这种消费者认可的市场信息,在很大程度上依

---

① 徐光:浙江在线(http://biz.zjol.com.cn/system/2014/08/22/020213333.shtml),2014-08-22/2015-08-10。

② 金梁:浙江在线(http://biz.zjol.com.cn/system/2016/01/17/020991049.shtml),2016-01-17/2015-10-19。

赖于产品形象、企业形象及企业家形象特征。由此，商品经济将企业形象带入了一个高需求的领域，企业“形象力”不仅成为竞争的主导力量，更是企业生存与发展的基础条件。在形象经济视角下，浙商企业核心竞争力就是“互联网＋形象力”，浙商企业形象力对于转变发展方式，促进经济转型和产业结构调整具有重要作用。

2. 企业核心竞争力的关键，是建立企业品牌形象。

企业必须具有清晰的目标定位、明确的品牌名称和直观表达品牌内涵的视觉要素。消费者在实现消费行为时，不仅关注产品内在的质价体系和企业的市场营销手段，而且更为关注产品提供者在市场中的知名度和美誉度，以及商品自然属性之外的社会认同效应，即商品的品牌实力以及由商品使用所带来的自身社会地位体现。所以企业的市场知名度、认同度及表示产品归属感的品牌概念，可能就直接成为影响消费行为的重要因素，或成为建立消费行为的主要因素。因此，企业品牌形象力将直接决定企业在竞争中的地位和优势。

3. 确立浙商企业新形象，把企业文化建设落到实处。

企业文化和品牌形象都是一种思想、一种关系。品牌形象是企业文化理念的诠释和延伸，是建立在企业文化基础上的外显形式，又是渗透到品牌经营全过程、全方位的理念、意志、行为规范和风格，在某种程度上代表着企业文化的价值取向。[①] 浙商企业文化是在生产经营过程中逐步形成与发展的，带有本企业特征的经营哲学，以价值观念和思维方式为核心所生成的企业内部全体成员共同认可和遵守的价值标准、基本信念、行为准则、风俗习惯和传统以及与之相应的制度载体的总和。通过创建企业文化，重塑浙商企业精神，激发员工积极行为，可以达到提升企业形象品牌和增强核心竞争力的目标。

三、研究综述

1. 企业形象理论的传播和应用。

20 世纪 80 年代初期，以企业视觉识别体系建立塑造企业形象的 CIS

---

① 龚基云:《基于文化的企业品牌形象塑造》,《安徽师范大学学报(人文社会科学版)》2008 年第 11 期。

(Corporate Identity System)理论在我国大陆兴起。一批企业尤其是民营企业倾巨大精力和财力实施 CIS 工程,进行以视觉形象设计为核心的企业形象塑造。企业因之迅速崛起且日益壮大,同时,也使大批中国自主品牌破土而出、呈现出无限生机,进而令 CIS 理论受到更多企业的青睐和欢迎,导入 CIS 被更多企业管理者视为"时尚"和潮流,以至在某些管理者中间,将 CIS 理论及应用视为企业的救星、成为解决企业难题的"灵丹妙药与制胜法宝"。但随着我国经济体制改革的深化,企业和产品的竞争日益加剧,使企业在体制机制中深层次问题逐渐地暴露出来,直接导致了某些"形大于体"的企业衰败,还有一些"形体不一"的企业速生速灭。于是,也使 CIS 理论由神坛跌入低谷,许多人由对这一理论的崇拜到质疑甚至是否定。

中国是一个视觉要素应用的大国,在视觉要素应用方面,曾有过辉煌的业绩和历史,但在近现代直至改革开放初期,企业形象设计尤其是企业视觉要素的应用,渐渐地淡忘或远离。在全球化的市场经济中,在企业形象设计方面,我们仍处于弱势,它制约了企业发展和自主品牌的创建。党的十八大要求更加重视实体经济的发展,要让中国企业迈向腾飞。在中国品牌走向世界的时候,要对企业形象理论进行深入挖掘,特别是根据国情进行深入的分析,对提升中国企业在国际中的形象具有现实意义。

2.国内外对企业形象人格化的研究。

企业作为经济组织,本质上是人的集合,表现为企业内外成员之间的博弈关系,即人格化的企业。所谓人格化就是企业把企业中的人与组织相互关系作为研究对象。阿尔钦和德姆塞茨认为企业实质上是"团队生产方式"。古典理论中,企业人格化的行为主体是企业主,并认为企业主同时承担剩余风险,在企业中扮演着核心的角色。在现代企业制度中,突出人在企业的主体地位,强调尊重人、关心人、理解人、信任人,可以激发全体员工的积极性、主动性和创造性。

企业如人,而人各有人格特质,因此,由人组成的企业也就必然具有群体人格特质,企业也必然有自己的精神体系,这个精神体系支撑着企业的运转。企业人格化设计,是通过一系列制度创新手段建立"人格化企业"的复杂过程,简言之,"人格化企业"就是以人为本的企业。一个企业要塑造什么样的形象,首先取决于企业价值观。企业形象塑造就是要给企业设计一种个性，根据这种个性设计企业外在印象和企业行为，这就是企业人格化设计。

3. 国外对企业形象人格化设计的研究。

企业形象是企业通过所提供的产品或服务，以企业系统化、标准化的识别符号，以及企业的员工素质、经营风格和外在形象等要素在社会公众中留下的总体印象。最早起源于第一次世界大战前的德国 AEG 公司，在系列电器产品上首先采用彼得·贝汉斯所设计的商标；20 世纪 40 年代后期以来，欧洲各大企业纷纷导入 CIS；20 世纪 60 年代至今是欧洲 CIS 的兴盛时期，同时也在美国、日本等国家兴起。

国内对企业形象人格化设计的研究。我国首先在台湾引进和实施 CIS 战略，大陆从 20 世纪 80 年代后期开始引入企业形象系统，如海尔集团、联想集团、北大方正等企业实施了 CIS 导入，并取得了成功。我国企业种类多、所有制性质和具体类型复杂，大多数企业在实际应用中并没有取得预期效果，特别是以家族制为主的浙江中小企业，往往只是简单的借鉴国外，没有进行企业形象的整合优化，使效果很不理想。

4. 对浙商企业的研究。

改革开放后，浙商迅速崛起成为全国“人数最多、分布最广、实力最强、影响最大”的投资者经营者群体。对浙商的研究与当代浙商概念的提出和传播有关，1999 年浙江《经济生活报》开了名为“浙商名流系列访谈”的专栏，首次提出当代浙商概念；2000 年在《财富与未来——走近浙商》一书中解析了浙江民营经济活跃的众多因素中起决定因素的是“人的因素”；2004 年 7 月《浙商》杂志创刊；2007 年浙江卫视的《天下浙商》和浙江经视的《风云浙商》开播；特别是 2011 年首届世界浙商大会在杭州召开，时任省委书记赵洪祝和省长夏宝龙亲自担任大会主席，此次大会的成功举办标志着浙商群体在世界范围内登台亮相。

“浙江模式”和“浙江经验”，往往都是先建立“专业市场”，然后发展“块状经济”，现正在向产业集群方向发展。为了接轨大上海成为长三角“金南翼”，逐渐形成区域经济规划，提出产业带和都市经济圈的区域经济产业布局。浙江经济的典型特征是“轻工业、小企业、民营经济、加工经济”等，这种本不具有竞争力的经济模式结构，由于创造了富有活力的生产组织方式，使区域经济富有生机，如温州模式、台州模式、义乌模式等。

对浙商的研究不仅是省内经济学家、国内学者和专家在做，可以说世界各国都在做，许多国家将浙商成功案例写入教科书，其理论研究和实证分析都非常广泛而深入。

浙江省哲学社会科学重点研究基地——浙商研究中心，从经济、政治、文化和社会现代化的全局及高度来审视、观察、分析和研究浙商企业及企业家，主要研究成果有《浙商转型研究》《浙商人文精神》《浙商创新——从模仿到自主》和《浙商崛起与危机应对》等论文集和专著，其研究成果为政府决策和企业实践服务。

5. 对浙商企业形象的研究。

在形象经济时代，企业形象力将直接决定企业在竞争中的地位和优势。浙商企业形象的体现方式有自然式体现的“自然形象”和塑造式体现的“塑造形象”，浙商企业的自然形象是在借鉴中外企业形象和吸收浙商历史经验的基础上形成的；浙商企业的塑造形象是对形象资源进行整合或提升创新所形成的，因此，自然形象与塑造形象是相对的。浙商企业怎样以更好的姿态出现在社会公众面前，2012 年浙江省企业形象研究会在杭州召开首届“浙商形象论坛”，专家、学者与企业家在论坛上共商浙商形象建设，提出了“形象力”也是企业核心竞争力的观点，努力让“浙商”成为“责商”，以提升其社会形象。作为企业形象专家、浙江大学教授胡税根比较详细地论述了提升浙商形象的重要性，并提出了浙商企业形象建设的政策建议和措施；省企业形象研究会刘茂银会长表示，不少浙商正在以自身经历，证明着浙商形象对企业生存和发展的重要性。为了提升形象设计行业的整体品位和市场竞争力，2012 年 9 月成立浙江省形象设计协会，主要业务涉及个人形象策划、企业形象设计和城市形象规划等领域。

经查阅公开出版和发表的相关文献，目前对浙商企业形象的研究成果较少，公开发表的论文也很少，《基于企业家形象的浙商企业形象转型的探讨》(沈青，2007)、《金融危机后中小浙商企业形象转型对策》(沈青，2010)、《提升浙江民企品牌营销竞争力》(许爱玉，2010)等，从某个领域和视角，阐述了企业形象现状和问题，提出了浙商企业形象管理的路径和对策。但没有发现以浙商企业为研究对象的企业形象设计著作，特别是在社会经济全面转型、产业结构调整升级的背景下，如何制订激励政策、充分利用企业形象工具，提升企业形象“软实力”和核心竞争力，实现经济转型产业升级，缺乏针对性的理论指导书籍。为此，我们撰写本书，试图为提升浙商企业形象，促进经济转型，加快现代化进程尽一份绵薄之力。

第二节　浙商企业形象研究概要

改革开放后形成的浙商企业，在产生、形成和发展的历程中，具有自身的历史特征、社会区域特性和历史文化渊源，在 GDP 总量、就业人数及对社会发展的贡献度方面，都属于全国第一的“商帮”。浙商企业的自然形象不佳与其企业来源有关。浙商企业的产生主要有三种：一是家庭经济，即改革开放后出现的家庭工业或个体私营企业；二是集体经济，即农村的乡镇企业和城市的街道企业；三是通过对国家经济即国有企业的改制形成的股份制企业，这三种经济又可概括为原体制内经济和体制外经济两大类。浙商企业家队伍的构成和特征，既具有浙江地域的总体特征，又具有内部各区域个性，如温州、杭州和宁波的企业家就各具特色。所以，我们对浙商企业的研究要从形象塑造着手，特别是要在企业人格化方面进行深入分析和研究。

一、基本思路

凡人都有人格，企业形象塑造就是要给企业设计一种像人一样具有鲜明个性特征的形象，它有其独特的精神风貌、著名的企业品牌形象、鲜明的视觉形象和个性化行为方式。现代企业形象设计增加对人心理和生理需求的满足。基本思路：以经济社会转型、产业结构调整升级为背景——探索新常态下新浙商对新形象的诉求；以浙商企业历史变迁为研究对象——从人文化视角探寻企业形象形成的历史渊源及现状；以企业家人格魅力为研究重点——从人格化视角探寻浙商企业形象管理之魂；以形象设计为实体内容——从人性化视角塑造浙商企业品牌、行为、视觉等形象；以差异化选择为出发点——探寻浙商企业形象差异化定位；以创新浙商企业形象为落脚点——努力创建浙商企业品牌形象。

具体研究思路和技术路线图如下（图 1-1）：

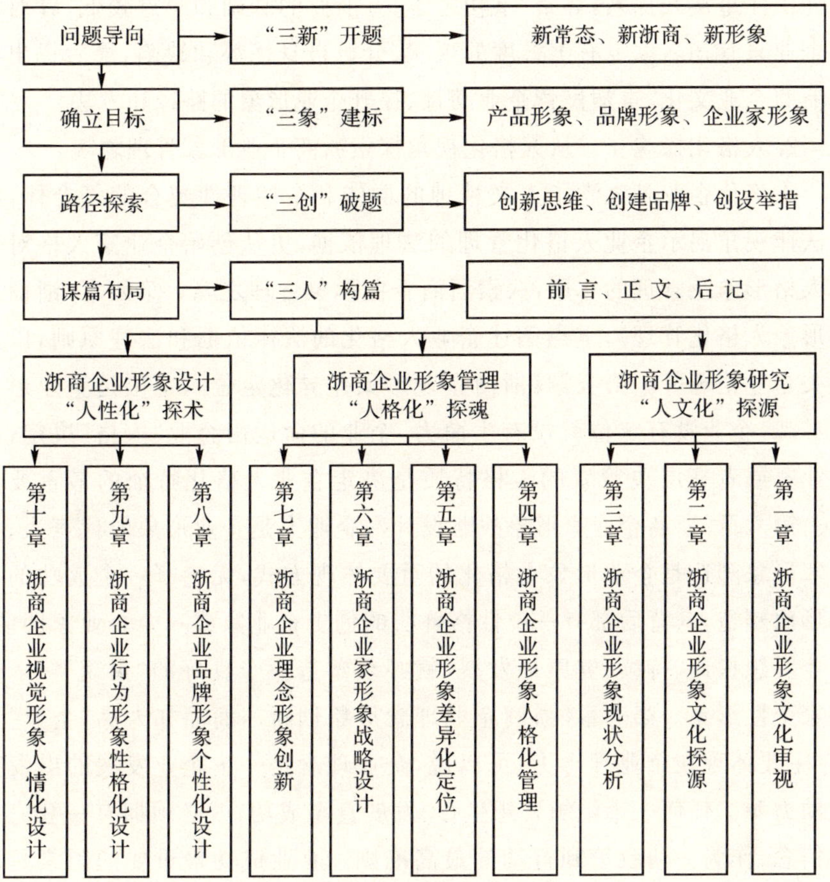

图 1-1　研究思路和技术路线图

二、主要内容

全书内容分为三篇十章。

1. 人文化探源——从人文化视角探索浙商企业形象的历史渊源。

在社会经济转型和产业调整升级背景下，要传承浙商企业精神，创新浙商企业文化，接轨国际运行规则，树立新浙商形象，首先必须理清浙商企业形象的历史渊源。第一章《浙商企业形象文化审视》、第二章《浙商企业形象文化探源》、第三章《当代浙商企业形象现状分析》。着重阐述选择浙商企业形象研究课题的目的和动机，选择企业人格化研究的理由，及其研究成果对浙江社会经济发展的意义和作用。浙商企业及其形象的形成，都是随着历史文化的变迁而发展的。浙商属于“重商”地域亚文化，浙江先民注重实践探索，尊崇“事功之学”。浙商的基础和起点较低，针对浙商企业只有知名度没有美誉度的现状，分析自身优势和缺陷，最后提出构建浙商企业文化、重塑民营企业精神、提升企业形象的路径和方法。

2. 人格化探魂——从人格化视角探索浙商企业形象管理之魂。

人格化企业是充满了人文精神的群体和个性理性契合的复合体，既从法律视角揭示企业人格化管理的法理依据，更从创始企业家人格对企业人格形象及管理的作用，探索浙商企业形象管理之魂。第四章《浙商企业形象人格化管理》，重点阐述企业人格化的法律依据和法理原则，以及相关企业伦理等。第五章《浙商企业形象差异化定位》，定位是企业形象的灵魂，企业没有定位就没有生命力，企业的命运由企业“人格”决定，而企业家或者高层决策者的人格特质是决定企业人格化特征的最重要因素。第六章《浙商企业家形象战略设计》，企业家是企业形象的代言人，企业家形象塑造是企业形象人格化的重要体现方式，无论哪一个成功的企业形象塑造，其背后都有一位性格鲜明的创史企业家或一个企业家团队。企业要想快速、持续、健康地发展，就必须塑造一个良好的“灵魂”——企业家个性形象。第七章《浙商企业理念形象创新》，商品如人品，企业“人品”主要体现在企业理念上，可以说，企业理念是一个企业发展的出发点和动力源。任何一个组织要想生存、发展直至成功，就必须拥有一套完整的信念，作为一切政策和行动的最高准则。企业成功最重要的因素是理念，其重要性远远超过科学技术、经济资源、组织结构等。

3. 人性化探术——从人性化视角探索浙商企业形象设计之术。

通过一系列的制度创新手段，形成人格化企业的复杂过程，就是以人为本的企业管理。通过对企业品牌、企业行为、企业视角的人性化设计，提升产品形象、企业形象和企业家形象。第八章《浙商企业品牌个性化设计》，现代市场已经进入“形象力”时代，人因基因而不同，品牌因个性而各异，最终决定品牌市场地位的是品牌的总体个性。企业品牌形象力不仅有助于提升顾客对企业产品和服务的认同感，而且有助于提升企业核心竞争力。第九章《浙商企业行为性格化设计》，企业系列的内部活动和外部活动构筑成一个完整的行为文化体系，企业行为文化表现的是企业行为中的人伦美、道德美，它决定着企业员工对企业价值理念追求的行动方向。通过企业行为性格化设计，就是要实现企业的价值观，塑造良好的企业形象。第十章《浙商企业视觉人情化设计》,企业产品视觉传达的对象,是具有丰富情感的消费者,企业的载体便是标志、吉祥物等既要独具个性,又要具有人情化的视觉符号系统。企业视觉识别设计,要以优美和谐的图案、色彩和字体组合,以其美学价值和艺术价值,在公众心中唤起丰富的联想和美好的情感,使人们清晰地识别并牢固地记忆企业形象。

三、研究重点和难点

研究重点:以经济转型产业调整为背景,进行浙商企业形象文化探源和现状分析、企业形象定位和企业家形象塑造分析,特别是浙商企业理念、行为、视觉及品牌形象设计等。

研究难点:从人格管理学出发,研究企业家的人格个性和气质,进而塑造企业形象团队,使企业能够按照企业家人格个性建设和发展。同时,根据员工群体不同的人格个性运行规律去塑造员工个体,使员工能够从自己的个性特点出发自主地发挥作用,将企业的个性特点凸显出来。

创新点:第一,企业家精神是企业形象的灵魂,企业家在创建企业的过程中,不断地将自身的人格特征和经商理念渗透到企业管理之中,逐渐地将企业人格化,并采用差异化策略找准企业市场定位。第二,通过企业文化建设和人才素质提升等途径,对企业进行理念设计、行为设计、视觉设计、品牌设计等,特别是对其个性化、人格化、品牌化进行研究,提升浙商企业整体形象。第三,浙商企业形象案例研究。通过浙商企业特点和企业家人格特质案例研究,探索浙商企业形象塑造的特点及其规律。

四、研究价值

形象经济是推动全球化的动力之一,全世界的商家都使用营销策略参与竞争,试图打动全球消费者。形象经济时代已经来临,具有良好企业形象的产品和服务,其品牌应得到消费者的信任而被优先选用,品牌忠诚促使客户重复购买提升销售数量,形象经济对浙商企业既是机遇又是挑战。

1. 理论创新和学术价值。

随着宏观经济政策环境所发生的巨变,浙商企业的经营规模、市场竞争力和国际化经营水平等状况也发生了深刻的变化,机遇与挑战并存,为此，我们进行理论假设、调研分析和实证研究，试图在新形势、新环境、新任务下研究新常态、新浙商、新形象，并在理论上有所建树或创新。

第一，从哲学高度研究企业形象，揭示浙商企业形象本质。查阅企业形象相关文献，发现大多是从企业文化、形象管理、市场营销、视觉传达艺术设计等视角进行研究和阐述，缺乏从哲学层面深入探讨的。为此，我们融合相关学科知识、整合企业形象塑造各种资源、立足普遍联系和不断发展的哲学观，采用历史唯物论和"一分为二"的辩证法，基于转型升级背景和浙商企业特征，从哲学层面加以深入研究，揭示浙商企业形象的本质、功能、机制及其创新战略，同时在影响因素、资源整合、形象创新等方面深入商讨，以期在学术价值和理论成果中有所创新。

第二，从人格化视角研究浙商，揭示浙商形象核心要素。浙商主要指浙江籍商人的集合，无论其身处浙江、省外甚至海外；浙商企业是由浙江商人投资生产或经营服务的法人组织，无论它是独资组建的，还是股份公司形式的，甚至是个体工商户；浙商企业家是浙商或浙商企业中的主导者，是资本投资者、公司管理者或草根创业者等，是浙商中最宝贵又稀缺的资源。浙商、浙商企业或浙商企业家队伍，归根到底是人，人是生产力要素中最活跃和最关键的要素，研究浙商企业形象的关键是研究人。

在"浙江经济"与"浙江人经济"中，如果按地域统计方式计算 GDP，主要考虑在浙江区域内的经济存量与增量，不管是浙江人做的贡献，还是非浙江人所做的努力都计算在内；如果按照浙江人经济范畴进行统计，主要包括浙江人在浙江的经济贡献、浙江籍人在省外和海外所做的经济贡献，在这里我们也是通过人界定的，所以我们的课题更倾向于从人的视角去探索和研究浙商企业形象，提示了企业形象深层的物质基础、文化渊源和人格特征。

第三，构建形象力评价体系，创新提升形象的路径与方法。企业形象通常从理念形象、行为形象和视觉形象三个方面进行分析、设计和塑造，而我们通过实地调研取得相关信息，从影响企业形象的各种因素，如知晓度、影响力和美誉度等体系指标入手，构建评价指标和考核体系，揭示其客观规律性。浙商企业形象力主要取决于产品（服务）品牌创新力、企业文化凝聚力和企业声誉感召力，我们可以建立二级甚至三级子项对其进行测量和分析，积极探索提升企业形象力的路径和方法。

第四,创建浙商企业民族品牌,助推区域经济转型升级。衡量浙商企业形象的标志是浙商的民族品牌,树立创建民族品牌的强烈意识,构建具有创新能力的科技团队,通过发明创造或工艺创新等获取核心技术,增加浙商企业产品的品牌提升力、品牌反拉力、品牌认同力、品牌支撑力及品牌延伸力,从产品研发和营销市场拓展中提升产品的附加值。针对浙江块状经济向产业集群、传统劳动密集型向技术创新型、低附加值到高附加值产品、从浙江制造到浙江创造再到浙江“智造”,都有赖于技术创新和形象管理创新,最根本的体现在创建民族品牌,品牌形象是企业形象的核心和根本。

2.应用价值和实践作用。

第一,对维护浙商企业形象,实现企业转型升级具有现实意义。基于浙江经济转型产业升级的时代背景,针对浙江回归的规模企业和民营企业家特征,分析浙江企业形象现状,探索塑造和提升企业形象的对策措施,对于深入推进浙江“创业富民、创新强省”总战略的实施、突破经济结构调整和实现增长方式转变的“制约瓶颈”,具有现实意义和指导作用。

第二,对塑造浙商企业形象,提升浙商企业市场竞争力具有指导作用。浙商企业形象的体现方式有自然式体现的“自然形象”和塑造式体现的“塑造形象”,自然形象与塑造形象是相对的,只有不断地塑造和提升企业形象,才能保持和提升市场的核心竞争力。在形象经济时代,企业形象力将直接决定企业在竞争中的地位和优势。通过创建浙商企业文化,重塑浙商企业精神,激发员工积极行为,从而提升企业形象,增强核心竞争力。

第三,对提升企业形象力具有强大的促进作用。以差异化选择企业形象定位作为出发点;以人格化探索理念、行为、视觉、品牌等设计作为实体性内容;采用拟人化方式塑造企业形象,有利于提高企业知名度和美誉度,从而增加企业经济效果和社会效益。

3.研究成果去向。

第一,提交给浙江省相关部门,在制定提升浙商企业相关政策时借鉴和参考;第二,提供给浙商企业在文化建设和形象策划时起指导与借鉴作用;第三,提交给浙商研究中心、浙江省形象设计协会等研究机构,作为企业形象管理研究参考与借鉴;第四,为大学生《企业形象设计》课程和职工岗位培训提供教材，可作为从事企业形象设计和高校教学人员的参考书；第五，将成果课题呈报给浙江省社会科学界联合会，作为结题的依据和推广应用的材料。

第三节　塑造浙商企业新形象

什么是最美浙商？我们认为是浙商“智造”的最优产品和服务形象、浙商创建的最优品牌和诚信形象、浙商构建的“哲商”思维、最有“责商”担当的企业家团队和员工形象。当代浙商企业必须确立社会责任意识，努力培育企业核心价值观，构建企业形象建设目标和指标体系，重塑浙商企业品牌形象。

一、浙商与企业形象

1. 浙商概念。

在研究浙商企业形象时，对“浙商”概念的界定是比较宽泛的，既指浙江商人和实业家的集合，也指省内外和海外的所有浙商企业。“浙商”一词最早出现在南宋，当时仅仅指两浙地区的商人，到了清朝初期“浙商”才成为一个专属名词，真正意义上的“浙商”形成是在改革开放以后。现代专家和学者比较认同的“浙商”，是指那些改革开放以来，浙江籍的或者在浙江从事商业行为，具有独特经营理念，有一定经济贡献和社会责任心的商人群体。[①] 代表的是当代中国人数最多、分布最广、影响最大、活力最强、赚钱最多的浙江商人创业群体。本书中所称“浙商”除浙江籍商人外，还包含非浙江籍商人在浙江境内经商和创办实业的人。从古至今，浙江商人先后产生过湖州商帮、绍兴商帮（越商）、龙游商帮、宁波商帮、萧山商帮、温州商帮、台州商帮、义乌商帮等著名的浙商群体。而现在的浙商创造了“浙江模式”“浙江经验”“浙江现象”，已经被多国写入教科书，媒体对浙江的成就和经验给予了充分的肯定，当代浙商已经是华夏第一商帮，生存能力让全球感到震撼。欧洲人把浙商称为“东方犹太人”，在外浙商每年创造的财富和浙江省 GDP 相仿，相当于数百万省外和海外浙商再造一个浙江。

---

① 陈海忠等：《浙商文化教程》，浙江工商大学出版社 2010 年版。

2. 文化的概念。

文化是“文治与教化”，文是思想，化是统一，就是用思想来进行教育、治理，以达成思想观念特别是价值观念上的统一。① 广义的文化，是指一个群体（可以是国家，也可以是民族、企业）在一定时期内形成的思想、理念、行为、习惯、风俗以及由这个群体整体意识所辐射出来的一切活动。狭义的文化，是指一个人受到教育的程度。我们所讲的文化，主要是指一个国家、地区、民族的历史、地理、传统习惯、行为规范、生活方式、价值观念、思维方式等。随着人类社会的不断进步，各个国家、地区和民族在不同的政治、经济、文化、地理环境里生活，产生了各自不同的文化习惯、行为规范等。因此，文化的内涵颇为丰富。

3. 商业文化概念。

如果我们把社会文化作为一个系统，那么政治文化、经济文化、区域文化、民族文化等就属于第一层次的子系统，商业文化则属于经济文化子系统中的一个孙系统，属于社会文化巨系统中第二层次的子系统。商业文化主要有商品文化、商品营销文化、商业环境文化、商业伦理文化、新商人文化、商业精神等内涵。商业文化应该是“依法治商，以德服人，以文育人”的统一体，是企业在生产经营过程中逐步形成不断积累而发展起来的，带有本企业特征的经营哲学，以价值观念和思维方式为核心所生成的企业员工共同认可和遵守的价值标准、行为准则、基本信念、风俗习惯和传统，以及与之相应的制度载体的总和。

4. 浙商文化概念。

浙商文化是由浙商所创造的，渗透在浙江商人行为系统中的观念体系和价值观，是浙商在工商行为中体现出的经商思想和思维方式、企业理念和价值观念、道德规范和行为方式的总和。浙商其实是中国最富有文化底蕴、最具有文化涵养的一个经商创业群体。虽然改革开放初期的浙江商人文化水平不高，但企业家们所形成的那种气质、修养和理念却让大家刮目相看。② 它传承了古代商业思想和现代商帮文化的精华，更是当代浙江商人在改革开放过程中的经验总结，如“敢为天下先，勇争天下强”的

---

① 周鸣阳：《东西方礼仪文化研究》，中国商业出版社 2012 年版。

② 陈海忠等：《浙商文化教程》，浙江工商大学出版社 2010 年版。

浙商创业精神，就是浙江传统的重商亚文化和当代市场经济环境下融合而成的，是浙商的“文化基因”。浙商文化有其共同特征：不甘贫穷和平庸、百折不挠地专注、勤奋且吃苦耐劳、机灵并善抓机遇、敢为天下先、善于学习和创新等。习近平在《“文化经济”点亮浙江经济》中说：“所谓文化经济是对文化经济化和经济文化化的统称，其实质是文化与经济的交融互动、融合发展。这是浙江改革发展中的一大特色和一大亮点。”[①]一位哲学家曾说过：“政治是骨骼，经济是血肉，文化是灵魂。”文化的力量，构成了浙商企业市场竞争的“软实力”。

5.企业形象的概念。

关于企业形象的概念及其理论，西方国家各个学派有其不同的解释和认识。评价论主要是从主体的视角出发，把企业形象视为主体对企业实际的反映和评价；企业标识论把企业形象理解为企业独一无二的标识和特征，是企业显示区别的要素；存在论把企业形象视为由主观、客观、有形、无形等综合因素构成的统一体；企业生命体现论把企业看作有生命的活着的机体，企业形象是对企业生命整体的独特本性的体现和表达，是企业独特的智力、体力和情感的融合，预示着企业的潜力和命运。[②]

国内学者罗长海认为，企业形象是企业在其全部活动过程中所展现的各种特质和品质，是企业文明的总体状态，也是社会大众对企业的印象和评价。[③] 企业形象是“客观企业形象”“主体企业形象”“社会企业形象”三者的有机统一或复合。客观企业形象是一个企业实际存在着的文明总体状态；主体企业形象是本企业的职工、管理者和股东对本企业综合认识以后形成的总印象；社会企业形象是在顾客、社区居民和政府公务员等群体心目中所留下的印象。国内学者刘彧彧把企业的各种特性状况分成声、形、意，即利益相关者通过企业形象声码会聚成对企业声誉的认知评价，将企业形象形码会聚成对企业文化的认知评价，将企业形象意码会聚成对企业文化的认知评价，三大系统的复合集成构成了企业形象（见图

① 习近平：《之江新语》，浙江人民出版社 2007 年版。

② 劳伦斯. D. 阿克曼：《形象决定命运》，王南崇译，中信出版社 2001 年版。

③ 李森：《企业形象策划》，清华大学出版社 2013 年版。

1-2)。[①] 该模型为理解企业利益相关者认知评价企业形象提供了理论依据。

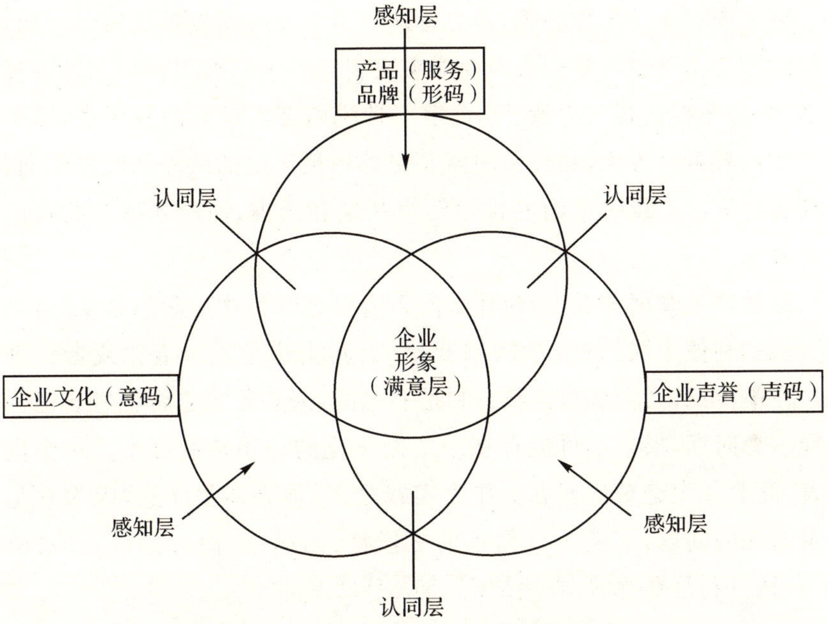

图 1-2　企业形象及其认知程度的三层演进图

国内外专家对企业形象概念解释都有一定合理性，也有其局限性。本书认为，企业形象通常是指人们通过企业的各种标志（如产品特点、行销策略、人员风格等）而建立起来的对企业的总体印象，是企业文化建设的核心。

二、倡导哲学思维提升浙商形象

从唯物论、辩证法和历史唯物论的哲学层面思考浙商企业形象，我们就要深入研究其本质、功能、机制及其创新战略。企业形象是企业生命机体独特性的体现，是企业生命整体独特本性的表达，是企业独特的智力、体力和情感的融合。[②] 我们试着从普遍联系和发展的唯物主义观点、从"一分为二"的辩证法和唯物的历史发展观点，揭示浙商企业形象的本质、

① 刘彧彧：《企业形象力评价的系统模型及方法》，《山西财经大学学报》2006 年第 2 期。

② 朱建忠：《企业形象及其创新》，东北大学 2006 年博士学位论文。

特征、功能和作用，以及企业形象传承、完善、提升、创新的路径和措施。

1. 西方商人的哲学命题与浙商崛起的经济政策。

创建浙商企业形象品牌，首先要从指引人类文明发展的哲学开始，缺乏哲学理论指导就等于失去浙商形象之根。安·兰德说："理念是世界上最强大、最重要的现实力量。"①哲学不是脱离真实世界的象牙塔，而是涉及真实世界各个方面（从日常的商业交易到最广泛的政治和经济学问题）的现实必需品。没有正确的哲学作为基础和论据，商品和理念的自由市场将会消失。

伦纳德·佩柯夫提出：为什么商人需要哲学？这一命题是从"自私自利"还是"利他主义"的哲学问题开始的，其实这是一个道德或者伦理问题。在中世纪，人们认为自私自利是邪恶的，人必须为上帝牺牲自己。在这样一个时期，根本不可能存在一个制度化的公司营利体系。对中世纪而言，商业代表绝对的邪恶。作为实践之人，你必须关注它，因为它是一个生与死的问题，它是一个简单的三段论：前提一，商人是自私的；前提二，自私自利是邪恶的；必然结论，商人是邪恶的。

在商人追求自私自利的过程中，如果真实地伤害了公众利益，那么，对商人的攻击具有正当理由。但是，真实的情形恰恰相反。商人通过生产创造利润，并与消费者自由贸易，从而向每个人提供财富和收益。当代社会最不可或缺的因素就是商业，它将潜在的财富转换成现代工业的巨大能量，从而激发每个团体的最佳动力。

商人通过生产和储蓄进行资本积累，决定未来将储蓄投资于何种产品。生产的主要任务是整合自然资源、人类发现和体力劳动。他们必须组织、资助和管理生产过程，或者选择、培训和监督那些胜任之人。商人的这些决定和措施的要求极高，而且充满风险，但繁荣和富裕正取决于此。

中国在计划经济时期，公有制是国家的主体，国民经济的命脉都掌握在国有企业和集体企业。民营经济是违法的，是需要割掉的资本主义尾巴。因此，个体的、私有的、民营的都不可能产生，那时的中小学课本中写着小农经济就似"三月桃花一时红，风吹雨打一场空"。如果没有改革开

---

① ［美］安·兰德等：《商人为什么需要哲学》，吕高建译，华夏出版社 2014 年版。

放的法规政策和经济大环境，就不可能有闻名世界的浙商群体。

没有商人的制度供给，就不可能有真正的商人。即使有商人，那也只能是像义乌“鸡毛换糖”一类的行商，处于地下或半地下的状态，称之为个体户或摆小地摊的，称不上商人和商人企业，只能取得养家糊口的小利，没有轰轰烈烈的商人事业。

2. 西方的“实在”与浙商的“实利”。

西方对商人第二个哲学问题是“实在”，指的是我们生活于其中的以及我们用感官观察到的物质世界：地球、行星和银河系。作为商人，应该致力于这个世界，而不是任何被假定超越这个世界的其他方面。[①] 商人必须是世俗的，主要关注物质利益。从支配生产线的物理规律，到冷漠严酷的财政账户，商业都是一向注重实利的事业。这就是为什么在中世纪不可能存在商业的另一个原因：不仅是自私自利，而且包括欲心，都被认为是重大的罪恶。

浙商具有重商地域文化，就是注重实利，经世济民。浙商群体之所以能够成为天下第一商帮，与远离中原的重农轻商传统文化相关，与浙江区域的重商文化相连，主张“功利之学”“经世济物”“农商并举”“道不离物”等思想。

3. 西方的商人“理性”与浙商的精明。

西方商人的第三个哲学问题：理性的效力。理性是人类的天赋，它通过以感官证据为基础的逻辑过程形成概念；理性是我们获取当今世界知识的手段，并指导我们在该世界中的行为。就其领域的性质而言，商人必须致力于理性，至少在职业生活中是如此。

财富主要不是物质因素的产物，而是知识天赋的人类智慧之产物——这是一种理性的思维天赋。商的智慧是将资源组织起来运用到工业企业之中。从根本上说，是伟大企业家的理性和聪明才智才使得发电机、电脑替代外科手术设备和太空船成为可能。[②]

浙商非常精明，关键在于理性。浙江商人的经营哲学和投资理念都与其他商人不可同日而语，浙江人不仅天生就会做生意，而且是从小就会做生意，人人都会做生意，因为对浙江商人，我们可以说“从娘胎中就带有

---

①② [美]安·兰德等：《商人为什么需要哲学》，吕高建译，华夏出版社 2014 年版。

重商的文化基因”，似乎都是“经济人”前来投胎，在每个人的脑海中深深地打上了“精明”的烙印，已经将“理性”融化在血液中，并且落实在改革开放经济建设的行动上。

4. 西方商业文明与浙商市场环境。

安・兰德说：“如果反商业哲学及其三个中心思想继续支配本国并传播开来，那么，商人同样会灭绝，就如同他们在中世纪和苏联一样。他们将被教会权威或政府委员所取代。你生存的唯一希望就是通过信奉一种理性的、世俗的、自私的选择来挑战这种哲学。”①

安・兰德在《创造财富的品质》中写道：财富创造者是发现者，他将其发现转换成物质产品。如实业家（也就是商人），他们使用科学家发现的新知识，将物质资源和人类劳动在企业内进行整合，并生产出适合销售的产品。而财富占有者从实质上看不具有创造性——他根本目的就是得到一份他人创造而自己不劳而获的财富份额。他寻求变得富有，但不是通过征服自然，而是通过操纵人；不是通过智识努力，而是通过社交策略。他不生产，他在重新分配；他只是将已经存在的财富从主人的口袋转移到自己的口袋。

财富占有者可能成为政治家——或者‘寻求捷径’的商人——或者是那种‘混合经济’的破坏性产物；商人通过政府恩惠而变得富有，例如特权、补助或特许；也就是说，他们通过合法的力量而变得富有。”②

浙江虽然国企少民企多，但曾经流行的“既要找市场，也要找市长”一言内涵与外延都十分深刻，如果响应政府号召“找市长”，将努力推动经济发展；如果单为逐利寻求政府扶持和特别资助，造成企业自主创新能力不足；如果别有用心，则导致“官商勾结”，将死于“政商”关系，正像省纪委书记在党校领导干部培训班上说的：“抓了一个贪官发现几个甚至许多违规违法的老板，抓了一个违法商人涉及几位腐败的官员。”现在的政治腐败，往往都是官商勾结，商人通过行贿获取输送的利益和稀缺的资源，官员通过权力寻租获得回扣或“好处”。近几年反腐败行动中被中纪委带走的浙江商人，可以说无一例外。2015 年 9 月 14 日有一条微信：“中国大企业三大死法：大企业死于政商关系，中等企业死于集资，小企业死于商业竞

①② ［美］安・兰德等：《商人为什么需要哲学》，吕高建译，华夏出版社 2014 年版。

争!”这二十多年来,民营企业大部分是“家破人未亡、妻离子不散、苦大没有仇”。还说“民营企业有很多两院院士,一是法院,二是医院”。当年马云创办湖畔大学时,他本人提出了一个建议,就是研究民营企业的死亡。把死亡研究清楚了,剩下的都是光辉的前程,而其中被研究最多的就是政商关系。做企业的首先把政商关系这种死亡陷阱避开,那就至少可以多活五年。因为我们现在正处于社会转型的时代,市场经济正在由一个野蛮生长的状态进入一个法制秩序的状态。

西方资本主义社会已经证明:财富创造者其本质是独立判断,而财富占有者的本质特征是社会依赖。从来不创造财富的人是两面下注之人,他们“谨慎行事”,等待机会跟随潮流;他们是赌徒或不顾一切的投机家,他们根据当下的刺激、道听途说或者自己无法解释的情感以及盲目的直觉参与赌博。在他们通常严酷面无表情的外表背后,财富创造者总是以一个爱人的激情、一个改革者的热情、一个对人的奉献以及一个受难者的忍耐致力于他的事业。作为一项标准,他充满皱纹的前额和资产负债表是其能够允许世人了解的唯一证据。时空和年龄都无法限制财富创造者旺盛的精力和强大的动力。①

只有在公平的市场环境下,才有公平的竞争市场。

三、勇担社会责任提升浙商形象

1. 关于企业社会责任。

企业社会责任(英文简称 CSR)是当今世界新型的商业文明,要求企业通过透明和道德的行为,为其决策及生产经营活动对社会、环境的影响而承担的责任,并追求有质量、有效益、可持续的增长。

在卡罗尔(1991)的金字塔模型中,企业社会责任被概括为经济责任、法律责任、伦理责任和慈善责任。有的学者将社会责任分为三个层次:基本法律责任,是企业对股东、员工等内部利益相关者所承担的责任;中级社会责任,是企业对消费者、供应商、债权人等外部利益相关者所承担的责任;高级社会责任,主要是战略性责任和道义责任。也有的将企业社会责任就分内部和外部两类。企业对内部的责任,主要是企业所有者、股

---

① [美]安·兰德等:《商人为什么需要哲学》,吕高建译,华夏出版社 2014 年版。

东、管理人员、员工及工会等;企业对外部的责任,主要有银行、债权人、顾客、供应商、广告商、竞争对手、政府、社区、公众利益群体、媒体、宗教群体、军队等。

党的十八大报告指出:“面对资源约束趋紧、环境污染严重、生态系统退化的严峻形势,必须树立尊重自然、顺应自然、保护自然的生态文明理念,把生态文明建设放在突出地位,融入经济建设、政治建设、文化建设、社会建设各方面和全过程,努力建设美丽中国,实现中华民族永续发展。”事实上,中国近代史表明,经济的落后就是国家衰败。英国剑桥大学李约瑟研究所提出著名的“李约瑟之问”:领先全球两千年的中国为什么在近代化的进程中突然落后了?为什么发明了指南针、火药、造纸术和印刷术的古代中国却在工业革命的浪潮中淹没无声?最根本的原因就在于政府与市场关系、社会创业创新、商业新文明等制度建设在竞争中落伍了。① 作为华夏第一商帮的浙商企业,在实现中华民族的伟大复兴的进程中,理应主动承担社会责任,树立良好的品牌形象和社会形象。

2.浙商企业社会责任。

浙商企业必须告别野蛮生长,坚守诚信守法、品质安全、有序竞争、公平正义的市场体系法则和底线,把承担社会责任作为企业内在的需求。可是现在有很多企业并不了解社会责任的范畴和核心,误认为慈善捐款就是社会责任的全部,因此,浙商企业必须认真反思,必须进行脱胎换骨的“革命”,将社会责任根植于企业的战略、治理、经营和文化之中,以责任之心和责任之行树立企业形象。

浙商向“责商”形象转型升级是历史的必然要求,应成为真诚的浙商、善良的浙商、美丽的浙商。首先,做到诚信为本、商道为先,摒弃商业道德沦丧、社会责任缺失的商业行为,把对社会、环境、员工、社区及利益相关者的责任融入生产经营之中。其次,做好品牌建设、重塑形象。21世纪是“责任品牌”的企业形象时代,走品牌之路,树品牌意识,强品牌管理,制定品牌发展战略。再次,进行科技创新,浙商“智造”,科技创新是创建浙商品牌的根本路径,应加大投入,注重产品创新、工艺创新、服务创新和经营管理创新,加快产品的升级换代,提升附加值。

---

① 陈金荣:《告别野蛮生长　拥抱正和能量》,《中国社会责任》2013年第1期。

3. 浙商社会责任案例。

阿里巴巴是“责商”的典型，先后获得“中国最佳雇主奖”“中国最受尊敬企业十年成就奖”“爱心捐赠企业奖”等荣誉。从 2007 年开始每年更新自己的社会责任报告，报告中写道：“只有内生于企业商业模式的企业社会责任实践，才能实现可持续发展。”①他们高度关注利益相关者的利益，强调维护员工、客户、股东的利益，保持与行业伙伴、社区、环境和经济的协调发展。把社会责任分为四个层面，第一层是客户责任，在履行卖家责任上，根据中小企业的实际需要，量身定制了网商培训服务，通过各种课程培训，帮助卖家掌握网络贸易技巧，实现业务快速成长。第二层是员工责任，他们把员工利益放在股东利益之上，报告中写道：“阿里巴巴将阿里人(员工)视为最重要的资源，员工既是企业社会责任的载体，也是企业践行社会责任的第一内核。”公司拥有完善的薪酬福利体系、股权激励、培训体系、“蒲公英互助计划”、“彩虹计划”、“I home 置业计划”等，以保障员工利益。第三层是股东责任，为了使股东利益最大化，公司极力维护企业形象，同时提升盈利能力。第四层是其他利益相关者责任，在社区、经济、环境等方面，阿里巴巴建立淘宝大学，与学校合作成立阿里巴巴商学院。在责任践行过程中，透露出阿里巴巴对自身社会责任实践的信念，他们相信：社会责任对企业不是负担，在每一家企业的商业模式中，都可以找到自身与社会责任的结合点。阿里巴巴社会责任实践有三个特点：一是全面而深刻地认识企业社会责任，并将公司设定社会责任与拟采取的执行方式有效地传送给公司成员，使得整个公司上下对社会责任有统一的认识，为社会责任的履行奠定思想基础；二是不折不扣地履行最基本的企业社会责任；三是寻找社会责任与自身商业模式的结合点，提升社会责任履行效果。

2007 年西子联合控制有限公司对外公布了《企业社会责任报告》，王水福定下了要做百年企业的远景，他认为，要实现这样的目标，企业必须有自己的道德底线和价值观，这种价值观就是一家企业必须承担的社会责任。

4. 企业承担社会责任的意义和作用。

对于浙商而言，企业社会责任实践需要内外兼修。通过承担社会责

① 项国鹏：《浙商研究 2014》，浙江工商大学出版社 2014 年版。

任提升企业形象。

第一，承担社会责任，可以改善企业形象。当今社会的公众和消费者都十分重视企业社会责任的承担和履行，如果一个企业只顾赚钱，造成环境污染、对员工不公平、对顾客不尊重，对社会不能主动承担责任，是没有立足之地的。浙江的农夫山泉，消费者每喝一瓶水就为奥运或者贫困学生捐 1 分钱，虽然经济价值不大，可公众反响强烈，提升了企业形象，体现了企业的社会责任感，说明其有爱心负责任，充满爱心的企业必然是富有责任感的。消费者在选择商品的过程中，总会去选择负责任企业生产的产品，因而，企业将从中获利。

在爱心助学、医疗事业、文化教育、慈善捐赠等方面，浙商也成为“爱心”群体。如奥康集团董事长王振滔在国内首创“种子基金”模式；正泰集团董事长南存辉捐资 1000 万元人民币设立“正泰品学奖”；吉利控股集团向中国教育发展基金会捐赠资金 5000 万元启动“吉利教育资助计划”；中天建设集团董事长楼永良出资 1 亿元设立扶贫专项基金“中天集团爱心公益金”以助学、助困等。

第二，承担社会责任，将提升核心竞争力。明白企业的本质，明白企业本身作为一个社会道德载体所应该具有的行为规范。要积极、切实和有效推行浙商的企业社会责任，应更新理念、组织变革，做好顶层设计。企业承担社会责任，可以转化为浙商的发展动力。对外承担社会责任，改善企业形象，提升品牌知名度、美誉度和影响力，促进企业的持续健康发展。企业承担社会责任，在生产、销售和经营活动中体现出来，可以提升产品质量、改善服务态度。华立集团将“增进社会福祉，实现人生价值”作为企业经营的终极目标，这就是董事局主席汪力成对华立的顶层设计，他认为从企业生存和发展的长期利益来看，积极地承担和履行社会责任，必然有利于提升企业的核心竞争力。

第三，走出责任误区，提高履行责任自觉性。承担社会责任是现代企业管理的基本理念，而不少浙商对社会责任有误解，有的浙商只看到社会责任给企业带来的成本负担，却看不到企业履行社会责任所赢得的社会回报；有的浙商认为社会责任可有可无；有的认为大企业应当承担社会责任，小企业可以不承担社会责任。在这种理念下，众多中小企业主心安理得地放弃了社会责任，认为自己的企业太小，等企业壮大了再去承担社会责任也不迟。承担社会责任，浙商企业个个有责。把企业做强做大，为社会提供更多的就业岗位，创造更多的财富，是浙商企业的本分和天职。为此，浙商应争取做到：承担社会责任，关爱员工，诚信守法；扶贫济困，热心慈善；保护环境，节约资源；修身立业，传承文明。

第四，变革治理结构，践行企业社会责任。浙商企业的组织模式，大多是属于传统家族制组织结构，制度设计围绕投资者、客户和员工等需求，而对外部环境、政府及社区利益很少考虑。在现代企业的社会责任模式下，要求企业在关注自身利润的同时，关注利益相关者利益。浙商的上市公司建立现代治理结构，有效保护员工利益、中小股东利益，保证投资项目的合法、合理和科学。

第五，政府打造环境，营造社会责任氛围。国家政府要重视企业社会责任法制建设，营造企业承担社会责任的法律环境。新闻媒体要成为推动企业承担社会责任的重要力量。现代市场经济条件下，各级政府的本质就是提供服务，政府理应为企业提供最佳服务，政府是市场经济的“守夜人”。

四、弘扬浙商精神提升企业形象

浙商精神是浙江精神的核心，也是浙商企业形象的核心；企业家精神是浙商企业生存、发展和提升形象之魂。企业文化是企业的灵魂，是企业经营活动的统帅，是企业行为的导航，在整个企业生产经营中起着无法替代的作用。因此，成功企业必定具有先进的企业文化。反之，没有文化的企业，是注定要失败的。

从浙商研究的成果来看，浙商崛起主要表现为四个因素：改革开放带来机遇——时势造就英雄；资源贫瘠且生存环境相对艰难——穷则思变；经商的优秀传统和区域文化的影响——文化基因；浙商特有的精神气质——性格特征。浙商崛起的七条经验：市场先发——抓住改革开放的先机；浙商思维——企业家们整体高素质和独特的浙商思维；民营机制——决策高度自主权＋资产高度支配权＋用人高度选择权＋利益分配高度调控权；创新模式——模仿创新和产学研合作创新；内外匹配——内部运行机制与外部环境相匹配；结构转换——由创新型结构向发展型结构适时转换；综合创新——思维创新＋技术创新＋管理创新＋制度创新＋文化创新的综合实力。总之，充满灵性的商业智慧和破釜沉舟的创新勇气，奠定了浙商第一大商帮的地位。

2000年浙江省委组织部提出“自强不息、坚忍不拔、勇于创新、讲求实效”的浙江精神；2005年再次将其提炼为“求真务实、诚信和谐、开放图强”。从内涵上说，浙江精神主要是浙商精神的体现，或者说浙商精神体现了浙江精神的内涵和实质。

第一，浙商具有草根性、功利性和务实性的特征，以及吃苦耐劳的敬业精神。浙商之所以成为中国市场经济的拓荒者和市场经济的探索者，就是因为浙商具有功利性、务实性和草根性，以及吃苦耐劳精神、坚韧不拔等特性共同作用的结果。草根性决定其思维方式和行为方式，且在不同时期表现出不同的效率，在早期更多地表现为适应性和高效率；在市场体系逐渐完善和买方市场环境下，草根性的副作用日益显现出来，在未来如何去草根化成为浙商的重要任务。

第二，恪守承诺的诚信精神。就个人而言，诚信是高尚的人格力量；就企业而言，诚信是宝贵的无形资产；就社会而言，诚信是正常的生产生活秩序；就国家而言，诚信是良好的国际形象。艾德温·A.洛克、贾纳·沃尔斯辛在《商人为什么应该诚信——来自利己主义的论证》中提出：“当与他人打交道时，诚信之人求诸他人的知识和智慧。非诚信之人求诸他人的无知、愚笨和轻信。”[①]诚信不单独是一种社会价值（就如同正义一样）。最为根本的是，它涉及人类和实在之间的关系。尽管商人非常需要成功地获取利润，但由于不能坚持诚信原则，不仅会以失败而告终，而且还背叛了曾经珍惜的每件事和所有人。就此而言，是极度不理性的、极度自私自利的。事实上，这是在破坏自我——不仅是自尊，而且是成功生活的能力。诚信不是一种社会义务，不是一种为他人而做出牺牲的行为，而是人类能够实践的最为深刻的自利美德：他拒绝为了他人的欺骗性意识而牺牲自我存在之现实。浙商曾为产品和服务诚信付出了沉痛的代价，今后诚信之路仍然漫长。

第三，浙商的行动力、创造力和变通用性，以及敢闯敢干的冒险精神。浙江人说得少做得多，敢干、敢于冒险的人文性格在浙商身上表现得非常典型。有人通俗地说浙商的三个发展阶段是：第一阶段是“做别人不愿做

① [美]安·兰德等：《商人为什么需要哲学》，吕高建译，华夏出版社2014年版。

的事”；第二阶段是“做别人不敢做的事”；第三阶段是“做别人做不了的事”；其中第二阶段主要表现为浙商的行动力、创造力和灵活性。当然这种基于功利的突破性和变通性，在市场经济制度不完善的初期发挥作用较好，当进入市场化和工业化后期，这种特征显现出副作用，这是浙商在转型升级及未来发展中必须面对的挑战。

第四，浙商群体的认同感和自我归属，以及团结合作的“抱团精神”。浙商具有自我认同感较强的文化传统，其开放和包容的特性使彼此之间容易达成相互信任和自我归属感，往往表现为生意上的合作。浙商特别是温州商人的“抱团”经营助推浙商成功抱团组织，最为典型的是在专业市场、产业集群和各级商会组织，在省内表现为空间集聚的块状经济或产业集群；在省外则是以专业市场为代表的平台式经营，正是浙商的地缘特性使天下浙商抱成了团，也体现了地缘与业缘的融合。抱团经营的内涵也有待提升，不仅要情感、文化、产业上的互动合作，也需要在意识上、思路上和认识上进一步深化，加强资本、管理、产业链上的深度融合。

第五，低调谦逊的务实精神，不断进取的创新精神和自主创业的意识。浙商奉行一条规则：只做不讲，或者多做少讲。低调似乎是成功浙商的本色。低调做人，低调做事，是浙商的共同特点，浙商往往躲在“背后”闷声发大财。有许多“隐形冠军”企业，他们乏人知晓，销售业绩可能是所在行业排名第一。浙商即使很有钱也不忙于出名，不喜欢到公众场合露面，不喜欢见记者，年销售几亿甚至几十亿的大公司老板，也没有一篇个人专访，享受着“低调并快乐着”的行为方式。但敢想、敢创、敢做、敢冒风险，注重观念创新、企业创新和市场创新。突破市场经济观念、倡导团队的合作精神；注重企业组织模式、投资模式、生产模式和营销模式的创新；注重市场创新，如把商品市场与生产市场连接在一起、把要素市场放在一起、努力培养网络市场等。

第二章 浙商企业形象文化探源

浙江人民在与时俱进的历史轨迹上一路走来，秉承富于创造力的文化传统，这深深地融汇在一代代浙江人民的血液中，体现在浙江人民的行为上，也在浙江历史上众多杰出人物身上得到充分展示。

——习近平

统治宁波的是三件东西：东门外大街上商店里传出来的算盘声，各中等学校里传出来的朗诵桐城派古文的读书声，外加半边街上那鱼行里鱼贩的叫卖声。这三种声音就构成这中古式城市的特色。

——巴 人

浙商企业产生和发展的历史，均有其文化渊源；浙商企业形象的改善和提升，更有赖于先进文化的引领。

——作 者

习近平在《浙江文化研究工程成果文库》的序言中指出："有人将文化比作一条来自老祖宗而又流向未来的河，这是说文化的传统，通过纵向传承和横向传递，生生不息地影响和引领着人们的生存与发展；有人说文化是人类的思想、智慧、信仰、情感和生活的载体、方式和方法，这是将文化作为人们代代相传的生活方式的整体。"浙江历史文化的传承与创新发展历程充分地展示了浙江深厚的文化底蕴，凝聚着浙江人民求真务实的创造精神。

浙江具有"重商"的文化意识和灵性。早在春秋战国时期，谋士计然就提出"农末(商)俱利"的思想；被称为"陶朱公"的越国大夫范蠡被尊为商人的始祖。秦汉以降，被视为"蛮夷""方外"之地的浙江，生产力发展迅速，商品流通频繁，外出经商盛行。两晋南北朝，宁波商贾足迹已北抵青、徐，南至交、广。唐宋时期浙江经济繁荣，商贾云集，并积极向海外拓展，到达东南亚、阿拉伯等地。浙东的宁波商帮、浙西的龙游商帮，名列"中国十大商帮"之中。

浙商以敢于创新、善于经营著称，是中国最大的"游商部落"和第一大商帮。浙江培养了成千上万的能工巧匠，如宁波裁缝、东阳泥水木匠、义乌麦芽糖艺人、永康铁匠、台州绣花女、温州皮鞋匠、永嘉弹棉花郎……追寻历史渊源，皆肇事于资源稀缺和"工商兼本"的文化。

研究老浙商、探析新浙商，都离不开文化探源；探寻浙商企业家、浙商企业形象、浙商经济转型升级发展之路，也依赖文化的传承与创新。

第一节　浙商形象历史渊源

浙商的产生与发展有其历史进程。先秦时代，浙江同东亚、南亚、西亚等地区，以及国内沿海地区进行贸易往来，杭州和宁波是海上丝绸之路的桥头堡。唐、宋以来，我国经济文化重心向南迁移，杭州、宁波、温州是当时对外贸易的重要港口。浙江盛产的丝绸、茶叶、瓷器等，是当时出口的主要产品，浙江被称为“鱼米之乡”“丝绸之府”。元代时全国设七处外贸主管机构，浙江占四处。明代之后产生的新型生产关系萌芽最先在浙江出现，形成了龙游商帮和宁波商帮，并有“遍地龙游”“无宁不成市”之说。鸦片战争后的宁波、温州、杭州相继成为通商口岸。近代工商业的兴起，新式教育的开办，西方文化的传播，都使浙江人接触到西方文化，开阔了视野，培育出博采众长的开放心态，形成经济“根植与远征”文化传统。[①] 浙江商人善于把握商机，立足家乡，挺进上海，走向全国乃至海外，上演了一幕幕波澜壮阔的经商神话。浙商逐渐成为最为活跃的资本家和企业家财团之一。

一、浙商形成的历史背景

1. 浙江自然环境恶劣逼使浙江先民选择从事工商业活动。

约在 7000 年前，大海对浙江地区的最后一次入侵令沿海平原大多成为汪洋。浙江先民在恶劣环境中生存，创造了“沧海桑田”的奇迹，开辟出水田，开垦出平原。河姆渡遗址考古中发现，那时越民族能够建造木结构房屋，在地势高燥处定居，并已由渔猎转为稻作农业。长期身处逆境的“古浙江人”，形成独特的思想和品格，展现了浙江人独有的生命品质、价值观念和人文风采。浙江先民要解决生存问题，唯有吃苦耐劳。

浙江陆地面积为 10.18 万平方千米，为全国陆地的 1.06%，其中山地丘陵占 70.4%，平原盆地占 23.2%，河流湖泊占 6.4%，人多地少问题非常突出。迫使浙江人养成勤奋努力、坚忍不拔的品质，以及精耕细作的习惯，迫使浙江人跳出农业走出家门，实行经济远征，同时也使产品多样化，异地贸易很有价值，使浙江人经商具有坚实和丰富的人文基础。

在交通、通讯不发达，直接交流很少的古代社会，各地地理环境和人文传统的差异直接导致了不同地方人们价值观和行为方式的不同。台州市临海人王士性，对浙江各地的描摹极为精细，依据他的描述，浙江的文化区可以钱塘江为界，分为两大区：江北为浙西（含杭、嘉、湖、严四府），江南为浙东。浙东又分三个亚区：宁绍亚区、台温处亚区、金衢亚区。“浙西

---

① 吕福新：《论浙商从边缘到主流——基于“世界之中国”的视角》，《浙江社会科学》2007 年第 3 期。

俗繁华，人性纤巧，雅文物，喜饰帮帨，多巨室大豪，若家僮千百者，鲜衣怒马，非市井小民之利。浙东俗敦朴，人性俭啬椎鲁，尚古淳风，重节概，鲜富商大贾。”他还将浙江地区划分为泽国文化区、山谷文化区、滨海文化区。杭、嘉、湖平原水乡，是泽国之民；金、衢、严、处丘陵险阻，是为山谷之民；宁、绍、台、温连山大海，是为海滨之民。他的区域划分对分析和研究当代浙商内各区域的思想观念、块状经济及产业集群等差异具有借鉴作用。

不同地域历史人文传统的差异，不仅表现在各省之间、各县之间的不同，即使在同一县域不同乡镇都会呈现明显的人文差异，进而引起经济流动的差别。浙商是以共同文化伦理为纽带组成的企业家群体，从地域来说，其内部由不同的板块构成。因为浙江县市之间历史文化经济呈现较大差异性，因此内部各板块的浙商也有相应的差异，其历史渊源、形成过程、行为习惯、经济特色都有个性化的呈现。正是各地”二级浙商“的差异，使得浙商整体内涵更加丰富深厚。

2. 浙江自然资源稀缺是激励创业的重要动力。

自然资源，特别是能源和矿产资源，浙江存量指标很低。缺铁、缺煤、缺油，缺大宗工业原料，从国家统计局颁布的 45 种矿产工业储量看，浙江只有 55.7 亿元，占全国比重的 0.09%。1987 年国务院农村发展研究中心的一个研究报告称，计算了各省市的“人均资源指数”，以全国平均数为 100，浙江的具体数值是水资源 89.6，能源 0.5，矿产 4.9，可利用土地 40.0，耕地和气候 117.2。各省市的“人均资源拥有量综合指数”浙江居倒数第三位。末三位分别是上海 10.4，天津 10.4，浙江 11.5，最后三位有两个是大城市的直辖市。

在纯农业时代生存压力较大的地方，浙商分布比较集中，如浙北的温州、台州等地。而民间小生产小商业传统比较活跃的地方，浙商也比较集中，特别是个体工商业比较发达，如东阳、义乌、永康等。所以浙商的分布与农业基础、手工业传统有着密切的关系，绝对生存压力是激励创业的重要动力。当然人地矛盾只表示自主谋生的动力很强，并不等于自主创业的行动。

孕育浙商的母体是“三农”，即农民、农业和农村。1995 年浙江省工商联主持的调查显示：“草根出身”的浙商，出生地为“乡镇”及“村”的占

84.5%,出生地为"中等城市"和"大城市"的,相当于地级市或省城的不足5%。浙商为何大多为农民出身?解释有三:一是人地矛盾尖锐导致生存压力较大;二是计划经济边缘的控制力薄弱;三是工商传统文化的习俗、技能和人力资源储备。因农民生存压力大,而且农民率先获得独立的劳动力产权,而在农村计划经济的控制力薄弱,自主商业活动空间较大。同时,传统工商业文化及其"地方性知识"在乡村得到较好的保存和延续。①

3."百工之乡"促使块状经济或集群型发展。

浙江水乡和山区分散,狭小的土地适合个体家庭的劳作方式,个体家庭意识强,个体主张普遍,加上资源不足人口密集,台风等自然灾害多,培育了浙江人自强不息、顽强拼搏和走南闯北的精神。浙江靠山临海,既有山里人吃苦耐劳、顽强拼搏的韧劲,又有海边人勇于开拓、敢于冒险的胆略。同时,信奉自然天道和尊重天时规律,善于应变。所以,浙江人既重视农耕又重视工商业活动,有"百工之乡"的传统和商业发达的文化积淀,开展海外贸易的传统。在唐代,杭州、宁波、温州等是繁荣的商业都市。两宋以后的浙江,成为全国工商业重要中心,丝织、制瓷、印刷和造船业等都居全国领先地位。杭州不仅是南宋的都城,而且是全国最繁荣的商业城市。到了明代,杭州、湖州和温州等都是商业大都市。到近代,浙江商人尤其是湖州和宁波商人大批走向上海,对上海建设发挥重要作用。

浙江百工之乡的特点和地理位置分布,都与当代浙商在地域上的分布相关联,如宁波的服装、绍兴的轻纺、温州的皮鞋、永康的五金机械等,其兴起往往与某些历史积淀的产业知识、特殊人力资本等要素密切相关,主要依靠自发经济力量的内生驱动。杨轶清指出:浙江省几乎所有的集群型产业带,均有一个产业"酵母"的存在,②它表现为两种形式:一是本地历史上的手工业传统;二是改革开放前本地有一个大型国有工厂存在,他们为块状经济或产业集群的形成和发展提供了"企业家种子"。如永康拖拉机厂这个"酵母"发展成为永康五金机械产业集群,玉环县阀门厂这个"酵母"成就了玉环阀门产业集群,诸暨国营第一丝厂这个"酵母"造就了诸暨袜业产业集群等。

---

①② 杨轶清:《浙商通论》,浙江工商大学出版社2014年版。

二、传统文化对浙商的影响

中国传统文化以自然经济、血缘宗族依附关系为根基，以维护皇权、神权、父权为中心的严酷等级秩序中的“礼”为基本范式，以崇尚和谐统一为最高原则，将中庸视为最高道德，注重人的内在修养并将其作为重要的价值指向。在长期封建社会的历史进程中，传统文化根深蒂固，对浙商影响较大的主要是“兴农抑商”和“重仁轻商”思想，它制约着商品经济的发展。传统文化主要是儒家思想，也包括道家思想、法家思想、兵家思想、墨家思想等。

1. 受儒家思想之“家”的影响。

企业应植入什么文化？“齐家、治国、平天下”的儒家思想，成为几千年来中国人的追求。“家”牵动着中国人的心，家之重要、家之美好不言自明，并渗透到政治、经济、宗教、社团和企业等各个领域，所有社会伦理规范和组织法则，都是以“家”为中心的。“家”规定了中国人日常生活、社会规范、政治规则及思维习惯。

管理学大师彼得·德鲁克说：“一个好的企业像什么？应该像家。”家文化渗透到企业中，就成为员工的管理思想和工具，在企业这个大家庭里，以真情为基础，在生产活动和实践中形成共同心理和价值取向，渗透在企业的基本信念、共同理想、价值观念、竞争意识、奋斗目标、道德规范及行为准则，反映出员工的思想精神风貌。

企业“家”文化，是员工和老板在企业不断发展的过程中确立的，追求真实和实用性是它的精髓。人是讲感情的，人之所以恋家，是因为家里有自己思念的人。从人性角度出发，老板和员工是一样的，都是感情的动物，企业是一个培养感情的平台，老板爱员工，员工爱企业，有了爱企业才能将员工聚在一起，给员工希望和期盼，他们就会努力为企业创造价值，企业也就成了共同的“家”。浙江工商业组织结构几经裂变，但家庭经济的基因内核犹在。血缘或地缘关系，在浙江经济模式中起着重要的作用。

2. 受道家思想之“道”的影响。

道家的核心是“道”，认为“道”是宇宙之本源，也是统治宇宙运动的法则。人法地，地法天，天法道，道法自然。道家讲的是做人的哲学：“道大、天大、地大、人亦大。域中有大,而人居其一。”首先,“以柔克刚”是道家的生存哲学,强调在微弱中求生存,运用在商业领域,企业要在市场中提高生存能力和适应能力,这是企业生存和发展的基础。其次,“以弱胜强”运用在企业管理中,就是企业处在不利位置时的自保策略。再次,“祸福相倚”给人以安身立命的警示,企业家深谙此道,把慈善事业作为企业文化之一。此外,“有容乃大”是指谦虚谨慎胸怀宽阔,在商业文化中,商人将自己居于下位要“和气生财”,就是“顾客是上帝”思想的写照。

3. 受法家思想之“法”的影响。

法家思想用法管理国家、社会和百姓,认为“定纷止争”是任何时代法律的基本作用。要保证国家和社会秩序,就必须依靠法律,商业管理也要依靠法律来规范。同时,要不断超越思维模式,法家提倡无中生有,商人必须从各个地域的差别中,从各个季节的变化中,从社会环境的改变和人们生活方式的一些细小变化的征兆上,努力寻找商机。

4. 受兵家思想之“竞和”的影响。

兵家思想是一种竞和的思想,认为在有限的资源领域展开较量,双方可以是敌人,但更大程度上是朋友,是合作伙伴。在商业领域,与其进行水火不相容、互相消耗的竞争,不如共同开发市场且取利于市场的共赢竞和。竞和思想具体表现在以下几个方面:首先,主张“以和为贵”,为商人开拓了更为广阔的生存和发展空间,如浙江温州商人的“抱团”经营之道,成为温商发展壮大的法宝。其次,提倡“和气生财”,在企业经营中只有讲和气,才能与别人进行更好的、更有效的沟通,即使在处于劣势的竞争条件下,也能赢得生意上的合作伙伴与顾客,从而获得最后胜利。再次,“和而不同”在商业领域体现了包容性,能够与各国家、各民族的商人和谐共存,在保持自己独立的人格下,允许别人保持独立性和完整性,并善于协调关系。此外,应“讲求谋略”,商场如战场,商战中的市场调研、知己知彼,实施有效的营销策略与及时进行控制,都是取得商战胜利的保证。

5. 受墨家思想“博爱”的影响。

墨家主张完全博爱,“兼而爱之,和而不争”,认为真正联结人类社会的不是血缘而是爱,并且主张上下一心、为人民服务、为社会兴利除弊,“兼爱”的思想为商人提供了一条通向合作共赢的道路。墨家还提倡俭以理财,认为应通过节约以扩大生产,反对奢侈享乐的生活。

中国传统文化思想渊源与商业文化结合，产生了优秀的商业伦理规范，如“买卖公平”“诚信无欺”“信誉第一”“守义谋利”“礼貌待客”等。而近代商业伦理思想主要体现在：维护民族利益，坚持“义在利先”“至诚待人”“信誉第一”“薄利多销”等原则；坚持仗义疏财、恤孤济贫、及时行善、造福社会等善行；坚持以勤俭道德修养立身等。当代商业伦理思想体现在义与利的统一、信誉是企业的生命、提供优质产品和服务、促进社会进步等。

浙江深受中国传统文化的影响，特别是南宋时期，高宗赵构在杭州建都，杭州成为南宋的政治和文化中心。孔子第四十八世孙，袭封“衍圣公”的孔端友率族人随高宗赵构南迁，在衢州建立南宗孔庙。中国文化的精华和集大成者对浙江人的精神、心理和行为皆产生了深刻的影响。

三、地域文化对浙商的影响

中国的南北文化存在很大差异，北方受传统儒家文化影响，信奉“勤于教子，耻于经商”“君子不言利”的儒家思想，主要表现为重礼、重义、重仁、轻利、蔑商等，所以，大部分北方人都是重仕轻商的。而南方人就不同，自南宋以来，“浙东学派”给商人经商提供了理论支持，如永嘉薛季宣、陈傅良、叶适，以及永康陈亮等，他们反对章句训诂之空疏虚学，主张“功利之学”“经世济物”，强调“义利双行”“农商并举”“道不离物”等重商思想。

马可·波罗在游记中描述过杭州著名的西湖，讲述了西湖的桥在他到来之前的3个世纪已经建成。在浙商形成的众多渊源中，地域文化被认为是浙商大面积活跃最主要的深层次文化基因。经济力背后的实质是文化力，浙江文化元素中最有力的是重商的价值观。

1.浙商的人文基因。

浙商历史是伴随浙江历史的演进而演化的商业史，浙江历史深厚而悠久可追溯到河姆渡文化。河姆渡文化是分布于杭州湾南岸平原至舟山群岛的新石器时代文化，大约距今7000—6000年。良渚文化中心地区在太湖流域，遗址最密集地区在太湖流域东北部、东部和东南部。良渚遗址实际上是良渚、瓶窑、安溪三镇之间许多遗址的总称，大约距今5000—4000年。河姆渡和良渚文化，被誉为浙江史前文化的“两朵花”。

商业不仅是利润，更是文化。浙商企业家、浙商企业及其形象的形成，都是随着历史文化的变迁发展而发展的。浙商历史是重商的地域亚文化史，浙江先民注重实践探索，尊崇“事功之学”。在古时为“瓯越”——被孔子称为要用中原礼乐文化教化的“蛮夷之地”，浙江正是因为与中原山海阻隔，地理位置偏远，能够远离封建思想的操控，从而产生了符合浙江自身区域经济发展的重商文化思想。同时，更重要的是浙江的先民富有智慧与勤奋，创造和丰富了独具特色的商业文化。

浙江人天生好经商、会经商，如同蒙古人天生会骑射、巴西人天生会踢足球一样，这是土壤的孕育，这是基因的神奇，这是文化的力量。浙商、浙商企业、浙商文化及企业形象，都深受浙江人文基因影响，主要体现在企业家身上，而企业家精神是企业的基因。

生物基因有永续性、遗传性、可分性、变异性、重组性、共生性、系统性等特征，企业家基因同样具有这七个因素的特征，具体见表 2-1。

表 2-1

序号	基因特征	生物基因	企业家精神	备注
1	永续性	基因是永存的。基因不会被基因交换所破。基因可望生存的时间，不是以几十年，而是以千百万年计算。	企业家精神会通过人的个体不断传递，通过和其他要素，如技术、市场环境等的组合演变出新的含义和存在。	
2	遗传性	基因是具有遗传功能的单元，携带着遗传编码。	企业家精神包含的这些信息可以通过和企业经营要素的重新组合，遗传到新的企业个体或者企业内部的新业务单元中。	
3	可分性	基因并不是不可分的，但很少分开。	企业家精神内核七要素（创新、冒险、信任、责任、成长、敬业、合作）就将企业家精神的内容进行了一定的分解。但是我们必须看到，在企业家精神发生作用的过程中，它是作为一个整体实现的。	
4	变异性	基因具有动态性。在一定环境条件和自然状态下，基因会发生突变。	企业家精神在企业内传递和在企业间传递的过程中，由于受到外界环境、传递渠道和经营结果等的影响，会产生一定的修正。	

续表

序号	基因特征	生物基因	企业家精神	备注
5	重组性	基因与基因之间可以发生重组，产生各种与根本不同的重组类型。这是基因之间的重组关系。	企业家精神也可以和企业其他基因之间进行重新组合和分解，衍生出新的含义和内容。	
6	共生性	任何一个基因所起的作用都依赖于同许多其他基因间的相互作用。	企业家精神难以离开其他企业基因(如制造流程、品牌管理、采购诀窍等)而独立存在。企业家精神必须在企业整体的背景下和其他基因互动反应。	
7	系统性	一个个体的全部基因构成一种遗传气候或背景，它调整和影响着任何一个具体基因的作用，表现出极强的系统性。	企业家精神的系统性不仅体现在和其他企业基因共同组成企业的生态环境，还表现在，企业也可以通过建立企业联盟，或者考虑合作伙伴关系来进一步挖掘这些能力要素的价值潜力，或者考虑以引进的方式，从更具竞争优势的其他企业那里获得同样成分。	

浙江民营企业可以应用企业家精神基因的内部特征(永续性、遗传性、可分性和变异性)，将自身的企业家精神各种形式配合外部环境的变化，将其以遗传和变异的方式在企业内部传播和培育。如正泰的南存辉就注重调动全体员工的积极性，激发他们的创造精神，依赖企业中共同的价值观和经营理念，增强企业凝聚力，提高员工的团体意识和奉献精神，振奋员工的自信心和责任感。他充分发挥了企业家精神的遗传和变异特征，在整个企业内部最大限度地传播和培育企业家精神，使员工在企业的成长过程中发挥作用。企业基因是企业内部所有个人基因的整合体，而其中，经理人员的基因对企业基因的影响最大，这种基因也具有遗传的特征，它体现在企业管理者会将过去的经验代代相传。

2."重商"亚文化。

文化能体现人的本质、是人的活动创造了一切存在物。主流文化是占统治地位、被社会全体成员所接受的文化；亚文化是不与主流文化相冲突、只在一部分成员中流行的文化。浙商区域亚文化的实践探索、开拓创新与历史传承，主要经历三个阶段。

第一阶段是春秋到北宋。春秋时期，钱塘江的东南建立起了浙江历史上第一个部族——于越。越王勾践继位后，与邻国吴国交战失利，从吴国获释回来后卧薪尝胆最终又击败吴国，成为春秋末期的最后一个霸主。越国的手工业，如冶炼、造船、织布、制陶等较为发达。浙江商人文化可以追溯到春秋战国时期“商圣”范蠡，所以说浙商历史文化的基因绵厚而悠长，鲜明而独特。西周末春秋初，中国社会从奴隶制向封建制过渡，商品经济得到迅速发展，经商治世者甚多，如管仲、计然、范蠡等，孔子高徒子贡善贾，是儒商说法的源头。

浙商深受范蠡经济思想的影响。范蠡是春秋后期的越国名臣，辅佐越王勾践卧薪尝胆，雪耻图强，经过努力，越国终于吞并吴国。范蠡在灭吴后急流勇退，乘舟浮海到达齐国，定居于陶（今山东定陶县）改称鸱夷子皮，又叫陶朱公，经商致富，被誉为“忠以为国，智以保身，商以致富，成名天下”。范蠡决心“下海”时，曾经喟然而叹：“计然之策七，越用其五而得意，既已施于国，吾欲用之家。”即范蠡打算将政治军事的谋略用于管理经济，结果“居无几何，致产千万”，“十九年之中三致千金”，这些都表明他是个出色的经营人才。范蠡的经济思想体现在：一是“劝农桑，务积谷”，就是加强农业发展生产，要把“蛋糕”做大。二是农末兼营，我国一直以农业为本其余各业为末，为了使农俱兴，范蠡为勾践制定粮食价格政策。他在《越绝书·卷四》中提出：“粜石二十则伤农，九十刚病末。农伤则草木不辟，末病则货不出。故粜高不过八十，下不过三十，农末俱利矣。”三是“夏则资皮、冬则资絺、旱则资舟、水则资车，以待乏也”。范蠡主张让市场价格要以自发波动为基础，以调节供求的办法加以调控。他认为，国家要控制物价，把物价波动限制在既有利于生产又有利于流通的范围内。范蠡经济思想还有“务完物，无息币”等。“务完物”即注重商品的质量；“无息币”是指重资金的周转。范蠡从实践中总结的经商思想和经商理论，对浙商产生很大的影响。

到了战国时期，浙江地区的造船业和航海业已经达到领先于时代的水平。浙江在隋唐时期的经济发展很快，丝绸业、瓷器业、造纸业都非常发达。宁波、温州是当时东南沿海有名的贸易港，李邻德、李延赤、张支信、李处人等浙江商人从宁波出发，横渡东海，到日本岛进行贸易活动。此后，杭州、宁波、台州、温州一带的贸易活动就非常频繁。南宋期间，杭州、宁波、温州等地官方都设有市舶司，专管海外贸易。[①]

第二阶段是南宋时期。隋唐以后，随着京杭大运河的通航，中国的经济重心南移，江浙一带成为中国经济较为发达的地区之一。宋朝统治中心被迫南迁临安后，浙江便成为全国政治中心，文化教育事业发展快，商品经济氛围浓厚，这时浙江的社会经济发展到高峰。兴盛一时的永嘉学派和金华学派逐渐受浙东商品经济感染，一扫重农抑商论调，标新立异地讲究功利。当时涌现了一批著名学者，如以陈亮为首的永康学派，以叶适为代表的永嘉学派，以吕祖谦为代表的金华学派，以杨简、袁燮、舒璘、沈焕为代表的四明学派等。

南宋的事功学派开启了商业文化新境界。永康、永嘉和浙东三大学派合力推崇经世致用，既忧国爱民，也顺应时势。南宋政权贫弱，令浙江哲人们忧思难酬，企望由工商事功。永嘉学派提倡“家商一体，发展工商业”，浙东学派强调个性、个体、能力、功利、重商的基本思想，都已经渗入浙江人的血液。浙江民众有着浓厚的商品经济意识。而浙商的精神支柱，就是“重商价值观”。

浙江农业生产和陶瓷、丝绸、纺织、造船、冶铸、酿酒、制革、造纸、雕版印刷、制盐等手工业相对发达。自南宋以来，浙江是中国经济最活跃的地方之一。宋元时期，浙江农业、手工业、城市经济和海外贸易都得到迅速发展。

南宋时，浙中的金华成了全国的学术中心，浙江学者不迷信权威，弘扬“求真、独立”的科学精神。浙东学派，从南宋到明清，经过永嘉学派、永康学派、金华学派的发展，从王阳明到黄宗羲一脉相承，形成了一整套的经济思想和经济伦理。

永嘉学派的叶适反对“士农工商”的抑制商人排序及“重本抑末”的思想，提出“四民异业而同道”的经济伦理；到了黄宗羲，提出了“经世致用”和“工商皆本”的思想。永嘉学派就是强调功利，注重事功。他们经济上反对传统“重本轻末”和重农抑商思想，认为应该“通商惠工”“扶持商贾”发展商品经济，认为雇佣关系和私有制是合理的，富人应该成为社会发展的中坚力量。

---

① 林正秋：《浙江历史文化研究》，中国文史出版社 2006 年版。

“永康学派”代表人物陈亮提出了“义利兼顾”“义利双行”的思想，强调其所追求的“利”，是“立国本”和“活民命”的利，他所企慕的事业是合乎“天道人心”和“举而措之天下之民”的事业。永康学派强调学术的目的，在于经世致用，总结历史经验，探讨国计民生的实用之学。

浙东学派倡导求真务实经世致用，主张通商惠工，反对重农抑商。明代思想家王阳明十分重视同情商人，认为商人“终岁弃离家室，辛苦道途，以营什一之利，良亦可悯”，当免收或抽收合理商税；主张建设“街道市廛，俱有次第，商贾往来，渐将贸易”的“富庶之乡”。

唐宋以后，浙江成为东亚文化的集散地。日本东京大学目前启动了一个计划历时 5 年、投入近 1 亿元人民币的项目，研究宋代以后宁波在东亚文化交流中所起的枢纽作用。这也说明，自宋代以来，浙江是在开放式的环境中发展起来的，对内吸纳内陆文化，对外吸纳海洋文化。

第三阶段明清时期。由于商品经济的迅速发展，使得浙江成为我国资本主义萌芽的最早地区之一，此时出现了近代的十大商帮。在明代较为有名的浙商是当时的天下首富湖州南浔人沈万三。清朝末年及民国初年，浙商成为中国民族工商业的中坚力量之一。

在古代的浙江，很多地名和街道名称都是以集市、店铺、商号来冠名。浙商的历史文化在商人身上得到体现，特别是在商帮身上，主要是近代的龙游商帮、南浔丝商、宁波商帮。龙游商帮以“无远弗届，遍地龙游”与“诚信经营”而闻名，南浔丝商以“四象八牛七十二金黄狗”与“贾而好儒”而称绝，宁波商帮以“无宁不成市”与“稳健大气”而著称。

四、浙商形象的形成条件

企业生存是企业形象产生的前提条件。企业生存依赖于特定的科学技术，技术支持着企业的生存与发展，同样，技术也是企业形象形成的条件。企业价值创造模式，主要是企业产品与服务的质量能够满足消费者的需求，对消费者而言，产品和服务低于消费者愿意支付的价格，即有消费者剩余，这是良好企业形象形成的条件。对浙商企业而言，就是因为产品功能能够满足广大消费者的需求，而且价格特别优惠，在国内甚至国际竞争中具备优势和条件，把大量的浙江产品销售到国内外，造就“价廉物美”的浙商产品形象。“浙江商人”正是凭着这一优势闯天下，“浙江产品”

得到全世界人民的喜爱，造就“浙江制造”走遍天下的局面。浙江“块状经济”向产业集群发展、“浙商造市”成为榜样，就是因为浙商企业具有“价廉物美”的技术条件。

浙商企业“价廉物美”形象形成的技术条件，主要有产品技术、工艺技术、管理技术、营销技术、采购技术和服务技术等。第一，产品技术是提供优质产品功能的保证。产品的功能属性是通过技术支撑来实现的，它决定着产品的性能、用途、使用方式等功能属性。浙商产品能够满足消费者需求的功能，浙江的服装、食品、日用品等，都是技术支持产品功能的基础条件。第二，工艺技术是产品质量和成本的保证。在技术水平确定的条件下，其质量要通过完善的工艺操作程序来保障，这是质量稳定性和可靠性的保证。同时，生产工艺所需要的成本必须控制在合理的范围，否则成本提高会推动价格上升，一旦价格超越消费者能够承受的程度，就有可能只是“物美”而不是“价廉”，进而导致产品形象受损。第三，管理技术是生产和经营正常进行的保证。对于大多数浙商的中小企业、加工企业、外贸企业而言，其管理技术优势在于家族制，家族制企业虽然在股权和治理结构中存在缺陷，但在一定规模内的传统产业具有管理上的众多优势，管理成本低，决策速度快，促使企业价值创造模式高效运行，这也是企业形象形成与保持的基础。第四，营销技术是企业价值得以实现的保证。企业产品只有通过销售环节才能实现交换，只有通过交换才能实现价值。营销技术主要包括市场策划技术和市场销售技术，而企业形象的形成，也需要通过市场营销技术的使用而获得支持，消费者对企业形象的认知和评价，更要通过市场购买活动来进行。在产品质量和成本确定的前提下，市场营销技术水平将决定或影响着产品形象和市场形象。第五，采购技术是保证原材料质量和成本的基础。采购包括供应商、报价、招标、确定采购周期、选择发货途径、选择原材料替代品等一系列问题，2014 年“3·15”被媒体曝光的“霉面粉”事件，涉及杭州数家知名的品牌面包店，引发公众的强烈质疑：销售劣质原料的广琪公司固然应当受到法律严惩，但作为采购商的面包店，有没有“知情不报”，以低成本采购过期原材料来降低成本？问题原材料使用多久了？涉及面有多广？① 为此，杭州执法部门迅速行动，封存36种产品、4628.5箱原料。向涉及其中的杭州可莎蜜儿、浮力森林、面包新语、金点、丹比等企业发出召回问题原材料的通知。第六，服务技术是企业服务形象的保证，服务技术涉及行业多范围广，售后服务和服务技术是体现企业形象的重要方面，顾客主要是通过售后服务来评价企业形象的。

技术创新支持并推动浙商企业形象的提升和创新。现代企业与技术创新密不可分，从企业创建的企业形象到不断地进行企业形象塑造，是一个企业形象传承、改进、完善、提升和创新的过程，与企业技术的完善和提升紧密相连。在浙江区域范围内，每年都有成千上万家企业注册，也有数以千计的企业消失，特别是在亚洲金融危机时期，有数以万计的企业破产，用企业形象来判断的话，企业创立之日就应该有一个企业的初始形象或称之为自然式形象；用技术水平或技术创新来判断的话，企业形象与企业技术创新活动紧密互动，每一次的技术创新或技术进步，都应该是技术进步、产品功能或服务质量的提升，都是企业形象的改进和完善。第一，企业技术是企业形象的基础和前提，因为企业形象是随着企业的诞生而出现的，企业创建之初的技术水平是企业技术的第一次创新。有企业技术创新的存在，才有企业的产品和服务，通过生产、销售、服务等环节，以及企业的广告宣传等活动，得到顾客认同和社会认可，企业存在的意义、企业生存的价值和企业价值创造的模式才被确立，企业形象也像新生婴儿一样，开始给予人们第一印象。第二，企业形象的维持依赖于技术的不断进步。社会在进步，人类在发展，企业形象也必须随着技术的进步而不断地改善。企业活动的实践证明，企业技术改造是不间断的，当然有时是渐进式的，有时是跳跃式的，如果企业技术改造停止，就意味着生产和经营的倒退，也就意味着企业形象难以维持，从这个角度讲，渐进式的技术改进是维护良好企业形象的条件。第三，飞跃式的或突破式的新技术革命，是企业形象创新的条件。现代科学技术和管理技术都在不断进步，特别是一项新技术的产生，有时往往是产业的再造或新

① 《杭州"霉面粉"牵连数家品牌面包》，wapnews. jn. sd. cn/? action-viewnews-it，2014-3-18/2014-10-20。

产业的产生，此时，如果是原有企业对新技术的采用，就是一次企业形象的创新，企业形象发生质的变化，是企业形象的重大塑造和大幅提升；如果是新企业的组建和整合，也就是全新企业的初始形象，即新企业的自然式形象体现。

因此，浙商企业形象是随着技术的进步而不断提升的，也是随着技术创新而不断改进的。浙商经济社会全面转型、产业结构调整升级、经济生产方式转变、企业形象塑造或创新，都依赖于科技发明、技术创新和生产工艺的改进。

五、浙商企业的形象表达

企业形象可分为创建时期的“自然形象”和不断改进的“塑造形象”，而现代企业是多样的，时而整合时而又分割设立，因而企业的“自然形象”与“塑造形象”也是可以转换的，就企业整体形象而言，浙商企业形象总是不断提升和进步的。那么企业形象是通过什么方式来表达的？

1. 自然形象是通过企业形体的直观呈现和企业活动来体现。

企业形象的直观体现主要是指静态的、有形的、直观的体现，如企业的建筑物、生产经营和办公环境；企业名称、标识标志、商标图案、产品包装，也包括售后服务员工的形象等，因此，现代企业都十分注重企业外在形象，包括人文关怀和工作环境。企业活动体现又可分为内部活动体现和外部活动体现，企业基本活动主要有进货物流、生产作业、发货物流、市场营销和服务五种，企业还有采购、技术开发、人力资源管理、基础设施支持四种辅助活动，这些活动无不体现着企业形象的方方面面。

2. 塑造形象是一种特殊的表达和展示企业生存本性的活动。

首先，通过导入 CIS 形象，将企业的经营理念、行为规范和视觉识别“三位一体”进行系统分类，通过企业形象塑造，使企业规范化和系统化。其次，把握企业形象塑造的本质和特征。根据刘彧彧博士的研究，企业形象塑造的本质是使企业生存方式及其意义明显化，使企业价值创造模式的表达清晰化，使企业的生存本性公开化。① 企业形象塑造是对企业原有

① 刘彧彧：《企业形象力评价的系统模型及方法》，《山西财经大学学报》2006 年第 2 期。

自然形象的继承、强化、完善和提升。形象塑造是对原有自然形象的继承和扬弃;形象塑造是对企业价值链创造之中的“核心能力”“市场竞争力”“核心价值观”进行强化;形象塑造,是企业对自己的“形象加工”,是对原有形象的补充、更新和完善,是形象资源的整合,使之成为企业的整体形象;形象塑造是不断提升和升华的过程,对企业过去、现在和将来整体形象的连续性、完整性的展开,对整体性和连续性进行有效的表达,最终整合为企业强势品牌,因此,浙商企业的民族品牌确立,是浙商成功的标志。

3. 企业形象塑造要坚持原则。

首先,坚持整体性和连续性原则,就一个具体的企业而言,从横向看,企业形象有各种要素,需要对各种形象资源进行整合,形成整体的形象;从纵向看,企业形象的完善和提升,一般是渐进式的,即企业形象一直朝着进步和提升的方面前进。其次,坚持投入产出原则,企业形象塑造需要努力降低人、财、物等各种资源的投入成本,即在形象策划、形象设计和实施的过程中,要加强核算注重经济效率和社会效益,只有产出大于成本才是成功的形象塑造。再次,实事求是从实际出发的原则。浙商企业形象塑造效果不佳,根本原因是借鉴国外先进管理方式、导入 CIS 形象设计时,偏离企业的实际情况,有的机械式地盲目套用,有的好高骛远,导致导入失败。第四,坚持协作共同参与原则。形象塑造不是企业领导、营销部门等少数人的事情,而是整个企业所有部门和员工的共同事业,不管是领导还是普通员工,不管是企业内部还是外勤人员,不管是技术人员还是勤杂工,都要为企业形象塑造尽心尽力。

第二节　近代浙江商帮形象

商帮是以地域为中心,以血缘和乡谊为纽带,以相亲相助为宗旨,以会馆和公所等为联络场所的既亲密又松散的民间群体。浙商是一个带有传奇色彩的商帮。

一百多年来,是什么让浙商立于不败之地?并且保持强劲的发展势头?归根到底是浙江商人顺应时变、图存竞胜的能力。这支世代相传的永不落伍的商人队伍,在成就自身的同时,也为社会发展贡献了物质和精神财富。浙商善于抓住机遇,引领中国近代资本主义工商业发展潮流。

明代中期后,商品流通扩大,商品数量增多,抑商政策削弱,商人地位得到提高。从商观念的转变,使商人队伍不断壮大,从而引发了声势浩大的"商业革命",在全国各地相继崛起了十大商帮。十大商帮的出现,标志着中国封建社会商品经济的发展,已经进入了一个崭新的阶段。19 世纪 60 年代,宁波钱庄、南北货号、鱼行等遍布于市,有的称"走遍天下,不如宁波江厦",说明宁波商人的足迹遍布天下。

一、龙游商帮形象

明清时期中国产生了资本主义的萌芽,商品经济进一步发展,商品流通领域不断扩大,经商人士更加活跃,在历史上的徽商、晋商、洞庭商帮、江右商、陕西商帮、山东商帮、广东商帮、福建商帮、宁波商帮、龙游商帮等十大商帮就在这时期形成的。作为浙商的龙游商帮与宁波商帮,在浙商的经济发展历史中扮演了重要角色。到了明朝,以龙游商人为中心,带动了衢州商人团体闪亮登场,在金衢盆地崛起,逐鹿中原,远征边关,漂洋出海。

龙游商帮实际上是衢州府商人集团,其中以龙游县商人人数最多、经商手段最高明,故称龙游商帮。浙江龙游商帮的崛起是在明清时期,处于浙、闽、赣、皖四省交界之地,是"十大商帮"中唯一以县域命名的商帮。龙游水路交通便捷,纸、甘蔗、木材等物产丰富;其发展历程,萌发于南宋,鼎盛于明中叶至鸦片战争前后,衰落于清光绪后,被宁波商人和绍兴越商所取代。

龙游商帮崛起于经济状况并不发达的山区,有其地理、历史和文化背景。根据史书记载,龙游商人"挟资以出守为恒业,即秦、晋、滇、蜀,万里视若比舍",有"遍地龙游"之说。龙游商人主要从事长途贩销,经商范围很广,不仅是江南地区,还在北京、湖南、湖北和闽粤诸地经商,而且还常常深入西北、西南等边远地区。龙游商帮经营特性:其一是"财自道生,利缘义取";其二是"秦、晋、蜀、滇万里,视若比舍";其三是"适者生存,来去如风";其四是"为商之道,为商十要"。

龙游商帮经营区域很广,经营项目很多,其主导产业有山货业、造纸业、丝绸绵织业、刻书贩书业、珠宝业、海外贸易业等。代表人物有"贾儒相兼"的童珮、"儒商典范"李汝衡、"诚信经营"的胡筱渔等。龙游商帮在中国十大商帮中,是最活跃的商帮之一。宋室南迁后建都杭州,当时为了方便同长江沿岸抗金前线的联系，官府修建了东起京城临安（杭州），西接赣湘的官道，当时这条官道，在龙游、寿昌交界处的梅岭关进入龙游境内。龙游商人借此商机，将木材运送到杭州销售，甚至到浙江以外去经商。如龙游县韦塘的朱世荣，“流寓常州致巨富，置产亘常州三县之半，后归里，复大置产，当时以为财雄衢常二府”。这里说明了商人善于根据环境变化，因势利导抓住商机。

龙游商帮的发展，首先得益于便利的交通环境，商业信息灵通，龙游是古代粮道，粮盐由此贩运入内地。商濬在《水陆路程》中称“北京至南京、浙江、福建驿路”，从京至闽，需经龙游亭步驿，这就说明在当时的龙游，交通四通八达，地理位置优越。其次是龙游多产山货，竹木茶烟油染料等特产，粮食大量输出外地，竹子又是优良的制纸原料，南宋建都杭州后大兴土木，修建宫殿官邸需大量木材，又设书坊刻印书籍需供应纸张。① 龙游木材、纸张就源源不断地输入杭州，促进了龙游木材、植竹与造纸业的发展。明清时龙游商人应运而生，是交通便利，田少人多，出产颇丰等综合因素作用的结果。

龙游商人具有“敢为天下先”的精神和海纳百川的肚量，称雄一方。龙游商人富有开拓精神，龙游商人大多是为了谋生而背井离乡，通过努力拼搏获得成就，集聚资源和人脉后，再把亲朋好友带出。将诚信作为经商的道德规范，这是龙游商帮成功的要诀。明清时期有许多外地商人奔赴龙游经商，加入龙游商帮，并把各地经商经验带入龙游商帮，推进了龙游商帮的发展。

然而，龙游商人没有像浙东商人一样把创业热情上升到一种区域的重商文化，龙游商人思想深处依旧是抑商思想，结果在赚钱之后重新回归农耕，导致其商业精神被农耕文化淹没。至清朝末年，龙游商帮逐渐没落，如今已再难觅得龙游商人踪迹。

二、宁波商帮形象

宁波港、宁波装、宁波商帮是宁波的“三宝”。上海有外滩，其实宁波

---

① 陈学文等：《中国历史上西部开发的先驱者——龙游商帮》，《浙江学刊》2003 年第 2 期。

的老外滩，比上海外滩还早 20 年，也是当前我国具有百年历史的外滩之一。从文物普查结果来看，宁波外滩的 54 处文物建筑中，至少有 31 处与宁波商帮相关，宁波港畔的老外滩实际上是宁波商帮的起航地。

宁波商帮是指宁波府的商人，以血缘姻亲和地缘乡谊为纽带连接而成的商业集团。主要以宁波地域为主的，也包括在外地经商或在本地经商的宁波商人群体。这一地域包括现在的宁波市，及其所管辖的海曙、江东、江北、镇海、北仑、鄞州等 6 区，还有奉化、余姚、慈溪 3 市，宁海、象山 2 县，此外还包括旧宁波府管辖的舟山市定海区。宁波商帮自明末清初开始形成，历经几百年不衰，近代的宁波商帮以强烈的创业精神和杰出的经营能力，创造了百年的辉煌历史，至今活跃在海内外。主要代表人物有严信厚、叶澄衷、朱葆三、虞洽卿、秦润卿、包玉刚、邵逸夫、王宽诚、应昌期等。宁波商帮继承了宁波人精明能干、审时度势、诚信笃实的精神，他们大多热爱家乡，成功后报效桑梓，穷则独善其身，达能兼济天下。

上海开埠 160 多年，以宁波商帮为代表的浙商群体，对上海的发展起到了积极的推动作用。1934 年浙江兴业银行的调查报告中说："全国商业资本以上海为首位，上海商业资本以银行居首位，银行资本以宁波人居首位。"宁波商帮将粮食、布帛、药材等作为安身立命之基，把沙船贩运、轮船运输和钱庄银行作为支柱产业，快速地积累了资本。

在明朝时因厉行海禁，宁波商人只能铤而走险进行海上走私贸易，同时，宁波商人也将资本转向内地。清朝康熙开放海禁后，海外贸易复苏，宁波商船主要驶往南洋群岛等经商。还在沿海埠际进行贩运贸易，每年外出海船约 1000 艘。在内河船也有近 4000 艘，每年货运总量约 20 万吨。沙船贩运业和海上贸易都属冒险行业，同时也是创富的捷径，如果能够平安便可发财致富，遇到风浪或海盗则倾家荡产，甚至性命难保，宁波商人因冒险经营取得了辉煌业绩，冒险是促其繁盛的重要因素。

宁波籍著名作家巴人说："统治宁波的是三件东西：东门外大街上商店里传出来的算盘声，各中等学校里传出来的朗诵桐城派古文的读书声，外加半边街上那鱼行里的鱼贩的叫卖声。这三种声音就构成这中古式城市的特色。"宁波商帮就是在这种文脉与商脉中形成并发展起来的。

1949 年大批宁波商人从上海等地迁移到香港，1967 年成立了宁波旅港同乡会，众多宁波人在工商领域施展才华，如纺织业的陈廷骅，航运业的包玉刚，影视业的邵逸夫等。

宁波商帮为了发展产业，大多踏上了民族资本主义的工商业道路。如朱葆三投资建设和创办中法航运公司、华兴水火保险公司、华商人寿保险公司、吉邦橡胶公司、中兴面粉厂等，在汉口和广州创办自来水厂。叶澄衷在上海开五金杂货店起家，先后开设钱庄和房地产，并在汉口办造布厂和火柴厂等。刘鸿生任英商开平煤矿买办后，投资创办火柴厂、水泥厂、毛纺厂、煤矿厂等，还有银行、保险等工商企业，集轻工、重工、商业、运输、金融业于一身，形成刘氏企业集团。

宁波商帮具有自身的经营特性：做大事一定要敢于冒大险；不拘古法，不唯习惯；与国人交，止于信；克勤克俭，施仁布泽。宁波商帮在生活上力戒奢侈，在事业上精于计划长于理财，这些都是其事业得以兴旺发达的重要原因。

诚信是宁波商帮立业之本。质量精良诚信海外、诚信从业降低风险、良好信誉赢得商机、薄利经销取得诚信、诚信进货树立信誉、借款守信扩大经营、家族团结同乡互助、爱国爱乡回报桑梓。

悠久的经商传统和经济思想，是宁波商帮经营哲学的基础。农末俱利工商皆本，经世致用乡俗崇商，宁波的风俗就是崇尚商业，乡民们习惯于背井离乡耻于安守家业。宁波人以商为业以商为荣，民间崇商习俗源远流长。他们注重乡情友谊，同乡相互扶助，增强了抵御经营风险的能力。

三、南浔丝商形象

南浔镇隶属于浙江省湖州市管辖，湖州是我国丝绸文化的发源地之一，在4700多年前，湖州的先民就已经开始种桑养蚕、缫丝织绸。湖州南浔镇被称为“丝绸之府、鱼米之乡、文化之邦”。浙江为江南丝绸文化的发祥地，湖州是丝绸的源头，南浔镇的辑里丝，更是湖丝之最。上海开埠后，南浔丝商率先进入十里洋场，在全国生丝出口贸易中，具有举足轻重的地位。

南浔丝商是在清朝末年兴起的、独具特色的中国最大丝商群体，以经营丝绸而富甲江南的南浔镇，是中国近代史上罕见的巨富集聚地，“四象八牛七十二金黄狗”，[1]就是用来形容因蚕丝业而发家的富豪阶层。湖州流传着谚语：湖州一个城，不抵南浔半个镇。[2] 财产达百万及以上者称为象，五十万以上不过百万者称为牛，在三十万以上不过五十万者称为狗。“四象八牛七十二金黄狗”加起来的财产总额，达到6000—8000万两白银。南浔丝商兴起之时，正是中国的清朝末年，1894年清政府当年财政总收入约为7000万两白银，南浔丝商的富裕程度可想而知。

南浔是“辑里丝”的主产地和集散中心。南浔丝商先贩丝至广州，经公行售于洋商运往国外，以清前期为最盛。鸦片战争以后五口通商，上海辟为通商口岸，那时南浔就已经有少数丝商与洋商发生贸易关系。后来太平军占领湖州，为南浔丝商的发展提供了机遇。当时南浔有官丝行4家，其他丝行由官丝行保结后营业。同治3年(1864年)太平军撤退，南浔丝商利用与外商已有的各种关系，成为洋行的买办或丝通事，他们几乎垄断了湖丝的外贸，使南浔丝商的财富迅速膨胀。

清光绪中叶，资本主义国家为进一步掠夺我国廉价劳动力及原材料，一方面在上海等通商口岸开设机械缫丝厂，改收丝为收茧，加工成机械厂的丝供出口，另一方面故意压低湖丝收购价格。南浔丝商在出口数量锐减的情况下，又遇到丝价下跌，面临资金转向的投资抉择，此时大多数丝商选择发展民族工业的道路，成为爱祖国、爱家乡的民族资本家。他们拥护和支持孙中山领导的民主革命。同时，南浔丝商对发展教育事业、弘扬民族优秀文化做出了贡献，也为湖州家乡建设出力。

南浔丝商的经营特性有三：一是“于钱财出入，寸宜宽，尺宜紧”；二是“不创新，就灭亡”。南浔商人在创业的同时，注重开拓创新，坚持敢为人先的创业精神，才抢占了上海开埠的商机，利用运输路程短的地理优势，以低廉的价格赢得市场占有率，其出口的生丝迅速占领国际市场。南浔商人的创新精神和敢为人先的开拓思想，还体现在洋商云集上海、湖丝外销蒸蒸日上时，南浔商人就将投资目光转向其他产业，通过转移投资以规避商业风险。三是“把鸡蛋装在多个篮子里”，就是今天的多元化经营理

---

① 韩永学：《浙江历史上的主要商帮及其经营思想研究》，《绥化学院学报》2009年第1期。

② 董惠民：《近代浔商迅速崛起的原因探析》，《安徽史学》2004年第4期。

念。四是“贾而好儒，士商合一”。南浔世代书香不绝，名儒辈出，所以有“九里三阁老，十里两尚书”的谚语。

南浔丝商的经营领域不断拓展，主要是向工业、交通运输业、金融业、盐业和地产业扩展，经济实力也随之增强。南浔丝商中，后来有的成为企业家，有的成了收藏家，也有的成了政府要员。但从本质上讲，他们是地道的商人，显示出独具特色的经商才能，对推动浙江、上海等地区的社会经济发展做出贡献。

第三节　传统文化与当代浙商形象

21 世纪是一个“形象经济时代”，形象力既是商战取胜的关键，更是企业的核心竞争力。形象力就是生产力，良好的组织形象是一种无形资产和宝贵财富，它与人、财、物三者并列，其价值可以超过有形资产。企业形象是企业生存和发展的软实力，对于想进入市场成为市场主体的浙商企业来说就是一张“入场券”；对于想拓展市场提升份额的浙商企业来说就是一张“许可证”，对于要走向国际的浙商企业来说就是一张“信用卡”。

纵论华商历史，从子贡、陶朱公到红顶商人胡雪岩，从古代的丝绸之路到宋明时期繁荣的海上贸易，一直到当今海外华人在商界的崛起和发展，充分地展现了浙商传承的经营魅力、敬业精神和经典智慧的完美结合。近代浙商在从商经验、人脉资源、营销网络、形象声誉的形成和积累，既是当代浙商企业文化力、形象力和人文精神的直接来源，也对当代浙商持续发展有着现实的指导意义。宁波商帮、龙游商帮关于发现商机，把握机遇；敢于冒险，敢为天下先；头脑灵活、富于机变，具有创新意识；以诚为本，讲究实效，清清白白做人，老老实实做事……这些浙商前辈们的商业优点，现在正在新浙商身上得到良好的继承和发扬。

近现代老浙商的命运，与中国历史上其他商帮的命运几乎是一样的，在经历了战争和社会巨变之后，最终走向衰败。但老浙商也与其他商帮有很大的不同，其主要表现在：一是老浙商中的宁波商帮移地香港，能够继续在商界中呈现霸主地位；宁波商帮与现代浙商是一脉相承的。如果没有近代宁波商人的开拓在先，也难以成就当今浙商的辉煌。事实上，历史往往有惊人相似之处：当年的宁波人，苦于生计拿起了菜刀、剃刀、剪刀远离故乡创业；改革开放之初，温州人也是靠饮食业的菜刀、理发业的剃刀、缝纫业的剪刀、修理业的螺丝刀、皮革业的劈刀走遍全国开始创业。二是时隔30年后，老浙商迎来了它的继承人——新浙商。新浙商即当代浙商，形成于20世纪80年代，崛起于20世纪90年代，强盛于20世纪90年代末至21世纪初。今天叱咤风云的“新浙商”，正是从改革开放时期开始崛起的。

老浙商成功的经验和失败的教训，恰好似一面镜子，给当今浙商以启迪。当代浙商企业形象的确立和发展，需要传承老浙商的核心价值观和经商技艺，如志存高远、注重品牌、恪守诚信等，都是当代浙商需要传承和弘扬的文化精髓。当然现今的商业是“市场不分东西、商人不分南北”，传统被打破，互通互融性更强。商帮不应画地为牢，不宜过分强化“商帮”概念，而要不断丰富与发展“商”的内涵，弱化“帮”的区域色彩。

一、市场经济是产生浙商的前提

市场机制是企业家精神成长的温床，产生企业家、企业及企业形象的前提是市场经济。只有在满足独立商务、竞争制度和有限政府的条件下，才能体现出企业家的市场地位和社会地位。没有市场经济的外部环境，就不可能产生企业家，也就不会有企业，而企业形象更无从谈起。自然经济不会产生企业家，因为它的基本特征是自给自足，只追求使用价值，不需要追求价值；计划经济体制下也不会产生企业家，因为它靠层级制管理，企业领导人也只是一级干部，且可以与政府的干部互换。企业家只有在市场经济条件下才能产生，因为它具备追求更多利润的制度，市场经济越成熟，越能产生成熟的、理性的、热情而冷静的大企业家。

企业家生存和成长的基础，是商业领域和企业活动的独立存在和发展，而且要摆脱政治参与和政府的直接干预。计划经济是由政权主体主导的经济，市场经济则是由产权主体主导的经济。现代市场经济的基本特征是“小政府，大社会”，从计划经济向市场经济的转型过程，本质上就是经济主体从政权主体向产权主体转换的过程。在市场经济条件下，企业家才能也是一种生产要素，要建立和完善企业家市场，把企业家才能流动起来。企业家精神的培养不仅仅需要领导力、创造力、冒险精神这些来自企业家自身的内功，还需要培育有利于企业家成长的环境。浙江经济发展快，企业家资源比较丰富，而企业家资本则相对缺乏，需要培育企业家市场。

在市场经济条件下，即在商务独立的环境下，才能产生企业家，进而才有企业，才能够来谈论企业形象的塑造和管理创新。改革开放已经30余年，企业的独立地位和自由权利仍没有完全解决。这种经济体制和管理模式，主流经济增长模式是政绩驱动、官员主导、投资带动，其实是一种寻租。在这样的政治经济环境中，可以催生经济奇迹，但很难有成功企业，自然也很难有成功的企业家，同时，助长了腐败现象，扼杀了企业的创新。努力营造有利于培育企业家的土壤和环境，激发和催生企业家队伍，让他们能够脱颖而出，需要有一个高效率的经济制度。

二、重商地域文化助推浙商发展

商帮组织形象源于浙江"重商"亚文化的深远影响、浙江先民们的世代努力，才得以建立起浙商组织形象，它决定着企业前途和命运。企业文化其核心就是显现出良好的企业"形象力"，良好的企业形象和声誉就是品牌、就是资产、就是价值、就是竞争力。

中国商人最早产生于夏朝，西周时就有"士、农、工、商"四民之说法，受儒家等思想影响，打击商人的政策没有间断过，抑商轻商是整个封建社会一脉相承的思想和理念。

浙江曾是古代越国的所在地，越王勾践兵败吴国后成了俘虏，在吴国忍辱负重苟且偷生，在范蠡等谋臣的帮助下终于回到越国。浙江商人身上，传承着勾践的文化血统，是浙商的思想文化内核，是浙商企业精神和形象的根基。勾践成就伟业的人格动因，是历代浙商企业家创业经商的原动力。历代浙商创业的动因几乎都是为了摆脱贫困，生活在社会边缘为改变命运而"讨生活者"，承担着历史演变和前进的重要角色。

范蠡创立的薄利多销、四通贸易、物价之贵贱源于供求之余缺等制度，被商界视作经商的职业道德和行为准则。陶朱公对后世浙江人影响最大的并不是经商的理论，而是人们对人生价值意义的思考和实现人生价值的道路选择。陶朱公弃官场入商场，最终获得巨大成功，给我们的启示是：人生的道路有多条，实现人生价值并非只有当官一条路径，从事经商也能实现自身的人生价值。范蠡经商19年，曾经三次在大灾荒时一掷千金疏财济人，他是富而好德、行善分财的良商，其取利守义、诚信经商，为自己赢得了名誉，得到百姓信赖，经营越来越好，财富越积越多，由千金而至巨万，这也为当今浙商群体主动承担社会责任树立了榜样。范蠡经商的故事，激励着一代又一代的浙江人，激励着人们纷纷走向工商业界，并以经商致富为荣耀。浙江商人做生意，自古讲究的是“以民为本”，即老百姓需要什么就卖什么，从事自己熟悉的产业而不“跟风”。

浙商有着独特的精神特质——创业、冒险、务实、苦干等，这些精神特质的形成，当然离不开浙江传统文化的影响。我们把浙江的传统哲学称为“浙学”，也是当代浙商人文精神的重要源泉。“浙学”虽然包括“浙西之学”，但主要是“浙东之学”，“经世致用”等思想已经渗入人们的血液和骨髓，是浙东商人群体人文精神的实质。浙江商帮在不自觉间深深打上了“经世致用”的烙印，强调个性和功利、个体和能力、注重实际。

当代浙商从整体来说，不仅处于中华主流的儒家文化边缘，还与代表劳动者的墨家或农家文化比较接近，与区域民间的“重商”文化联系密切。形成这种文化传统的原因很多，因浙江远离封建朝廷，受朝廷影响小控制弱；浙江商人独立性强，对政府的依赖和受正统文化束缚少；浙江注重个体实践，主张“事功”，功利性强。浙商不唯上不唯书，敢冒尖敢领先；重视商业和手工业，以工商为本，喜欢“经济远征”，善于“市场造势”。

浙江临海，浙商文化表现形式也具有“水”的特征。水的流动性，给予浙江文化以自强不息、开拓创新的文化力量；水的灵性，养成了浙江文化敢于冒险、重利事功的文化个性；水的柔性，赋予浙江文化以柔慧智巧、开放兼容的文化魅力。浙江文化的“水性”特征千百年来深深影响着浙江人的品格生成与劳动创造，不断丰富着中华文化的内涵。浙商企业文化是在特殊的环境条件与历史传统下经过长期积累沉淀而成，它深深植根于企业的土壤，具有不可模仿的个性特征。

三、民间艺商促进浙商形象管理

浙江“重商文化”和“艺商传统”的结合，造就了成千上万的“百工艺人”，大家既是被浙江资源缺乏的环境所迫，不得已背井离乡谋生计而造成的，又成为浙商商帮形成技能人才的基础。泥水匠、木匠、油漆匠、打铁匠等，还有从事石刻、竹编、弹花、箍桶、裁缝、石匠、理发、厨师等百工艺人和挑担卖糖、卖小百货的生意郎，他们周游各地挣钱，以养家立业。这些历史的民间艺人，在各行各业制作种类繁多的艺术作品，凸显特殊行业工艺品牌的形象力。

当代浙江的块状经济和专业市场，都与浙江民间艺人有关联，如永康的五金城、东阳的建筑业等。东阳市建筑业发达，与东阳泥水木匠多有关，如中天建设集团的各项目部都有庞大的职业群，包括砖瓦工、抹灰工、钢筋工、混凝土工、木工、设备起重工、油漆工、打桩工等几百种职业岗位。又如杭州金星铜集团有限公司，由国家级大师朱炳仁创建，主要承接铜建筑业务，如门、塔、殿、窗、柱、桥、吊顶、斗拱、瓦、砖、铃、书、壁画、家具等专业铜业务，承包建造金属装饰工程，承接铜建筑、城雕、景区及铜寺庙装饰工程，承接铜工艺美术品等业务，核心竞争力就来源于以手工操作为主的高技能人才，他们也可称为当代的“百工艺人”。通过长期的积淀和养成，形成精明能干、机敏灵活、吃苦耐劳、务实的优秀品质，支撑和推动着历代浙商的形成和发展。

四、商帮文化对浙商形象的启示

浙商企业形象与商帮文化有着密切联系。商帮文化是在长期的经营实践中逐渐积淀而形成的，其基本要素有三：观念与价值系统、商帮伦理、商帮制度。商帮文化是一种成套的行为系统，所有行为的驱动来自于观念和价值系统，这种观念和价值系统是得到商帮群体认同并且共同信仰的；商帮伦理是商帮内部特殊的行为规范，是成员之间约定俗成的协调互相之间利益关系的行为准则；商帮制度是商帮内的规章制度，以抱团增强抗压、抗风险能力。

企业提供的物质产品和优质服务，分别构成企业的品牌形象和服务形象，它是企业家及其员工“人品”的内化。“德”和“道”构成企业的文化和形象，是企业家及其员工“人品”的外化。优秀的浙商企业“人品”，本身就应该是一件艺术品，是经长期的诚信磨炼，经企业文化审察，经流通市场践行，才最终得以练成。

1. 诚实守信，儒雅经商。

讲究信用是古代商人的准则，老商号和大商号都比较讲信用，小商号和新商号偶尔有欺诈行为。有影响的大商帮发现如有不讲信用商号，调查属实后商帮会采取措施，小则责其改正，大则孤立和惩罚它。今天要想成为成功商人，要想商品行销世界，也必须信誉先行。传统社会以儒教伦理作为行为规范，儒雅经商强调商人的忠孝，从商学徒之人，必为良孝之家，在师傅老板指教下言行要符合商家忠孝要求。从小孝顺父母忠于老板，长大忠于商道贡献天下。一个不孝之人，是不可能成为忠于老板、忠于家乡和成就事业的人，是不愿意为国家和社会做贡献的。

2.抱团经营、和气生财。

传统商帮逐渐形成的"商道"，值得我们去挖掘和学习。抱团经营是十大商帮成功的共同本色，有难同当，个体商贩们都有自己的资金和货物，在经营中是完全独立的，但如果同伴中发生意外，大家会共同扶持。"和气生财"也是"商道"，现在提倡的大家应该依法、守信、双赢，其实也是"和气生财"在今天的运用。

3.子承父业、民主协商。

"子承父业"既是家族制成功的根本，也是失败的重要原因。不论后代素质如何，家产都由后代继承，产业交后代掌管，致使一代创业、二代守业、三代败业现象一个又一个地循环和重复。明清十大商帮，在内部还是实行民主协商机制的，行帮帮会首领是由选举产生的，有规定任期，在任期间大多是义务工作，不拿薪水。

浙江商帮的历史地位、社会作用和光辉形象，是浙江先民们在经商实践中，接受先进文化指引和传承民族精神的结果。当代浙商既要传承商帮文化的精华，又要与时俱进开拓创新。企业最深厚的底蕴是文化，先进文化是企业生存和发展的灵魂，优秀文化可以助推企业走向成功。而形象力是企业文化建设的核心，是企业精神风貌的重要形式。

第三章　浙商企业形象现状分析

浙江人聚集在一个行业共同发展的现象，曾被专家不带贬义地称为“小狗经济”，意思是一群小狗团结起来，能够战胜强大的对手。然而浙江人自己更愿意称作“森林经济”，一片森林有大树，也有灌木、小草，在生态上相互联系和支持，远比单打独斗更有活力。

——徐冠巨

我们做生意，没人会看你的出身，没人会在乎你之前是干什么的，做过什么，只要讲信用，重感情，都可以来往。这叫“英雄不问出处”。

——丁　磊

企业家单凭“肯吃苦、敢冒风险、善抓商机”的草根创业精神，难以适应经济发展需要。商之大者，为国为民。浙商必须向“哲商”和“责商”转型，创建浙商品牌形象。

——作　者

我们把明清时期十大商帮中的龙游商帮、宁波商帮及南浔丝商等群体，统称为“传统商帮”或“传统浙商”；把改革开放后形成的温商、台商、杭商、越商、婺商（又分义乌商帮、东阳商人、永康五金等）等浙商群体，统称为“当代浙商”或“新浙商”。浙商人勤奋、能吃苦，许多浙商在创业初期，没有背景靠山、一穷二白，学历低、资金少，但历经千辛万苦、走遍千山万水、想尽千方百计、说尽千言万语，“白天当老板，晚上睡地板”，终成大业。

改革开放后30多年，是浙商崛起的黄金期，但也是浙商丑态频出的一个时段，如腐败堕落，权钱交易，商业贿赂，道德滑坡，假冒伪劣，人格失语……严重制约着浙商继续前行的步伐。20世纪80—90年代，浙江民营企业开始崭露头角，家族制企业脱颖而出，依靠廉价的土地、劳动力、环境资源配置和利用所带来的“要素租金”，推动了经济的快速增长，最终成为浙江经济的主力军。

现在，浙江发展进入了转型升级的关键时期，国际经济形势严峻，浙商发展也面临着能源资源短缺、生产要素制约、社会就业压力加大、城市交道拥堵等诸多压力，必然要求浙商企业转型升级、浙商管理超越自我、浙商形象提升魅力，促使浙商企业发展更健康、生态环境更优美、社会成员更富裕、精神生活更富有。

第一节　当代浙商企业形象的形成

改革开放以来，浙江籍或者在浙江从事商业行为，具有经营理念、经济贡献和社会责任心的商人群体，称为新浙商。

新浙商可分为产生、发展和转型三个阶段。第一是产生阶段，即“自发冲动期”，1978年的十一届三中全会到1991年，1978年改革开放的政策造就了英雄的浙商群体，以家庭作坊式的模式组织生产；1988年《中华人民共和国宪法修正案》“私营经济”进入宪法，在法律上为非公经营奠定基础。第二是发展阶段，1992年到2000年，以邓小平南方谈话为起点，经历了1996年的宏观调控，这是浙商企业迅速壮大的时期，建立了许多集团式的现代企业制度。第三是转型阶段，2001年至今，社会经济转型升级，实现浙江企业和企业家的转型。从1978年至今，浙江经济年均增速12.4%。如今浙商经济增速回落，近期杭州、宁波、温州的增速低于全国水平，增速十年来一路徘徊走低，2015年上半年情况略有好转，全省经济运行呈现出“高开稳走，稳中有进”的良好态势，GDP增长超过8%。因为近3年浙江GDP平均每年开局是7.5%，平均每年增长7.9%，2015年达8%算是高开了。

如果把建设有中国特色的道路，比喻成摸着石头过河，那么可分为“摸得着石头”和“摸不着石头”两个阶段。中国改革开放之初尽管是摸着石头过河，但思路和方向是明确的；这一时期的浙商，虽然处于迷茫状态，但敢为人先、闯荡江湖的胆魄使之成为率先致富的民商。时至今日，中国改革进入深水区，石头已经摸不着了，必须设计可靠的桥梁，才能引领改革走向成功。浙商企业要持续健康发展，就必须自觉地通过这座“桥梁”，遵循社会主义市场经济法规，努力提升科技创新能力，向“微笑曲线”的两端发力，即向科技研发和市场营销的高附加值方向发展。

一、改革开放孕育浙商形象

改革开放以来，浙商迅速兴起，成为中国第一商帮。浙商的商业意识和技能的传播，对创业的偏好和传统的代际传播一直没有中断。这种数百年代际传承的价值观休眠20多年后，在20世纪70年代末重新萌芽。为什么在同样生存压力和政策环境下，浙商最为活跃的根本原因，是浙商世代相传的“重商”思想基因。

当我们走进浙商博物馆，看到宗庆后创业之初踩过的锈迹斑斑的人力运货三轮车；看到老掉牙的补鞋机，这架补鞋机正是浙江省工商联主席南存辉创业的起点。改革开放让中国人的命运发生了变化，其中创业者是最典型的群体之一，而浙商又是中国创业者队伍最有代表性的群体——白手起家创富天下。草根出身是第一代创业者的鲜明标记：鲁冠球打过铁，庞青年放过牛，王振滔做过木匠，周成建摆过地摊，周晓光16岁就闯关东。与宗庆后一样踩过三轮车的，还有马云；与南存辉一样摆弄过补鞋机的，还有邱继宝。

在计划经济时代，浙江国企很少，“倒逼”和催生了民营经济。究其原因是浙江地处国防前线和缺乏重工业原料，国家对浙江投资极少。1952—1978 年，浙江人均国有资产投资额 411 元，为全国各省最后一位，所以浙江国有企业数量少，规模小。在改革开放后的 1979—1992 年，浙江的国有投资人均1723 元，只是全国平均水平的 3/4，列全国各省市第 22 位，特别是温州、金华、丽水等地，国家投资更少。浙江的国有经济基础薄弱，政府的行政干预少。

1. 没有法律保障，就不存在浙商企业形象。

社会发展的历史和市场经济成功的经验告诉我们，计划经济体制下是不允许有非公经济存在的，更没有民营企业和民营企业家，只有在市场经济土壤里才能培植出家族制企业、民营企业和民营企业家。因此，政治制度、法律制度、经济体制、政策环境及市场经济发育程度，是决定有无企业、企业家及其成长快慢、成熟与否的关键，没有企业和企业家，何谈企业形象。

从社会经济制度和发展历史看，发达国家要比中国更具促进企业发展和培植企业家的土壤。资本主义市场经济模式持续时间长，市场体系发育程度高，政府监管及服务到位。我国发展家族企业和培养企业家也有其自身特点，洋务运动催生了近代工业，也催生了第一批企业家；从辛亥革命到 1956 年的“公私合营”，学习西方技术和管理理论，是大陆企业和企业家的成长期；1956—1978 年间实行计划经济，是企业和企业家的沉寂期；1978 年底实行改革开放政策，是企业家快速成长时期。①

我们以义乌廿三里“敲糖帮”为例，世代相传的商业文化载体源于明末清初，在新中国成立后成为资本主义尾巴或投机倒把，是历次运动清理的对象，但“火种”从未熄灭，哪怕在“文革”期间，糖担外出鸡毛换糖依然兴盛，那时廿三里镇就有 5000 余人到全省各地及江西、福建等地经营，有的几乎跑遍全国各地。他们尽管辛苦，为活跃城乡经济做出贡献，可就是没有合法的身份，只有受“批斗”进“学习班”的份，从未听到过被赞扬的声音，更不会有合法企业组织形式，自然就称不上什么企业形象。

据报道，温州市的无证商贩，在 1970 年有 5200 人、1974 年 6400 人、

① 周鸣阳：《家族企业继任者成长环境的中外比较》，《企业家信息》2011 年第 1 期。

1976 年达到 11115 人。“地下运输队”、“地下包工队”、民间市场和生产资料“黑市”广泛存在。1976 年底乐清柳市生产五金、低压电器等企业 256 家，总产值 2052 万元。① 这些都是企业，但从法律层面讲都不合法，因而就不存在“企业形象”，如果存在那就是非法分子、投机分子，因为在当时，农民还没有获得独立的劳动权，既不合法更无法提供收入保证。

浙江的崛起离不开改革开放，离不开市场经济。市场经济要求自由、平等的价值观和制度设计，一方面是市场主体的合法权益需要法律来保障，市场主体的行为需要法律来规范，市场的秩序需要法律来维护，所以，市场经济必然是法治经济；另一方面是市场经济对自由平等的需求，以及商品交换形成的社会关系，也必然地要求否定人治和专制，实行民主与法治。② 浙商兴起的政策起点，是农民获得独立的劳动力产权。家庭联产承包责任制才是浙商正式合法成为社会成员和独立职业的逻辑起点和历史起源。③ 家庭联产承包责任制让农民从土地中获得解放，获得职业的独立自由选择，这是几千年中国农民生存方式的历史性变迁。

2. 改革开放之初，浙商身份不明地位不稳。

十一届三中全会后，公有经济一统天下的局面虽被融化，但因立法滞后，就总体而言，仍然是计划经济的法律法规。嗅觉灵敏的浙江人觉察到政策的“春江水暖”，展现“敢为天下先”的胆略和勇气，纷纷闯进法律灰色地带，甚至冲破法律禁区，经营私营企业。由于政策先行立法滞后，大多浙商是“闯法律红灯”的，甚至是踩着“法律雷区”而发展起来的。

改革开放是一个不断认识和实践的过程，经过“文革”洗礼的干部和群众并不是立即接受政策。最先“抢跑”的浙江人，如温州第一批为外界所知的商界风云人物，就是在这时期开始的。温州柳市八大王之一的刘大源，在温州，第一辆私人摩托车就是他买的，最早安装私人电话，被称为“螺丝大王”。当时，柳市还有电器大王胡金林、矿灯大王程步青、目录大王叶建华、翻砂大王吴师濂、线圈大王郑祥青、胶木大王陈银松、旧货大王王迈仟，合称“八大王”。他们没有逃过打击经济领域的犯罪活动，1981 年

① 据民间资料《乐清民营经济发展简史》，www.doc88.com/p-9932910168.html，2012-09-14/2015-10-10。

② 毛亚敏：《“法治浙江”与浙江经济发展》，《浙江经济》2006 年第 11 期。

③ 杨轶清：《浙商通论——认识浙商的基础读本》，浙江工商大学出版社 2014 年版。

底被调查,1982 年初被列为大案要案进行查处,除刘大源外逃外全部被捕入狱,直到 1984 年重见天日。

“八大王”平反在温州传开,基层干部群众才开始放开手脚,投入到商品经济大潮,开始走上“小商品、大市场,小规模、大协作,小机器、大动力,小能人、大气魄”为特征的商品经济发展新路子,1985 年温州市有 80 万农民弃农从商,家庭工业企业达到 13300 家。

浙商的发展离不开法治环境的优化。十一届三中全会对法治建设而言,是一个全新发展的起点。“禁止非公有经济生存—限制性地允许非公有经济发展—鼓励非公有经济发展”,我国法治的演进过程,也正是浙商“产生—崛起—发展”的历程。

1988 年通过的《宪法修正案》增加:“国家允许私营经济在法律规定的范围内存在和发展。私营经济是社会主义公有制经济的补充。国家保护私营经济的合法权利和利益。”①它赋予了私营企业的合法地位,个体和私营经济获得了独立的宪法地位。

全国第一份个体工商营业执照出自温州,她叫章华妹。中国第一个私人包机公司是浙江王均瑶创办的企业。1992 年陈金义收购上海 6 家国有商店,成为改革开放后第一位收购国有企业的民营企业家。“先吃第一口,先迈第一步”的章华妹、陈金义、王均瑶、周成建、郑荣德、陈颂楠等只是众多“敢为天下先”的浙商代表。

大多的浙商从家庭工业和专业市场中孕育诞生和发展成长,如周成建从服装市场开始起步时只有 20 岁,在温州妙果寺服装市场摆摊,白天卖服装晚上做衣服。1992 年温州市场流行风衣和夹克衫,周成建就开始制作这种衣服。由于质量上乘订单不断,第一年赚了几百万元。后来他发觉休闲服市场大有潜力,于是成立制衣厂生产休闲服,打出自己的品牌——美特斯·邦威。由于资金问题,他采取委托加工办法,与服装加工厂合作,让他们成为“美特斯·邦威”生产企业。在销售方面,采取统一策略,以特许加盟店形式,迅速扩张品牌销售网络。

家庭联产承包责任制是改革开放政策的起点,农民从农田中解放出来,拥有从事工商业的劳动力自主权、农民拥有独立劳动力产权的意义深

① 张运:《温州路》,《百姓》2009 年第 2 期。

远。浙商以"小商品、小生意、小作坊"为特征的家庭工业，是早期浙商的"孵化器"，很多浙江人出门远行，"走一路，看一路，学一路，干一路"，路费就是学费，市场就是学校，浙江人首先获得商机。

3.浙商企业形象不佳，主因在于企业家出身。

成功的浙商八成出身于农民，其余为"非私经济"人士。以农民作为主体的浙商群体，其思维方式和行为方式不可避免地带有农业经济的烙印。"草根出身"的浙商与同一时期其他私营企业主创业前职业分布差异较大，所以，浙商的基础和起点较低。

大多知名浙商的创业起点都很低，如以首届风云浙商评选的10位资深贡献奖获得者，他们中创业最早、资历最深、影响最大的，有7位是农民出身，9位是白手起家，7位是初中及以下文化程度，只有施继兴国企出身、大学学历。

浙商企业形象是"低、小、散"。首先是低调，起点低、知名度低、文化程度低(70%以上只有初中及以下学历，近80%出身为农民)，企业组织形式和产业层次低。浙商"身材个头"确实小，浙江企业规模要比全国平均值小1/4，企业规模不大产品也"小"。如温州的支柱产品是皮鞋、服装、打火机、眼镜、低压电器等。浙商的"散"，主要是人员的流动性和行业的广泛性。

国有和集体企业转制及其干部的自主创业是浙商的重要来源。"非私经济人士"也是浙商的重要来源，"非私经济"包括国营、集体等所有制经济，而"非私经济人士"还包括党政机关和事业单位人员。国有和集体企业干部自主创业成为浙商，来源主要是"非私经济人士"，可这类浙商企业的前身不能算是国有和集体企业。同样，"红帽子"企业也不能算国有和集体企业，只能说是变相的国有和集体企业，实质上是民营企业甚至就是私营企业。

国有和集体企业，尤其是较大规模的国有和集体企业转制，是上规模和上水平浙商民企的重要来源。2002年底，全省8.4万家国有和集体企业，有96.7%完成转制任务，88.9%完成劳动关系改革，只有12.1%的私营企业是从个体户发展起来的。① 根据2003年的调查，私营企业主当时

① 史晋川等:《温州模式研究》，浙江人民出版社2004年版。

经营的企业属于城镇集体、国有企业的占 40.35%①。2007 年的调查结果与 2003 年大致相似,城镇集体、农村集体和国有企业减少的幅度最大,从三者之和占所有企业总数的近 38%减少到不足 2%,增加最多的是私营企业和股份制企业。

还有部分个人出资的经营企业,在工商登记中是"非私"企业,俗称戴"红帽子"企业。名为集体或公有、实属个人和私有的"红帽子",在 20 世纪八九十年代,因为戴"红帽子"对私营企业来说,不仅免除政府歧视,还能享受集体企业的优惠;对于接受挂靠的部门,既有企业户数和产值增长,还有挂靠费用收入。"红帽子"降低了私营企业准入和经营的成本与风险,是早期哺育浙商的"产房"。这些假集体的"红帽子"企业,在法律允许私营企业生存和发展之时,立即"摘帽"恢复身份,成为新浙商。浙商是真正的"平民""全民",是中国平民创业的成功典范。

二、块状经济改善浙商形象

浙商的家庭工业和专业市场催生了块状经济或产业集群,为块状经济或产业集群的形成提供大量的产品生产和市场购销,既有产品的购销,也有生产资料的购销,并形成空间的集聚。块状经济或产业集群,既是浙商聚合活动的结果或产物,又为块状经济或产业集群内的浙商提供信息、知识、配套产品和区域品牌,支持和促使浙商的发展。

浙江"块状经济"特征非常明显,从 400 多个块状经济向 42 个现代产业集群转型和升级。由于供给结构、需求结构和国际国内分工结构的变化,浙江产业结构将呈现多元发展的格局,以劳动密集型为主,并与劳动技术密集型、劳动知识密集型产业同时存在。多元产业发展格局是由多层次的劳动力资源优势所决定的;中小企业在寻求与大企业的产业分工合作中,形成集团、群体和特色优势。

当代浙商依靠"块状经济"或"产业集群"迅速发展壮大,几乎每个县域甚至是乡镇都成为块状经济的中心,如诸暨的袜业以大塘镇为中心,桐乡的羊毛集聚在濮院周围,湖州的木业以南浔镇为中心、童装则围绕织里镇分布,永康的五金产业以古山等乡镇最为集中,乐清的低压电器以柳市

---

① 戴建中:《现阶段中国私营企业主研究》,《社会学研究》2001 年第 5 期。

为中心，桐庐的制笔业则集中在分水镇。据统计，2008 年全省共有年收入 10 亿元以上的块状经济 312 个，实现年销售收入 2.81 万亿元。[①] 乡镇之所以成为浙商城乡分布的首选，首先是浙商大多发端于家庭工业和乡镇企业，而这些私营企业大多为制造业，或者以专业市场为主要业态的商品流通服务，较少消费终端指向的现代服务业等第三产业，因此对企业所在地是否为中心城市的要求不高。同时，土地等要素制约也是浙商“离土不离乡”的因素之一，农村的土地供应相对比较宽裕。因为产业本身和历史原因，乡镇处于块状经济或集群经济的枢纽位置。同时，浙商的产业特点决定了他们资源重心放低的特征，而不是重心抬高。浙商在“乡镇”的地理分布具有相当大的稳定性，很多浙商虽然实现从草根向大树的转型，但“根”仍然在乡镇。

产业集群是人文、产业和商人三者的集合体，浙江产业集群所在地域，往往具有传统工商业的历史渊源，或者曾经是国有工厂的所在地。所以，对于浙商而言并不是块状经济或产业集群孕育了浙商，而是企业家种子的大量萌芽造就了块状经济和产业集群。

三、专业市场提升浙商形象

专业市场是浙商走向市场经济的重要突破口，是在计划经济边缘地带和缝隙之间生长起来的贸易通道，是所有“浙江经验”的萌芽和浙商群体的摇篮。“专业市场”与“民营经济”成为“浙江现象”的“风火双轮”，而无论是专业市场还是民营经济，其主体都是浙商。

20 世纪 70 年代中后期，在义乌市后乐村及周边村落的鸡毛换糖行业中，逐渐分化和衍生出了一门新的行业——小百货经营。由于经营小百货获利较丰，在亲友带动下陆续加入小百货经营，进而在廿三里镇形成小百货批发交易市场。这个小商品市场和小商品经营者，成为后来义乌小商品市场的“始作俑者”。[②] 随着义乌商品流通的发展，具有悠久经商传统和丰富经商经验的后乐人迅速形成了“全民经商”的局面。

---

① 浙江省工业转型升级领导小组办公室、浙江省经济和信息化委员会：《浙江省产业集群示范区实施方案汇编》，浙江省经信委产业协调处编印。

② 戴建中：《现阶段中国私营企业主研究》，《社会学研究》2001 年第 5 期。

义乌的货担郎、永康的五金匠、永嘉的弹棉郎、上虞的修伞匠等流浪在外的商贩纷纷聚商成市，利用原有的销货网络当起了“坐商”。在苏州弹棉花的温州叶克春、叶克林两兄弟偶然在路边垃圾堆里发现一堆堆五颜六色的纽扣，便顺手捡起来。走到一家纽扣厂废品仓库，买下几袋扛回桥头镇试做摆摊。结果众人哄抢，一年间便出现近百个纽扣地摊。[①] 这个自发的在路边形成的简易竹棚市场，便是中国第一个小商品批发市场——桥头纽扣市场的雏形。到 20 世纪 80 年代中期，随着商品经济的发展，家庭加工业和乡镇工业的崛起，永嘉桥头、义乌、绍兴、台州路桥等逐渐形成了富有特色的专业市场。并形成了以家庭工业为基础，购销员为骨干，专业市场为纽带，小城镇为依托，实现“一村一品”“一乡一品”的经济格局。

20 世纪 90 年代中期，以集贸型消费品市场为基础，生产资料和生产要素市场为骨干，专业批发市场为龙头，省内外市场相衔接，多渠道流通、平等竞争，在全省形成繁荣活跃的市场网络，使人均资源拥有量综合指数居全国倒数第三的浙江，成为“市场大省”，市场成为浙江经济发展的新增长点。

专业市场是企业的依托，为小企业成长提供支持。绍兴轻纺市场为乡镇企业打开了销路，被誉为企业的“导向”和“活力源泉”。“永康五金”有“中国科技五金城”，“义乌小百货”有“中国小商品城”，“织里童装”有“织里童装市场”，“嵊州领带”有“嵊州领带城”，他们哺育着各自的产业。许多工业品专业市场与家庭工业、乡镇企业结合在一起。市场带动产业，产业又孕育市场，使市场和产业的基础更加牢固。专业市场的形成和发展，哺育和推进了块状经济发展，围绕一个专业市场，方圆数十里，形成实力雄厚的特色产业和规模宏大的块状经济。

浙江专业市场正进行二次创业，推进市场功能和制度创新，实现市场整体提升，建立与经济接轨、与现代流通交融，适应现代市场经济体制、适应经济社会发展需求的商品交易市场体系。

---

① 温金锁:《温州之春——党的十一届三中全会春风》，光明日报出版社 2000 年版。

四、走出浙江叫响品牌形象

游牧性是浙商的突出特征，走得远、出去多、分布广是浙商区别于其他地域性商人群体的显著标志，也是浙商之所以成为影响深远商帮群体的重要因素。据全国 29 个省级浙江商会的不完全统计，截至 2010 年，浙江在全国各地（除浙江外，不包括港澳台）经商办企业的人员为 600 多万人。① 创办各类企业 26 万多家，各类专业市场 2000 多个。可以说省外浙商既是浙江经济的重要组成部分，也为创业地注入了新的活力，是推动当地经济发展的一支重要力量。省外浙商秉持浙商精神，逐渐融入创业地。海外浙商也阵容庞大，全省有华侨华人和港澳同胞 150 万余人，分布在世界 170 多个国家和地区；此外，归侨归眷也有近 150 万人。海外浙商是浙江华侨华人的重要组成部分，也是主要的经济力量。

2001 年浙江出台《关于加快实施“走出去”战略的意见》，越来越多的企业纷纷实施扩张战略，“走出浙江，发展浙江，壮大自己”，浙江在培育市场方面具有先发优势，有丰富的经验，有优秀的人才，浙商到省外办市场，做自己最擅长做的事。浙商到省外办市场，不仅是浙商富裕的货币资本与省外丰富的地产资源的最佳结合，而且是浙商宝贵的市场经营资本与省外巨大的市场供求资源的最佳结合，是双赢的结果。

浙商造市，为走出去的浙江小商人搭建做大做强的平台，省外浙商通过市场销售浙江产品。给“浙江制造”、浙江名优产品营造营销网络，相当于浙江在全国乃至国际开设连锁分店，促进浙江市场产品、信息、人才等资源的配置和合理流动。浙商奉行“商者无域”——走到哪里就把生意做到哪里，他们是商场上的“世界公民”。

第二节　区域浙商企业群体形象

浙商是一个庞大的商人群体，不同的学者根据不同的标准，可划分为不同的流派。如城市说将浙商划分为团结与排外并存的温州商人、义气并具冒险精神的台州商人、头脑活络有胆识的宁波商人、含蓄而坚定有师

① 浙江省委政研室、省经合办：《关于促进省外浙江人经济与浙江经济互动发展的调查报告》，2010 年 11 月。

爷做派的绍兴商人、尚勇个人英雄色彩的金华商人、兼容并蓄且有大将风范的杭州商人等。板块说将浙商划分为温台板块、宁绍板块、杭嘉湖板块、浙中板块等。类型说将浙商划分为稳健型浙商(如鲁冠球、宗庆后、冯根生)、明星型浙商(如马云、陈天桥、丁磊)、快跑型浙商(如茅理翔、南存辉、江南春)等,当然也还包括投资投机型浙商。代际说将浙商划分为第一代浙商是改革开放之初“做人家不愿做的事”、第二代浙商是 80 年代中期“做人家不敢做的事”、第三代浙商是 1992 年后“做人家做不了的事”、第四代浙商是 1997 年后的从事新经济网络产业精英。也有人从商帮文化视角把浙江分成南浙江和北浙江,温州是南浙江的代表,北浙江主要是杭嘉湖、宁绍。

浙商群体人数多分布广,内部还有许多次级群体。就省内浙商而言,由于各地的地理环境、社会经济、历史传统和人文精神差异,形成各具特点的区域浙商,如温州商人(简称温商)、台州商人(简称台商)、金华商人(简称婺商)等。温商是早期浙商的典型代表,以天下为家,世界各地都有温商,体现出“走南闯北”的商帮形象;宁波商人“四海为家”的商帮形象;而义乌商人发迹于“小商品,大市场”,体现出“小商品整合大师”的商帮形象。

当前,浙商企业面临的困境,主要是由于长期积累的结构性、体制性矛盾,以及粗放型经济增长方式。浙商创业活力带来发达的民营经济,这是浙江的最大优势。现在这种先发优势正在逐渐减弱,特别是在中小企业中,生存与发展困难重重,加上员工荒、资金荒、订单荒、高成本、高税负等问题普遍存在,不少企业处于濒临破产的边缘,出现多起企业老板“跑路”事件。

一、温商企业形象

温州是“中国数学家的摇篮”“中国山水诗的发祥地”“中国南戏的故乡”,同样也是商人的摇篮。温州文化兼有对外开放性和对内收敛性特征,而温州人的族群归属感很强。他们内部的这种认同感丰富了社会资本,降低了交易成本,使得温州企业家资源发现和流动成本较低,弥补了信用缺失和制度不足等要素制约下缺损的市场效率,也许这就是温州人打天下的秘密武器。

改革开放后，温州成为中国市场经济发展最为活跃的城市，温州商人则被视为浙商乃至中国商人的典型代表。“温州模式”在全国的叫响，缘自 1985 年 12 月份上海《解放日报》的报道，这是第一次提出“温州模式”的概念，温州商人的发展几乎伴随了浙江或者是中国改革的全历程。温州商人的优势在于“体制改革和市场形成的先发优势”以及“专业市场和传统产业的集聚优势”，往往以小型家族企业起家，充分利用血缘、乡缘、业缘关系，滚雪球式地“抱团”成紧密的产业集群——由优势产业、关联行业、协作配套业，形成相关产业链和“共生圈”。温州企业的光辉形象源于艰苦创业的奋斗精神，温州企业形象的败落主要来源于产品“质量差”“炒房团”“煤老板”等，特别是 2015 年被称为“股灾”中的“场外融资”和“恶意做空”。

温商敢于开拓。温州文化具有开放性特征，敢为人先，具有强烈市场意识与创业意识，同时，具有扩张力的大海文化精髓：敢于冒险与闯荡，使温州模式成为经济发展的典范。改革开放后，温州人浪迹天涯、不辞劳苦，从修鞋、小发廊、小商贩开始创业。温州农村懂技术、善经营、敢于冒险竞争、勇于开拓创新的一批能人，有的活跃在流通领域，开拓创新成为供销员和经商人才；有的在生产领域开发产品、改进技术、引入新工艺，推动民营工业发展和产品结构调整、企业规模扩大、技术水平提升；有的在产业部门善于组织管理，因而被称为“能人经济”。温州人做生意从小处着手，如纽扣、标签、标牌、商标、小饰品、小玩具等，温州小商品遍布全国。

温商善于模仿。一种好产品、一项好技艺，常常会在温州人群中得到迅速的传播。巴黎时装最新款式，不出 10 天就会出现在温州企业的生产线上；广州最新潮家具款式转眼间成为温州企业克隆对象；温州地摊上，很容易发现欧美最流行的玩具、手提包和钥匙串等。[①] 温州民企在生产规模、产品品牌、产业技术含量等方面都不具有竞争优势，只是在市场营销方面，特别是虚拟经营，走在全国前列。

温商走遍世界。温州有 700 万人，超过 1/4 的温州人在全国各地或海外经商。温州商人具有不甘落后、吃苦耐劳的精神，善于推销和开拓市场。温州人不仅走遍国内各省市，还以天下为家大胆地“杀向”了海外，美

① 张苗荧：《温州文化、温州精神与温州的超越》，《温州职业技术学院学报》2007 年第 1 期。

国、日本、巴西、法国、西班牙、意大利、荷兰等都有温州商人，在巴黎“温州街”就达 8 万多人。

注重商会作用。温州商会承担行业自律、维权、协调、服务等任务。会员从商会获得服务，如借助商会协调与政府间关系；通过商会维护企业权益；参加商会评优活动提升企业形象；参加商会业务培训，获取管理、商务、融资、法律等咨询服务；通过商会组织，增加与同行交流接触，为企业发展积累社会资本。温州地方商会起着积极的作用，规范行业发展，避免不良竞争；实行自律管理，维持市场秩序；发挥服务功能；在民间融资中起着担保作用，传承温州传统的民间借贷模式。

对温商企业形象评价。温州商人的本能和利益取向比较强，其生产和经营的企业形象也被深深地打上了温州商人人文特色的烙印，如敢闯、敢冒险、敢干和敢为天下先，经济远征，走南闯北，天下为家，抱团和聚合经营，其人文特征可谓“抱团远征迁徙”。温商企业形象也存在众多缺陷：温州商人的文化程度低、学习欲望不强、缺乏科学管理技术、许多企业不能遵循市场规则，曾经成为假冒产品发源地。温州人看到出租车就“炒”出租车车牌、看到房地产就“炒”房、看到能源紧缺就“炒”煤和油。他们追求利润至上，追求利润大于追求事业，这既是他们的财富快速积聚的原因，也是温州产业升级缓慢的根源。

温州商人群体具有自身特征，内在的矛盾性注定其企业形象有待提升。首先，温州商人群体的开放性与封闭性并存，没有人会说温州商人不是开放的，但事实上温州商人群体却是相对封闭的，如“抱团”现象既是优势也是缺陷。其次，温州商人既是世界的又是地缘的，在全国乃至世界都有温州企业和商人群体，但融入当地文化不深不透，具有强烈的地缘色彩。再次，温州商人群体既是传统的又是现代的，他们既继承了历史文化传统，同时具有面向未来的现代意识。

二、杭商企业形象

杭州历史源远流长，钱塘自古繁华富庶，提起杭商，人们脑海中即刻会浮现出文明、儒雅、高素质的文化形象。杭州自秦设县以来已有 2200 多年历史，是五代吴越首都，南宋王朝在此定都 100 多年。杭州文化具有本地文化与外来文化不断开放融合、创新发展的特点。秦汉时期杭州吸收融汇了越文化和吴文化；隋唐时期融汇了佛教文化和道教文化；南宋时期吸收融合了南方文化和北方文化、皇家文化与市民文化；元明清以降吸收了伊斯兰文化、基督教文化及以科学技术为主要内容的西方文化等，开放兼容、和谐创新是历史上杭州文化发展的重要原因。杭商具有情感与理智、诚信与敢为、深厚与活力、柔和与硬气、务实与谋略、稳重与创新、休闲与创造等品格，是能够超越资本的经营者，体现了中国的传统商业伦理和现代商业文明的精髓。因此，杭商形象是一种品质代表，普遍具有人文社会情怀，承担社会责任。

2008 年杭州被评选为“中国民营经济最具活力城市”，“杭商”这个称谓才被人们提及并日益熟悉。杭州这座城市融人文与自然于一体，集政治、经济、文化于一身，历史与现代有机结合，正是这种复合特征，涵养和造就了杭商这一群体，铸就了杭商的融合性和多元性，形成了独特的综合优势，蕴含了杭商的生命力和创造力。杭商在历史上不是以商帮来定义的，它是一个长时段地域文化历史的产物，有着古代都市经济、近代工业经济和当代草根经济的基因。杭州是“创业天堂”和经济强市，在改革开放条件下，通过三次蜕变，由农民（包括少量商贩）变成小业主，由小业主变成老板，由老板变成企业家。“杭商”经历了“从无到有—从小到大—从大到强”的历程。

杭商企业形象的确立。杭商是民商与官商共舞。杭州民营经济在全国民企 500 强中，是连续多年的冠军，部分新兴产业在国际上享有盛誉。万向、娃哈哈、阿里巴巴等在全国乃至世界也十分著名，显示杭商民企的实力和魅力。

从经济成分分析，民营经济为主、国有与民营共舞是“杭州模式”的特点。从企业家身份分析，民营企业家和官商民商化、民营企业家与国有企业经营者共存。所有制结构复杂多样，构成了杭商群体生态。

改革开放早期，企业所有制结构决定着“姓资”“姓社”，它也决定着企业的命运。杭商中的“官商”，采取妥协和让步，使得国有企业身份的杭商企业家们，不同于其他地域企业家，体现柔性与硬性的统一。直到鲁冠球在万向集团产权问题中，最终极的观点仍然是“没有到彻底清算的时候”，展现了企业家们的智慧。冯根生 20 世纪 90 年代率先打破“三铁”，也是他对于国有企业改制大趋势的敏锐洞察。宗庆后、沈爱琴、汪力成、王水福都体现着杭商企业家精神。

“杭商”群体具有独特的复杂性和多元化特征，有民营企业家，有具有独立自主权的国有企业经营者。杭商企业家的创业历程，为杭州经济高速发展做出了贡献。改革开放初期杭商的发展，可以从许多国有企业及其经营者身上，看到他们的艰辛和成长过程。

例如中药二厂(青春宝)与冯根生。1996 年冯根生在胡庆余堂制药厂濒临倒闭时，毅然接收“江南药王胡庆余堂”金字招牌。1997 年，冯根生贷款 270 万元，促成青春宝国有企业的股份制改革。

万事利原董事局主席沈爱琴，祖上四代都是蚕农，她从小唱着“农家女，背竹筐，拾桑叶，听蚕声”的儿歌长大，对丝绸有着无法割舍的感情。1975 年沈爱琴临危受命，接下杭州笕桥绸厂，1978 年把丝绸面料推销到了北京东安商场的专柜。现在已拓展到医院、房地产等。目前，杭州的丝绸女装企业超过 2000 家，自主品牌 350 多个，数量占全国一半，丝绸和女装行业每年的销售产值达 200 亿元，从业人员近 20 万人，杭州丝绸产量占全国 1/4，全球 1/5 的市场份额。

杭商企业形象发展。从 20 世纪 80 年代中期开始，杭州萧山、余杭等地涌现出大批自主创业的杭商。传化集团可以代表杭州民企从诞生到成长再到充分发展的典型路经与轨迹。

随着马云、孙德良、胡之光、蒋伟华等一大批代表新型杭商的企业家横空出世，引领着互联网、信息技术等新兴产业，成为杭商最为炫目的商业风景线。

2001 年华立集团以超低价并购了飞利浦 CDMA 移动通讯，获得在 CDMA 无限通信技术方面的知识产权和研发人员。汪力成被美国财富杂志中文版评为“中国第一商人”。

1995 年杭州海博电脑服务有限公司成立。3 名员工是马云、张瑛和何一兵。2000 年马云被选为福布斯杂志封面人物，成为中国企业界第一位登上福布斯的企业家。2005 年阿里巴巴和雅虎宣布合作协议。阿里对雅虎中国的收购是 B2B 电子商务发展史上的里程碑。从某种意义上说，马云只是一个符号、一个代表，关键在于一个大都市草根的活力，平民的想象力与创造力，自主自信创业奋斗的力量、市场的力量，以及开放包容的重要性。

1997年孙德良创办了中国化工网 www.chemnet.com.cn；2001年，孙德良和澳大利亚化工企业 Orica 打官司，争夺顶级域名 www.chemnet.com；官司打赢后，短时间内客户数量就达上千。他的经历总结：时势造英雄，中化网成功八分机会、一分智慧、一分勤奋。当前，互联网大有将世界“一网打尽”之势，网商作为新经济商业主体，正在为全球化注入全新的内容。杭商已成为全球化、互联网、新经济时代浙商乃至中国商人的杰出代表，它以互联网为手段，以中小企业和个人等草根经济为力量，具有个性化、互动、自由选择等全新的商业特质。

2010年国务院批准实施的《长三角洲地区区域规划》将杭州定为全国文化创意中心，杭州的信息服务业、动漫游戏业、设计服务业、现代传媒业、艺术品业、教育培训业、文化休闲旅游业和文化会展业等超常发展。正在向实现“提升发展工业—提升发展现代服务业—提升发展文化创意文化”的三级跳目标前进。2003年随着民营经济“国民待遇”的逐步落实，使“杭州经济”转变为“杭州人经济”，经济人格趋于成熟：品牌意识增强、抢滩新经济领域、参与国际竞争。作为国家电子商务、电子政务和信息化综合试点城市，杭州现已在滨江、文三街、仓前等地建立7个电子商务服务功能示范区，有阿里巴巴、中国化工网、中国化纤信息网、全球纺织网、网盛生意宝等知名网站，被授予“中国电子商务之都”的称号。

杭商企业形象的提升。当代杭商形象具有自身特色：品质创业、和谐创新。[①] 品质创业体现了杭商创业的内涵，就是文化、艺术和知识的创业，它体现在个人的文化知识素质上，又体现在企业的服务和产品中。“和谐创新”体现了杭商的创业方式。杭商关注社会发展，承担社会责任，与社会各界形成共建共享；杭商关心企业员工，注重发挥员工的主动性、参与性，形成与员工的命运共同体；杭商注重企业间的竞合关系，构筑有机联系的企业和产业集群，形成企业发展的良好生态。

徐王婴对杭商与温商进行比较时提出六个差异[②]。一是血缘差异：温商的血缘是草根，杭商的血缘是贵族化；二是文化差异：温商是“鸡头”文化，杭商是“凤凰”文化；三是产业差异：温商是小处着手，如眼镜、打火机、皮鞋等，杭商是科技网络公司、软件公司、医药公司等；四是个性差异：

---

①② 辛薇：《新兴杭商》，浙江工商大学出版社2014年版。

温商是说温州话的商人，具有游牧性，如“无浙不成市”主要指温州商人，杭商是说普通话的商人，比较稳定和安逸；五是战略差异：温商是短平快的发展，杭商是着眼于未来，未雨绸缪；六是作战方式差异：温商是抱团行动，杭商是孤军作战。

三、甬商企业形象

宁波历史悠久，是具有7000多年文明史的“河姆渡文化”发祥地。宁波文化荟萃，四明学派、阳明学派、浙东学派等在历史上产生较大影响。甬商继承和发扬了“宁波帮”的传统文化和历史经验。改革开放以来的成长、发展历程主要分三个阶段：1978—1987年为萌芽起步阶段；1988—1997年为加速度发展阶段；1998年以后为调整、扩张、多元尝试的提升阶段。

甬商从业领域和品牌经营，与宁波市的“510”支柱产业紧密相连，涉及石化、能源、造纸、钢铁、修造船等五大临港工业，以及装备制造、电子信息、汽车及零部件、新材料，家用电器、纺织服装、精密仪器仪表、精细化工与生物医药、模具、文具等十大优势产业。甬商在拓展国际化经营、开展沪甬合作、资本经营和多元化发展等方面取得显著成效。

在块状经济中，慈溪小家电、打火机、轴承；余姚小家电和灯具；宁海文具和手电筒；象山针织品、电工材料和海水产品；鄞州服装、小家电和蔺草制品；奉化服装和齿轮；北仑区文具、科技园区电脑、通讯IT产业等。主要依靠“小企业、大群体”“小商品、大市场”“小产品、大产业”经济模式，已辐射全国乃至全球。

新甬商企业家有丁磊、李如成、郑永刚、江南春、茅理翔、郑坚江、朱敏、沈国军……这些企业家续写着“宁波帮”的光辉历史。甬商以民企为主，对商机非常敏感，捕捉商机能力特别强。令新甬商感到耳目一新的有“敦煌”线、“贝发”笔，“长城”尺，“双鹿”电池、“韵升”八音盒、“海天”注塑机等，都居全国第一，在国际市场的知名度和占有率都比较高，成为业内“单打冠军”“隐形冠军”。

宁波产业发展具有自身的特色和局限，存在“微笑曲线”困惑。因为生产要经过市场调研、创意形成、技术研发、模块制造、组装加工、市场营销、售后服务等环节，组成完整的产业链条，中间是制造，一端是产品研发属于全球性的竞争，另外一端是营销属于当地竞争。宁波企业就“微笑曲线”而言，主要存在三个问题：传统企业转型升级、研发力量提升、市场营销方式限制。

甬商企业家形象。他们长于思考、善于经营，在商战中立于不败之地；他们审时度势、灵活善变，成为“常青树”；他们讲究诚实、重视信用、追求质量、创建品牌，在经营中取胜。宁波商人保持清醒头脑，寻找和克服自身缺点，这也是宁波商人走向世界的基本保证。甬商的“宁波商会”“慈溪商会”“余姚商会”等，遍布北京、成都、天津、沈阳、贵州、南京、青岛、武汉、义乌等地。当代宁波商人延续“香火”，取得成功，得益于自身超前的市场观念，如精明的财富观、强烈的效率观。

四、台商企业形象

台州自古以来以“海上名山”著称于世，“文章名胜声震东南”。台州文化重要影响因素之一是三面临山（天台、雁荡、括山），一面滨海的独特自然环境，孕育了台州人山的“硬气”和海的“灵气”，即具有“硬灵坚柔互动”的人文特征，无私无畏、敢于冒险、博采众长。同时，因为远离政治中心，削弱了封建教化在价值观、思维习惯等方面的同化作用，使其保持感知世界和事物的一种天然本真，从而保持了思维的独立性、创造性和不张扬。台州人自古就逐渐形成自强不息、开拓进取、敢于创造、低调务实的个性特征。

台州是改革开放之后民营经济的先发地区，他们还打出“新台商”的旗号（以区别于来自海峡彼岸的台商），曾经创造了众多的全国第一，特别是市场经济突破口的股份制改革，为民营经济的发展进行了有益的探索和尝试。台商形成阶段，1978 年三中全会前后，台州农民开始利用山地和海涂资源，开展家庭副业，成为商品生产者和消费者。主要从事经商活动，如发展“两水一加”，即发展以水果、水产品为原料的食品和饲料加工业，外出务工经商，拆旧利废等。台商快速发展阶段，专业市场的兴起和快速发展与台商的群落性兴起的互动效应。1986 年黄岩发布“红头文件”推行股份合作，是全国第一个由地方党委政府颁布的“红头文件”，股份制在台州成燎原之势，民营企业家群体迅速形成。台商提升阶段，台商创新化发展、高品质经营、集团化整合、全球化拓展、制度化提升。

台州商人通过艰苦奋斗，创立了飞跃、钱江、星星、苏泊尔、豪情等一批知名品牌，涌现了吉利、海正、钱江、飞跃、双菱、苏泊尔等知名企业集团和一批著名企业家。

在20世纪80－90年代，正处于快速发展的台州商人，“无中生有”建专业市场：如玉环不生产木材却建起家具市场，仙居办起白银市场，椒江办起服装和机械市场，温岭、路桥、临海等地办起了汽车、摩托车及配件市场。台州不产塑料却成为全国塑料制品业生产基地，获得“塑料王国”美誉。注重制度创新，凭借实力进行地域扩张，成为全国有名的商人群体之一。

台商的兴起与发展，既具有浙商共性的群体特性，又具有台商文化特征。如勇闯“禁区”的李书福、成功打响“苏泊尔”品牌的苏增福、伟星集团总裁章卡鹏、创造“穷人银行”模式的王钧等。台商有山的硬气与海的灵气的凝聚，困难面前不低头、不折腰，敢于冒险善于创造，苦干实干坚韧不拔，顺势应时灵活求变。在山海文化沉淀和市场经济实践中，形成台商的硬气、智气、义气和俭气。

台州商人的努力获得美誉。据说商人出示台州身份证，许多酒店就会打5折。台州商人有硬气不张扬，敢冒险善创造。有硬气也就是敢冒险，在气节上为“刚”，在行为上为“闯”，在时空上为“韧”，在市场上为“钻”，在性情上为“犟”，在作风上为“干”。台州经济发展不比温州逊色，但台商不张扬。

五、越商企业形象

绍兴是闻名遐迩的“名士之乡”“戏曲之乡”和“书法之乡”。自古以来绍兴是出师爷和商人的地方。越文化的一个重要内涵是它的重商传统，先秦越国范蠡和计然的商品思想、浙东学派的“经世致用”等，造就了绍兴人刚柔相济、外圆内方的行为方式，进而兼容并蓄，“有胆识、权机变”，敢于创新、善于创新的个性特质，形成绍兴特有的人文精神。

改革开放后，“绍兴模式”横空出世。绍兴人凭着精明和对市场的先知先觉，在20世纪80年代初，田间地头，隆隆的机器声构筑出越商的“绍兴模式”。在绍兴杨汛桥镇，资本嬗变，出现8家上市企业。继2001年浙江玻璃在香港资本市场上市，成为内地首家在香港主板上市的民企，浙江永隆、宝业集团、展望实业、绿洲生态农业等4家先后在香港上市，轻纺城、长江股份和精工科技3家上市公司也坐落在杨汛桥。“越商”影响着绍兴人，许多越商或是行业龙头，或是领域精英，是他们照亮了绍兴经济。

绍兴具有悠久的历史文化，其人文精神具备两面性，既敢闯敢冒，又行事低调、稳健。越商企业抢抓机遇敢为人先，是绍兴经济发展的不竭动力；体制机制先发优势，是绍兴经济发展的强劲活力；市场和产业互动，是绍兴经济发展的支撑平台；两个市场互惠共用，是绍兴经济发展的特有优势；统筹协调全面推进，是绍兴经济发展的有效保障；市场主导和政府推动，是绍兴经济发展的基本经验。

六、婺商企业形象

婺商企业的形成。婺商的工商业历史源远流长，永康、东阳、义乌一带从艺务工者甚多，素有“百工之乡”的美称。改革开放以来，婺商传统得以继承和发扬，涌现出一大批新商人，创造了奇迹，特别是义乌国际小商品城、永康五金城、横店影视城等。

创业之初，婺商迫于生存压力，商人开始跑市场，在青海、四川等省市都留下他们的足迹；永康商人继承五金业，办起方岩五金厂等社队企业，培育出永康商人。东阳商人以建筑业起步，到一个地方抢一块地盘。经过迅速发展时期，婺商建起两块经济：一是义乌小商品市场，一是永康五金制造业。

婺商企业文化。金华地区有崇尚儒学和儒商传统，婺商带有一些儒商特点。当代儒商主要观念：“君子爱财取之有道”的金钱观；“善抓机遇科学决策”的经营观；“突破现状推陈出新”的发展观；“求贤若渴知人善用”的人才观；“以人为本协调人际”的管理观；“顾客第一服务至上”的营销观等。[①] 当代婺商逐渐走向儒商化，婺商经济也从“功利经济”向“道德经济”“冒险经济”和“管理经济”转变。婺商中已有上千人进中央党校、清华、北大等进修工商管理、国际贸易等专业。

婺商商业模式。义乌模式是“范围经济”模式，义乌小商品市场的成功之道：一是在于低成本、低税费、低价格；二是在于商人。如果从政治社会文化的视角分析，义乌小商品城是政治方向、时代变迁、政策松动、市场

① 周仲明：《吸纳传统德治思想精神　建设现代文明》，《唐山师范学院学报》2003年第6期。

力量、社会传统、地方习俗、生存欲望等等，以及地方领导人的判断决策，多重交互博弈的结果，具有事件的偶然性和时代的必然性。[①] 永康市的步阳模式是人际网络的“规模经济”模式，步阳称得上市场整合的典范。

婺商从业领域。婺商从业领域集中在五金产业、轻纺产业、医药产业、旅游业。

婺商企业规模。企业以私人企业为主，有高达 90%企业属于家族制企业，义乌小商品“三驾马车”的浪莎、梦娜、新光都是家族企业。

婺商的群体组织。婺商一般加入“商会”或“行业协会”等群体组织。商会主要功能：维护市场秩序、开拓国际市场、为企业维护权益、政企联系桥梁。行业协会主要功能：服务功能、代表功能、沟通与协调功能、自律功能。

婺商面临的主要问题。婺商产业结构性矛盾突出，自主创新能力不强。企业发展要素制约严重。婺商自身素质和思想观念需更新，教育文化素质需提高；婺商各自为政、缺乏合作精神。

婺商必须转型。加快产业结构调整实现产业升级；加强自主创新走品牌化发展道路；出口型市场瞄准国内市场；加工企业拓展产业链以减轻销售压力；婺商之间加强合作抱团出击；提高素质和培育人才。

此外，其他区域的企业，如禾商（嘉兴商人）企业、湖商（湖州商人）企业、处商（丽水商人）企业、衢商（衢州商人）企业、舟商（舟山商人）企业等形象，都因不同的地域文化、历史变迁、资源禀赋以及企业家资源等差异，呈现各具特色的企业形象。

第三节　浙商企业形象存在的问题

改革开放 30 年来，浙商企业经历了“从无到有—从小到大—从弱到强”的发展道路，现正面临社会经济转型产业升级，浙商企业高速发展中掩盖的矛盾渐渐地浮现出来，如创新能力不强、产品技术含量不高、自主品牌知名度不高、处于产业链末端、溢价能力弱等。还有发展模式的固化、产品领域的泛化、经营绩效的虚拟化。制造业企业经不起财务指标上的“诱惑”，要么去买地，要么去上市，要么利用产业转移大背景下“招商引资”的特殊政策，把企业的主要价值追求放到了短期财务指标上，而企业

① 杨轶清：《浙商通论——认识浙商的基础读本》，浙江工商大学出版社 2014 年版。

“基业长青”的功夫却大大“虚化”。因此,浙商企业如何创建品牌、提升形象,尤显迫切和重要。

一、企业形象理念较落后

改革开放初期,浙商敢为人先、敢冒风险的理念是先进的,但随着社会经济的发展,浙商的理念就不先进了,甚至是落后的。从小商品市场经济看,浙商的理念可能是先进的;而从现代市场经济看,浙商的理念就落后了,与现代市场经济存在很大差距。

1. 企业核心价值理念错位。

企业的价值观尤其是核心价值观是企业对自身生存意义的确认,是企业生存和发展的目的和宗旨,决定着企业定位和发展方向。凡能保持基业长青的企业,都有正确的企业价值观。从利益来讲,企业的价值观可分为企业利益导向、股东利益导向、顾客利益导向、员工利益导向、社会利益导向和利益相关者利益导向等。把企业利润放在第一位,不惜牺牲员工利益、顾客利益和社会利益的,是企业利益导向的价值观。以员工为本的价值观,尊重、爱护和关心员工,是员工利益导向的价值观。以顾客为本的价值观,顾客需求就是企业发展动力和方向,是顾客利益导向。社会利益最大化价值观,它的使命是保障就业、维持社会稳定。事实上,以上的价值观都是片面的,应该确立利益相关者价值观。可是部分浙商只考虑私有资本的收益率,坚持股东利益最大化的价值观,重股东和企业利益,轻员工、客户等利益相关者利益。

如何把经济人和道德人辩证地统一于企业生产和经营活动之中,是正确树立企业核心价值观的关键。经济人概念最早来自著名经济学家亚当·斯密《国富论》,经济人作为商品交换的主体和商业经济活动的承担者,以追求利益最大化为目标,把对自己利益的追求和满足视为人们从事经济活动的原始驱动力;经济人面对市场经济的利益抉择,在理性权衡的基础上,把个人及其利益视为市场行为取向的最后决定者和判断者;经济人以自利为出发点的经济活动,向人们展示了发展物质生产、改善物质条件、满足物质需要的巨大力量,激发人们去创造财富,获取尽可能多的利润。亚当·斯密在《道德情操论》中阐述了同情心、正义感、行为的利他主义倾向,这种伦理思想后来被发展成“道德人”理论。道德人强调合乎理性的伦理精神，认为是推动社会发展的动力；道德人追求社会目标，只有合理的获利行为才是道德行为；道德人把经济发展与道德进步看成社会发展的客观要求和自身肩负的历史使命。

经济主体的经济活动，不仅仅是追逐利润的经济行为，也是一种自觉正当获利的道德行为，这体现的是经济人和道德人的统一。浙江商人如何将经济学研究的“经济人”与伦理道德哲学研究的“道德人”统一在自己的商业活动中，解决浙江商人中的“斯密难题”或“斯密悖论”，是提升浙商企业形象难以逾越的时代难题。

2. 企业发展理念有缺陷，导致众多浙商难以“常青”。

第一代浙商基本上是迫于生计压力而走上经商道路的。为了生存挖空心思，走遍天下路吃尽人间苦，经过拼搏摆脱了贫困。有的在成功之后继续创新奋斗，如鲁冠球、宗庆后、冯根生等。也有的浙商在摆脱贫困后，就感觉“小富即安”，“不求多大，但求潇洒”，丧失了当初创业的激情和创业的精神，企业徘徊不前。

大多浙商企业的成长，主要依靠要素资源投入，高耗能、高排放、高污染、低成本、低效益、低附加值，“三高三低”给环境和资源带来压力。不少浙商企业盲目求大、多元经营，造成企业“虚胖症”，表现为粗放发展模式。其“宁为鸡头，不为牛后”的理念，缺乏竞合意识，不利于企业联合，难以形成企业集团。

尤其在商业道德冲突中，如义与利的冲突、公与私的冲突、公平竞争与等级秩序的冲突，未能做出正确的选择。商业道德冲突也称商业价值冲突，是指商业从业人员面临某种道德境遇时，往往会依据不同的道德原则或规范做出不同的选择，是人们的内在价值观、商业道德品质、商业道德情操和行为的综合体现。在商业道德选择中，浙商企业既要承认企业利益，但又不能完全以企业个体利益为中心，而是以企业利益、他人利益和社会利益的和谐为着眼点，从而建立起持久的品牌形象。

3. 企业市场营销理念落后，导致高知名度低美誉度。

浙商在营销理念方面确有大量成功的企业，如娃哈哈、奥康、红蜻蜓等。但对整体浙商而言，营销理念较落后。

不少浙商只有知名度没有美誉度。在社会公众眼中浙江老板牛气冲天，是“有几个钱的土包子”！并且国际形象不佳，特别是在国外的浙商利用延长劳动时间"挣金钱"模式，受到众多国家或地区企业协会的抵制。温州商人2008年在迪拜房市被套资金30多亿元，山西煤改浙商损失150亿元，如此亏损却没有人同情，原因在于浙商企业和企业家的社会形象较差。

浙商在营销上，重产品推销和市场组建，轻自主品牌塑造。浙商品牌数量不少，高端品牌却很少，世界性品牌更少。从义乌小商品市场、绍兴县轻纺城、诸暨店口五金交易城等，都是依靠廉价销售，不是品牌取胜。从产品营销到品牌营销理念的确立，只是近几年的事情，品牌意识刚出现，却又患品牌"虚高症"，在品牌塑造中搞"大跃进"，希望一夜成"名"，拼命打广告，事实上，浙商做广告只能扩大企业知名度不能提高美誉度，忽视修炼内功。

4. 人力资源管理滞后，难以形成企业核心管理团队。

企业形象的内核，必须拥有高科技和高技能人才，浙商对人力资源在理论上做研究、在实践中做探索，但由于自身缺陷，忽视人力资本现象严重。不少浙商缺乏人力资源管理策略、员工职业生涯规划，对人才成长不利。在产权安排上忽视人力资本价值、在管理体制上缺乏人才治理结构、在激励机制上难以体现人力资本价值，往往只是薪酬管理。在创业初期，有的家族制企业，或技术含量不高的传统产业，凭借体制优势，形成家族化企业而取得成功。随着企业规模扩大、技术含量提高、创建自主品牌进入国际市场，特别在产业结构调整和转型升级的今天，如果没有人才规划、缺乏对人力资本的开发和利用，将难以建立高效的管理团队。

二、企业形象定位较模糊

1. 企业文化管理定位模糊。

不少浙商企业家传承"家企同构"的文化思想，董事会家庭化，缺乏现代企业管理制度，不符合现代企业发展要求。改革开放之初，浙商创业多受"本我"生存驱使，目的在于满足家庭基本生活需要，因而，浙商企业主角色自我欠缺，在企业管理中受家族意识及家族关系的束缚，造成浙商企业文化先天不足，以至在企业壮大后，仍然缺乏对企业制度的变革和创新。

家族制一般分为产权家族化和管理家族化。产权家族化成功的企业很多，不能一概否定，应该顺势而为，根据企业发展情况适时、适度做出调整。但管理家族化只适合小微企业，随着企业规模的扩大，家族中不可能提供所有的经营管理人才，必须引进职业经理人等，否则很难持续发展。

传化集团在1992年走出创业初期，进入快速发展时期，从家族制小企业发展成为规模中等的企业。为了有利于企业发展，他们主动引进社会管理人才，打破传统家族制，成立企业管理委员会，公司的决策由董事会授权给这个委员会做出，使决策更科学、更民主、更符合程序，降低家族制模式的决策风险。

2. 企业战略定位模糊。

企业发展凭企业主直觉，未能形成清晰的战略形象。世界著名管理学家德鲁克说："一个没有战略的企业就像一个无家可归的流浪儿。"战略是由企业家制定的，企业发展战略最能体现企业主的个性。浙商只有少部分企业家具有战略意识，大部分浙商企业主的战略意识不强。在嘉兴中小企业中，13%的中小企业没有发展规划，87%的中小企业有3年及以上的发展规划。① 项国鹏博士说："如果浙商想实现竞争优势的可持续化，那么作为企业家的浙商必须推翻两座大山——制度瓶颈和战略瓶颈，增强制度能力和战略能力……"②

纵观浙商发展历程，企业在战略上存在众多问题，有的是无发展战略，有的是有战略但不清，有的是发展战略不正确。一个企业如果没有明确的发展战略，那是不可思议的，而这在浙商企业并不罕见。真正具有远见的企业是不会盲目跟风的，事实上，浙商著名企业中没有一个是"炒"出来的。

浙商大中型企业，都有发展战略(或称为企业愿景、企业发展目标)，但是战略制定往往缺乏科学指导，目标和方向不够清晰、不够准确，企业选择什么目标、选择什么发展路径模糊不清，为了达到战略目标所采取的战略措施，没有一个详尽的方案。有些企业在制定战略过程中，没有听取各类专家的咨询意见，而是受政府官员左右，官员拍脑瓜，企业上项目。

许多浙商企业有战略但不正确，事先缺乏对企业外部环境的了解和对企业自身条件的分析，未经过科学而详细的论证环节，凭着企业主的直觉，选择了本企业的发展道路。浙商企业盲目多元化的战略就是战略不

① 李爱香：《嘉兴中小企业管理现状分析及能力提升对策》，《经济理论研究》2008年第9期。

② 项国鹏：《浙商从经营企业家向战略企业家的转型(浙商转型研究)》，中国发展出版社2007年版。

正确的重要表现。世界上众多大公司采取多元化也未能获得成功，就连资产不过千万的浙商小公司也上了房地产项目。

3.企业产品定位模糊。

企业创新能力不足，产品同质化导致缺乏个性品牌形象。浙商企业数量很多，但关键技术和核心技术很少，有自主知识产权的、具有民族品牌的产品更少。在劳动力成本增加、原材料与基础能源价格波动、外商订单减少、人民币升值和金融银根紧缩等的经济形势下，浙商中小企业的生存压力加大，传统产业技术升级、产业转型非常困难，自主创新能力严重不足。在研发、设计、制造、检测和售后服务等的产业链分工中，只在制造环节占据优势，依靠生产中低端产品，品牌附加值低，只能依靠价格低廉取胜，获利能力薄弱。除了少部分龙头企业，技术装备水平和产品的科技含量比较高以外，大多数企业的产品档次低，产品结构单一，同质化现象严重。产品质量不佳和外观设计雷同，难以满足消费者个性化需求。浙商中小企业必须改进生产工艺，引进先进技术，提高技术含量，提升产品外观设计的整体形象，才能因产品品牌形象的改善而使得浙商企业形象得到提升。

三、企业主自身形象欠佳

浙商企业主形象不佳有多方面的因素，内因是缺乏企业家精神，外因是缺乏激励机制和提升企业主形象的政策环境，对缺乏诚信企业主的惩戒力度不足，对企业主形象的评价体系不科学等，需要全面理解和打造企业主良好形象。

1.企业主缺乏现代企业家素质导致形象欠佳。

过去由于体制与历史环境因素，学历不高胆量很大的浙商企业主，在传统产业中杀出"血路"。可现在是经济转型产业升级的时期，不学习不醒悟难以提升形象，有的老总通过进修获得研究生学历，但往往是"注水"货或"花钱镀金"，有"本本"无能力。第一代浙商企业主的文化程度较低，成长环境差，给公众留下个人形象差、穿着随意、举止言谈欠缺文明礼节、个人缺乏修养的印象。第二代浙商企业处于接班阶段，整体形象不明显，还没有形成整体气质形象，未能有效地建立人文素养形象。大多数中小浙商企业主缺乏现代企业家素质，没有向现代企业家过渡的文化底蕴，制约了浙商从创业者向企业家转变的进程，影响了浙商整体形象的提升。

有的企业主成功之后生活无度。不是把别人灌醉就是自己喝醉，不是进入KTV包厢就是在洗浴中心、足浴中心，或"砌长城"。有的企业主养"小二""小三"问题突出；还有"富二代"炫富性消费问题；杭州一位老总年过半百"七进"婚姻殿堂，为追求空姐持续一个月乘坐这家航空公司班机给她送花献殷勤。企业主炫耀性的消费行为或处事方式，容易成为舆论焦点。

2.企业主缺乏现代企业管理能力导致形象欠佳。

浙商企业初创时，往往以家族成员为基础，企业所有权与经营权紧密相连，企业主集财产所有权、经营管理权等于一身，企业经营带有浓厚的个人色彩。部分浙商在家族制企业的基础上经过明晰产权改造、组织再造，建立现代化的产权制度和企业制度，企业主也成长为企业家，在社会公众中建立起了良好的企业形象及企业家个人魅力。但绝大多数中小浙商还处在转型期，管理思维僵化、制度不完善，家庭作坊式管理缺乏民主与约束机制，老板决策随意。企业管理层中大多属于家族或准家族成员，企业财务管理权90%控制在家族人手中。随着经济环境变化，这种管理模式不利于现代企业制度的建立，难以提升和吸收优秀的非家族成员为企业做贡献，良好的企业形象无法塑造。

3.企业主缺乏人文精神导致形象欠佳。

改革开放至今，浙商人文关怀表现极不理想，大多企业主仍然是"股东利益最大化"的理念，无视环境污染。根据顾春梅教授对省外人士的调查，发现有15.1%的人认为浙商企业主"投机"性强。山西、四川、河南等地持这种观点的人超过了20%。这说明在外省的人们心目中，浙商形象不佳。[①] 许多浙商口头上强调"诚信"，事实上不诚信的事件大量存在，如以次充好、假冒名牌、虚假宣传等，严重影响浙商企业主的整体形象。浙江国泰水产集团毛伟国父女携带上亿元资金逃到国外，水产集团工人因此被解散，造成不良的社会影响；三门华丽医药化工有限公司董事长杨某，因醉酒驾车造成4人死亡6人受伤；温州市平阳县李某在山西煤矿发生矿难后，不是积极组织抢险而是立即封住井口。特别是在亚洲金融风暴

① 吕福新：《浙商转型研究》，中国发展出版社2007年版。

后，温州、丽水等地老板跑路的不是个别，而对顾客、员工的态度和行为是最能反映企业主的人文精神的。

4. 企业主功利性太强导致形象欠佳。

有的企业主对金钱的渴求几乎歇斯底里。一些浙商起步前穷困潦倒，经过数十年打拼，企业经济规模、营利能力不断上升，但缺乏战略远见，只顾眼前利益，长期忽视自身品德和能力的修炼、培养。浙商自身素质和修养，以及在社会上的形象，如果不能随之提高或改变，浙商群体想做强、做精、做大是非常困难的。

浙商企业主是急功近利的，往往是过于功利，急功近利，见利忘义，有的甚至成为极端的功利主义者。不少企业主没有做到“义利并举”，而是“先利后义”或“只利不义”，有些企业主甚至表现出见利忘义倾向。企业家形象是企业的“软资产”，为了企业发展，企业主必须提升自身形象。

第四节　转型期提升企业形象的路径

浙商企业在转型、浙商管理在超越、浙商形象在提升，要让浙商企业发展更健康、生态环境更优美、社会成员更富强，关键在于浙商企业能否顺利转型，产业结构调整能否到位，创新能力能否持续提升，企业品牌形象能否成功创建。

一、构建企业形象模型

企业形象是从各学科中吸取理论精华才形成的独立学科，主要是哲学伦理、企业管理、社会心理、市场营销等学科，为企业形象学科创立提供了理论基础。企业形象的基本要素包括无形要素和有形要素。企业形象无形要素包括企业理念、企业制度、企业信誉等，是企业文化的重要组成部分，更多地表现为企业内部深层次的形象，它构成了企业形象的灵魂和支柱。企业形象有形要素包括产品及其包装（产品形象）、生产经营环境（环境形象）、生产经营业绩（业绩形象）、社会贡献（社会形象）、员工形象等。

企业形象是重要资源，它的使用价值是指它所具有的能够满足人们某种需要的属性，良好的企业形象因企业声誉或品牌优势可以获得较多收益。在消费中，企业形象好的名牌产品可以让顾客获得精神满足。企业形象也有交换价值，明星产品可以获得高于正常投资回报率的价值量，这就是企业形象的交换价值。[①]

形象经济也是生产力、形象力和注重力。企业形象设计需要有能够借以影响人的渠道，首先是广播、报纸、电视、微信等媒体的竞争，在“互联网＋”的时代，媒体和营销机制的多样性将促进形象经济的发展。它将企业形象带入了一个高需求的领域，企业“形象力”不仅成为竞争的主导力量，更是企业生存与发展的基础条件。

企业整体形象及品牌形象本身就是核心竞争力。作为企业形象、企业家精神以及品牌本身主要存在于顾客心中。品牌具有持久价值，大家都在追求因品牌带来的顾客忠诚所创造的持久价值，所以，建立品牌信誉和价值将是形象经济的一项重要工作，关乎企业核心竞争力。

1.构建企业形象体现方式模型。

企业形象的体现方式有两种：一种是自然形象，一种是塑造形象。塑造形象成功的标志是企业品牌的形成。支持企业形象系统的条件，是企业的愿景使命、质量信念、形象营销、企业文化、企业战略，以及与消费者的沟通。[②] 浙商企业也分为自然形象和塑造形象(见图 3-1)。

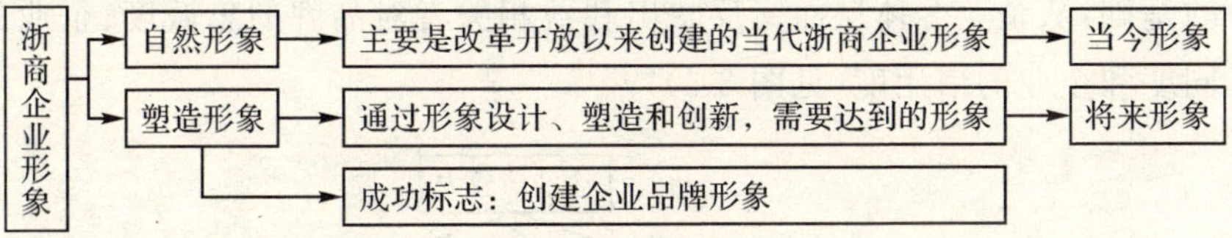

图 3-1　浙商企业形象体现方式模型图

2.构建浙商企业形象发展模型。

从历史发展的视角分析浙商企业形象，可以从“过去—现在—将来”的时间轴线来构建浙商企业形象的“形成—发展—趋势”模型(见图 3-2)。通过对浙商企业形象的产生、演变和发展的历史过程研究，特别是通过中华民族传统文化、浙江重商亚文化和近代龙游商帮、宁波商帮、南浔丝商形象分析，可以揭示浙商企业企业形象产生和发展的企业组织生存根源，概括企业形象的历史阶段性特点，描述浙商各时期形象的差异和浙商内各区域商人间的差异。

---

① 张红：《企业形象的经济价值》，《黑龙江社会主义学院学报》2003 年第 3 期。

② 刘光明：《企业形象》，经济管理出版社 2003 年版。

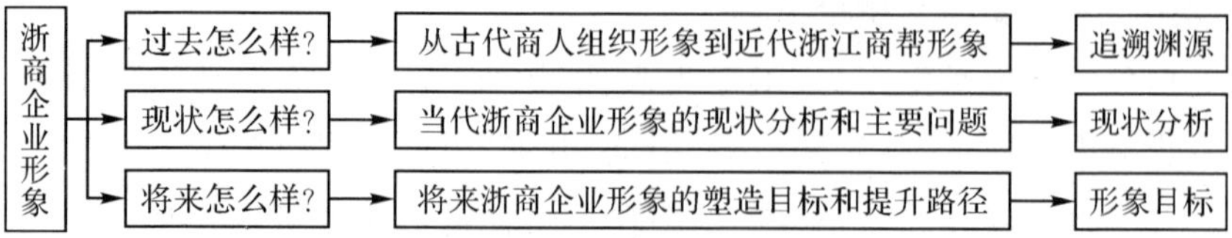

图 3-2　浙商企业形象的形成、发展与趋势模型

3. 构建企业形象力模型。

企业形象力是隐含在生产经营活动中的潜在力量，是企业赖以制胜的“撒手锏”，具有无形性、整合性和战略性，它能够整合企业物质资源和人力资源，从而形成整体优势。形象力具有冲击力和传播力，将企业形象力资源传播到社会公众的心中，使企业获得经济效益和社会效益。因此，从企业长远利益考虑，把企业形象力作为一种企业战略，要充分认识到：企业力＝商品力＋销售力＋形象力，通过企业文化建设和形象塑造，让企业获得生存和发展机遇。根据刘彧彧博士的研究，形象力是一个多层次、多要素的复合集成体系，它的核心和本质是企业主体基于企业文化凝聚力、产品（服务）创新力、企业声誉感召力三大系统的复合集成，构成形象力的基础，从企业客体层面又反映出利益相关者对品牌的忠诚度、企业的认同度和企业的信用度（见图 3-3）。①

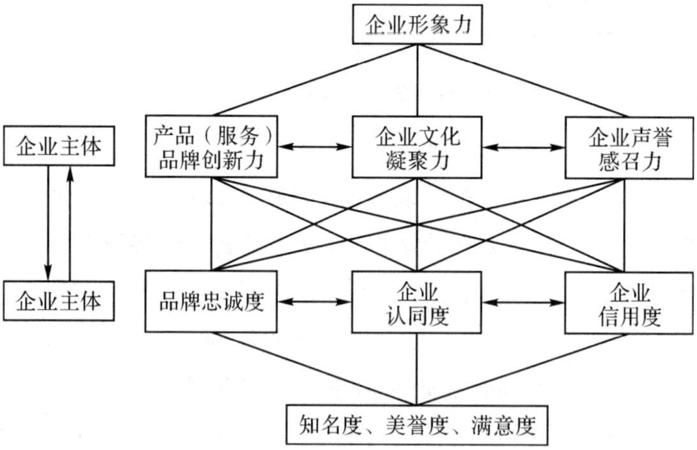

图 3-3　企业形象力的体系框架模型

① 刘彧彧：《企业形象力评价的系统模型及方法》，《山西财经大学学报》2006 年第 2 期。

浙商企业形象力，通过塑造和传播浙商企业形象，而形成的对公众的凝聚力、吸引力、感召力和竞争力；是浙商企业综合素质的表征和反映，是顾客、员工、媒体等公众对浙商企业的总体评价。针对一个具体的浙商企业，其形象塑造必须在注重自身个性的基础上，从知名度、美誉度、定位度、忠诚度等方面来展开。形象经济学讲究的是"注重力"，通过提升企业形象争夺公众注意力，即通过"眼球经济"获得提供产品或服务的机会。根据浙商企业现状特点，构建影响企业形象力的评价体系（见图 3-4）。

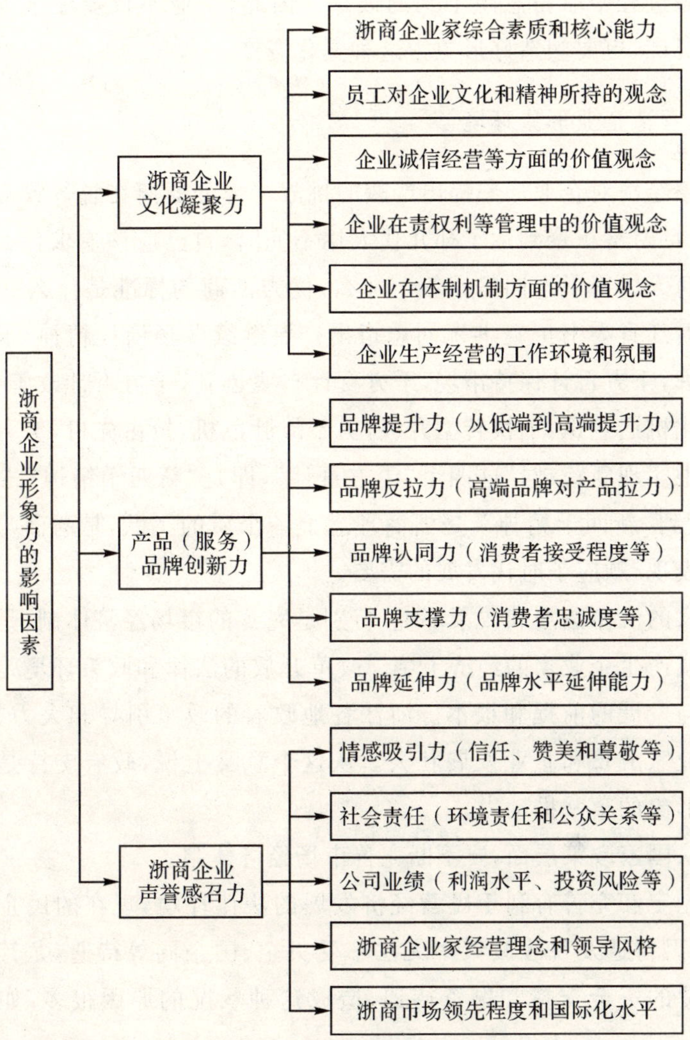

图 3-4　浙商企业形象力影响因素模型

要充分发挥企业形象力的功能和作用。首先，企业形象力具有价值和定位功能，企业文化建设和形象塑造，都是以企业价值观为核心的，但一旦形成形象力，它就反过来发挥价值导向作用，成为强化企业价值观的重要力量；其次，企业形象力具有筹措资金的功能，形象力代表企业综合实力和信用等级，可增强投资者的信任感和安全性，以获得银行等金融业的支持和股民信赖；再次，企业形象力具有拓展业务和助推企业发展的作用，形象力可以获得合作伙伴的信赖和消费者的信任，让企业在联合、资产重组等过程中取得意想不到的效果。因此，企业不仅要注重人、财、物等有形资产，更要塑造好形象力这种文化资产。

二、营造企业形象环境

形象经济对企业形象提出严峻的挑战。部分浙商在脱贫致富后迷失方向，一旦财富积聚到达子孙几代人用不完时，自己应该追求什么？不同的浙江商人做出了不同的回答。那么，优秀浙商的标准是什么？2009年初时任浙江省委书记赵洪祝同志指出："要继续弘扬浙江精神，千方百计提升品牌，千方百计保持市场，千方百计自主创新，千方百计改善管理，进一步强化机遇意识，加快转型升级，勇于战胜危机、抢占先机，努力在新一轮发展中实现新跨越。"这四个"千方百计"，即是"新四千精神"。[①] 从"四千精神"到"新四千精神"，是浙商理念上一个质的飞跃，是浙商与时俱进的具体表现，顺应了时代发展的需要。

国家的法律法规和政策环境，特别是完善的市场经济体制，是一个国家培育或产生企业家的经济土壤。改革开放的法律和政策环境是当代浙商产生与发展的前提和根本。浙江各地政府的政策引导和大力扶持，促进了企业家成长和企业发展壮大。从这个意义上说，政府支持是提升浙商企业形象的第一推动力。

1. 从国家政策层面，要不断完善市场经济体制。

要制定和完善有利于民营经济发展的法律环境，现在的民企在产业政策、金融待遇及税收政策中无法享受央企、国企同等待遇，尤其是浙商中小企业的资金支持和融资待遇，造成这种状况的原因很多，如社会原

---

① 毛祖棠：《百年浙商》，贵州人民出版社 2012 年版。

因、制度原因、体制原因等，从计划经济体制到市场经济体制，从不完善的市场经济到不断完善的市场经济需要一个过程，这期间在所难免的磕磕碰碰中，受伤的往往是民营经济和浙商企业，如改革开放初期的“投机倒把”，当时这罪行被判入狱的法理，是因为你所卖的东西不是自己生产的，从甲地卖到乙地还加价，就是投机倒把罪，这就是“制度性摩擦”，受伤的是大量的像义乌鸡毛换糖和温州的“八大王”等，后来中央认识变了，国家法律制度改了，关进的人就出来了。对于浙商这样的民营企业，在制度上有很多“口袋罪”，像抽逃资本、非法经营、集资等，浙商企业在30多年的历程中，被这种制度冲突造成死亡的很多。时至今日，在金融创新中的“抱团取暖”政策，事实上造成了“抱团去死”，一个企业资金链断裂，就死去一大批企业。类似的政策歧视，在国企民企之间、在城市乡村之间、在体制内外之间、在行业产业之间比比皆是，当代浙商企业能够成为“第一商帮”是在改革开放的大环境、产业转型升级大背景下，浙商的命运仍然在于完善的市场经济体制和法律政策，它既是浙商企业“生”的资格，也是“活”的保障，否则也许会“死”得很“难看”！

除了企业经营与外部政策关系外，在法律层面上如何处理民营资本与国有资本关系？国有资本与民营资本相比，往往具有超经济的特权，因为资本的地位不平等，在财务审计、人事管理、利益分配上都与民营资本不同。现在讲发展混合经济，如何淡化它的意识形态特征、淡化它的超经济特权，回归普通资本的地位？都有待创新思维和实践探索。此外，如何处理企业家和政治家关系？大大小小的官员与大大小小的企业家怎么相处？在治理结构上如何改进、权利关系上如何制衡、法律关系上怎么平等？都需要通过不断完善市场经济的法律体系，并认真执行。

2.地方政府层面，提供促进企业发展的产业规划和政策制度。

浙江省委省政府提出“八八战略”“创业富民、创新强省”和“两美”浙商的总战略，整体构建提升浙江形象工程，最基础的是浙商企业形象工程，对于大型的上规模的企业一般都有发展规划和企业战略，其中包括企业文化建设和企业形象创新管理，但数以万计的中小企业如何改变和塑造企业形象，政府相关部门和科研机构要加以指导。在大力推进“四大国家战略举措”，即实施浙江海洋经济发展示范区规划和试点方案，推进现代海洋产业和重要海岛开放保护，打造以宁波-舟山港为核心的国际大港；落实舟山群岛新区发展规划，启动舟山群岛新区建设；实施义乌国际贸易综合改革试点计划，着力于优化结构提高效益，加快转变经济发展方式；实施温州金融改革试验方案，创新金融管理体制机制；构建大平台、大产业、大项目、大企业（四大建设）的过程中，都要把形象工程纳入其中。要遵循企业形象学的理论、规律和企业自身特点，把形象工程纳入制定企业战略和发展规划之中。

3. 政府部门职能，把服务企业的责任做到位。

利用国家法律和地方优惠政策，努力减轻企业负担降低成本，是企业提升形象的外部政策环境诉求。可是由于政府公共职能和责任缺失，造成职责错位，企业负担过重，成本过高，效率低下。在新的《劳动合同法》中，政府将社会保障责任推到企业身上，严重地影响企业在国际上的竞争力，加快了制造业向其他国家转移的进程。由于政府的公共职能及责任的缺失，使得许多缺乏自律的商人和企业，为了保持获利或获取更多的利润，做出不利于社会的事，增加了道德和法律成本；浙商承担超过企业的社会责任，增加企业经济成本，最终严重地影响企业形象、损坏声誉，在许多企业主“跑路”现象的背后，也有制度缺陷和政府监管缺失的原因。

同时，由于政府部门和国有企业对行业的垄断，限制了浙商拓展生存和发展的空间，使众多浙商中小企业只能在传统行业，导致恶性价格竞争，造成资源浪费和污染环境。政府限制民间金融发展，试点改革进程缓慢，民间融资严重受限，企业融资成本提高风险加大，已经成为浙商转型升级和持续发展的主要障碍，以至于造成浙商企业资金链断裂。

此外，还要注重浙商民间机构或社团组织的发展，有些浙商的民间组织已经承担社会治理任务，如面临欧盟对中国和越南两个国家生产的皮鞋征收反倾销税，中国皮鞋协会、温州鞋革行业协会、中国轻工工艺品进出口商会、广东皮革鞋业协会等酝酿结盟应诉。

三、提升形象内生动力

1. 企业成功转型是提升浙商企业形象的经济基础。

发达国家已经进入后现代化阶段，包括后工业化和后城市化，主要表现为网络经济社会、知识经济社会、低碳经济社会等。现代化道路既要遵循现代化自然进程，又要超越现代化历史进程：首先从经济领域开始，进而拓展到社会、文化、政治，以及生态环境领域，在这个过程中要反复经历“变革—转型—超越”的历史进程；转型升级是企业重新洗牌的过程，是执行优胜劣汰丛林法则的阵痛。当今社会经济转型从产品层面看，主要是简单加工向自主创新转型、贴牌生产向自主营销转型；从组织层面看，主要是机会主义向战略主义转型，传统家族管理向现代管理转型，以欧美市场为主向国内、新兴市场和欧美发达市场联动转型；从产业层面看，是块状经济向产业集群转型、区域内生产布局向全体产业布局转型。作为改革开放以来率先兴起的浙商企业，必须遵循超越现代化的自然历史进程，率先践行现代化，这是历史赋予浙商光荣而艰巨的使命。浙商处于这个进程中，从模仿型向创新型转变、从积累型向运作型转变、从草根型向知识型转变、从机会型向战略型转变、从逐利型向品质型转变，从经济理性企业转变成具有“社会责任”的企业。

浙商企业要以实现和增进社会价值为主要目标；浙商企业家要成为有社会责任的事业家或准事业家。我们最宝贵的财富就是大批优秀企业家，在法律政策许可下，积极挖掘开发和配置利用各种社会资源，通过制度创新和技术创新，把浙商企业做大做强，这是浙商企业转型的坚实基地，是提升浙商企业形象的强大经济基础。已经有许多浙商成为或开始成为以追求社会利益为取向的企业家，但部分浙商却仍然延续着原有的生产经营模式，继续扮演企业主与老板角色；并且还大量地存在着单纯投机取巧和炒作买卖的浙商企业主；也有的浙商已经完全退出经营活动成为食利阶层。

2.技术创新是提升企业形象的内在动力。

许多“浙江制造”成为全球生产链和供应链的重要组成部分，然而拥有较强制造能力的浙商却只是充当“打工者”角色，原因就是没有核心技术和自主品牌，价廉物美的浙江产品常被指责为“倾销”，产品形象低下。因此，加强国际品牌培育提升产品附加值，是浙商走向国际化必须经历的重要环节。浙商要从模仿转变为创新，尤其是行业共性技术的联合创新，有的浙商已经实施技术的联合研发。浙商企业要实现长远的战略目标，必须克服制约“瓶颈”，更多地依靠知识和运用知识的能力。浙商要树立创新意识，提升创新能力。浙商创业就是以模仿、抄袭和复制起步的，如温州的纽扣、服装、皮鞋和打火机都来自模仿。到了工业化的中后期，依靠低水平模仿是没有出路的，产业集群是浙江经济驱动的引擎，普遍模仿却严重伤害了产业集群的竞争力。

模式创新是浙商企业转型升级的重要途径。商业模式的创新实际上是以全新的观念来发掘新价值、开拓新产业，属于商业模式的重构。商业模式创新有效地促进科技与经济的结合，促进科技成果的商业化，从而实施产业高端化，如杭州的阿里巴巴、中国化工网、中国化纤网、全球纺织网等，是引领商业模式创新的最好诠释，呈现后工业经济时代的特征，高科技制造业和现代服务业等多种新经济业态不断涌现，如文化创意产业、服务外包、楼宇经济、物联网产业等。正泰集团无论是高压低压电气、仪器仪表、工业自动化等，都坚持自己的主业，都是围绕"电"而展开的。公司摸索出一条适合自身转型升级的运行模式。正泰集团通过战略转型化险为夷，主要依靠电站投资、EPC 工程总承包等及时转型，目前已成为民营企业中持有光伏电站项目最多的一家公司。

当前的技术创新必须依靠或依赖于"互联网＋"。最近阿里巴巴出了《"互联网＋"研究报告》，腾讯也出了《互联网｜腾讯解决方案》，虽然角度和层面不一，但都对"互联网＋"做出了自己的研究诠释。利用互联网平台和信息通信技术，把互联网和包括传统行业在内的各行各业结合起来，在新的领域创造一种新的生态。"互联网＋"就是"互联网＋各行各业"，其重点是促进以云计算、物联网、大数据为代表的新一代信息技术，与制造业、服务业等的融合创新。

3. 管理创新是提升浙商企业形象的引导力。

确立浙商企业理念形象，从根本上解决单纯的利益导向问题。凡以公司利益或股东利益为导向的企业，必然把赚取利润作为第一要务；凡以员工利益为导向的价值观，必然以员工为本重视开发人力资源；凡以顾客利益为导向的价值观，必然以满足顾客需求为企业发展方向。之所以许多浙商形象欠佳，主要是把股东利益放在首位，重股东和企业利益，对员工、顾客、合作伙伴等利益考虑比较缺乏。

浙商企业的战略导向，是企业家理念的根本体现，企业是否重视形象、有无形象、形象的好坏，都与企业主的思想理念息息相关。面对"后危机"时代的种种障碍，以及资源短缺、要素价格上涨、产品同质化及恶性竞争等，浙商要从"机会导向"转为"战略导向"。徐冠巨领导的传化集团在已经有比较明确的战略方向和战略布局的前提下，着力进行企业战略调整。浙商企业实行战略导向，可以说是企业行为，但针对整个浙商群体，就需要国家战略和地方政府的支持。

制定企业战略，防范企业家精神淡化。民企最大的优势是老板，民企最大的短板也是老板。众多浙商老板的致富梦是创业时期的原动力，这种原动力在财富积累到一定程度，即财富积累到超过个人和家庭消费需要之后，其动力随之消失，"溢出"的财富极有可能成为灰色甚至黑色消费的重要来源，人生价值迷茫和困惑，企业家精神淡化。解决这一难题，唯有提升企业家素质，让其承担社会责任，私人财富上升为社会性财富。

提升企业家素质，首先是去"草根化"。"四千精神"的核心是"肯吃苦"，如果把浙商精神只概括为"四千精神"是不全面、不准确的。浙商暴露出来的问题和缺陷，首先需要"去草根化"，改变公共意识缺乏、行为规范性差、社会责任意识欠缺等，这是浙商可持续发展的历史性任务。

顶层设计的另一个问题是股权激励。随着企业规模的扩大，创始人股权要学会做"减法"，即不断稀释股份，股权稀释过程就是人才集聚过程。如台州缝纫机行业的杰克集团董事长阮福德，早就辞去了董事长职务，让新聘请的董事长担任法人代表，拥有股份，这种"以人才为本"的经营哲学是未来的趋势。

推动浙商从企业主向企业家转型，提升企业股东文化水平提高浙商整体素质。因为，浙江企业转型升级，前提是企业家要转型升级，它决定着把浙商企业带向何处的问题。"企业主"不仅是地位和身份，更是一个职业。浙商要从一般"商人"行为提升到"企业家""事业家"的思维，从浙江商人群体提升到浙江企业家群体。

4. 注重美誉是提升浙商企业内在的形象力。

浙商企业形象美誉度，以企业形象认知度为前提，是建立在形象认知度之上的思维与意识的延伸，也就是说没有形象认知度就谈不上美誉度。浙商企业形象美誉度，是在形象认知度前提下做出的判断和评价，首先要判断其好或坏，再评价好或坏的程度，美誉度必定是在好的前提下进行的评价。浙商企业形象美誉度，其判断标准既有共性又有个性，既有社会标准又有个人偏好。浙商企业形象美誉度，必定是建立在认知与认可基础上的评价，认知是第一的，认可是第二的。

浙商企业形象美誉度，在生产和经营中具有积极作用。企业形象认知度指标，只说明对企业的了解与熟悉程度，并不说明对这家企业形象的认可和接受程度。提升浙商企业形象的最终目的，是使关注群体去认可企业并接受其产品或服务，因此，我们要对企业形象美誉度进行评价和分析。引入企业形象美誉指标，无论是对企业现有形象定位，还是进行重新策划，都非常重要。

要注重浙商企业目标形象与这家企业实际形象的识别分析。对企业形象目标值与实际值进行比较，对企业形象目标值与实际值识别理论进行应用。通过这两个数值的比较，找出浙商企业形象策划的主要因素和具体步骤，从而提出提升浙商企业形象行之有效的策划方案；通过数值比较，找出提升企业形象突破点，为企业形象定位和策划提供依据。

5. 文化建设是提升浙商企业形象的突破口。

第一，继续发扬“创业”文化，浙江民企的血液中始终流淌着“特别能创业”的文化基因，勇于克服困难、善捕商机、敢担风险、宽容失败等，都是浙江创业文化的精髓。第二，继续发扬“创新”文化，创新让浙江从资源小省转变为经济大省，让浙商群体成为全国第一商帮。第三，坚持浙商“务实、守信、敢担当”的作风。坚持“务实”的行事风格；坚持“守信”就是恪守诚信；“敢担当”意味着主动承担起社会责任。第四，继续发扬“闯天下”文化，现有 660 万浙商“跳出浙江发展浙江”，在全国创办企业 30 多万家，创办市场 2000 多个，总投资达 45 万亿元。浙江民企在全球市场上做大做强做优、“走出浙江又反哺浙江”。习近平《在更大的空间内实现更大发展》中写道：“有人提出一种‘地瓜理论’，非常生动形象地描述了‘跳出浙江发展浙江’的现象。地瓜的藤蔓向四面八方延伸，为的是汲取更多的阳光、雨露和养分，但它的块茎始终是在根基部，藤蔓的延伸扩张最终为的是块茎能长得更加粗壮硕大。同样，我们的企业走出去，主动接轨上海、主动参与西部大开发和东北地区等老工业基地改造，主动参与国际市场的竞争……在更大的空间实现更大发展的需要，是‘跳出浙江发展浙江、立足全国发展浙江’的需要。”①

达利丝绸就是“通过文化提升企业形象，带动产业转型升级”的典范，

---

① 习近平：《之江新语》，浙江人民出版社 2007 年版。

文化创新是达利转型升级的一大法宝。2011年达利成功创建国内首家以丝绸文化工业为特色的国家AAAA级旅游景区与工业旅游示范基地，有千年桑树园、万年乌沉木雕、亿年木化石林等瑰宝。新昌达利丝绸公司董事长林平2012年出国去奔驰公司考察，发现有一个叫CCO的职位（首席文化官），回国后找到有多年经验的孙宇，聘请她担任达利丝绸的文化长官“CCO”。孙宇上任后专注于丝绸与丝绸文化，紧跟文化潮流，懂得利用或借助，注重企业文化建设和企业形象创新，在微信上写着“在这里读懂丝绸”“我们卖的不是丝绸，而是在经营文化”。孙宇说：“你不仅要深刻了解企业文化，还要对社会、历史、文化、经济等方方面面有充分认知，对流行趋势有敏锐的洞察力，并且充满想象力和果断的决策力。”[①]这个不收门票的旅游地，已接待游客50余万人次，买走几千万丝绸产品。现正在申报5A级旅游景区。

---

① 史春波：《这家企业的首度文化官是个什么官——借助这个目前浙企并不多见的“官”，新昌达利的丝绸卖得更好了》，《钱江晚报》2013年11月19日。

第二篇

浙商企业形象管理人格化探魂

[篇首语]

企业伦理是一种高度社会化的经济法人伦理，是对经济行为的一种法律意义以外的自觉调整和约束，反映着企业的道德准则、道德水平、道德境界等；企业伦理的法人人格，是企业在社会和市场经济舞台上应有的身份、地位、气质和形象。浙商企业形象人格化的目标，是树立良好的社会伦理道德形象和社会责任（责商）形象。

浙江自然资源不足、专业技术人员缺乏，接受教育程度偏低，却创造了浙商精神和浙商模式，孕育了创造浙江奇迹的企业家群体，形成了"低教育程度与高创业活动的"浙商"悖论"。因而，研究浙商必须从企业家人格入手，重点研究企业家意志、品质和风格等企业人格化的关键因素，把企业家人格转变为企业人格，实现企业人格化。这是一个探索企业理念、企业文化、企业家精神，创建民族品牌，提升企业形象的精雕细琢的过程。

本篇通过研究浙商企业形象人格化管理、差异化定位、理念人格化设计和企业家形象战略设计，揭示企业形象定位的内涵与实质、明确企业形象差异化定位的策略和步骤，提升浙商企业家品牌形象和创新精神，创建和完善独具特色的企业形象。

第四章　浙商企业形象人格化管理

从哲学意义上说，利润是基于道德力量——最高的道德力量——而获得的一种回报。这种回报取决于思想、进取、长远的先见之明以及经济主要推动者（商人）的勇气和效力。

——安·兰德

只有顺应党和国家的发展形势，将企业的发展融入党和国家事业，企业才能真正地做强做大。

——南存辉

企业家之美的根本是人格之魅力，不仅是创造财富获取利益之美，更是塑造回报他人和社会的德行之美。企业家的人格魅力主要来自其社会责任感，而真正的企业家必然会自觉地向事业家转型。

——作　者

浙商企业形象的历史发展，与世界文明和中国社会发展紧密相连，也与人性和人格紧密相关。有人认为文明首先是先进的生产力；有人认为文明就是高楼大厦、灯红酒绿。其实，“文明”的核心是“人性”，“人性”的核心在于“善”与“爱”！因而，浙商企业的生产与经营，必须坚守道德底线和良知防线。

如果把企业视作“人”，它就孕育着独具个性的行为、外表和品格。企业形象塑造就是要给企业设计企业行为、外在印象和独特个性。

企业“人品”就是企业理念。彼得·德鲁克曾言，如果企业“这种组织就是一个人”的话，他就应该有自己的“道德品质”，就应该以诚信和成为自觉遵守社会的商业道德规范和商业伦理秩序的企业公民为己任，成为自觉承担社会责任的全民品牌，尽量维护社会的可持续发展。

在浙商企业中，创始企业家往往成为企业的一面旗帜，如徐冠巨、冯根生、宗庆后。这些德高望重的企业领导人的行为、品质、人格、风格等，已在不知不觉中成为企业员工的行为规范，这种潜移默化的力量是巨大且不可抗拒的。

第一节　法人人格与企业形象

浙商企业形象人格化，是基于企业人格原理和企业人格化管理的作用，企业法人人格是由法律赋予的，它是企业开展生产、经营活动的前提和基础。企业法人人格，是寻求企业发展在自利性满足与社会和谐之间确立的一种平衡机制，处理道德主体满足与客观社会现实的价值关系，调节企业发展与社会客观的环境关系。要阐述和研究浙商企业形象人格化的命题，首先要搞清楚什么是人格、企业人格、企业法人人格及企业法人伦理人格等基本概念。

一、人格与企业人格化

1. 人格的含义。

第一,人格是个人在社会中地位和作用的统一,是个人的尊严、名誉、价值的总和。社会中每个公民的人格是平等的,人格尊严必须受到法律保护。第二,在心理学上,人格即“个性”。第三,人格指人的道德品质:人格卑下或高尚的人格。日常生活中有各种有关人格的词汇,如理想人格、双重人格、多重人格、变态人格、人格美、强迫性人格、人格障碍等。

人格是一个复杂而开放的系统,具有整体性、结构性、独特性、持久性和社会性等特征。虽然人格有很多的成分,比如:能力、气质、性格、情感、意志、认知、需要、动机、态度、价值观、行为习惯等,但只有其相互间进行作用和联系才能构成一个完整和独立的人格。浙商企业家人格优势有三:敢于冒险的生命终极追求方式、敢于承担责任的强烈集体主义精神、对于资源合理分配的管理天赋。企业家文化人格的缺陷也有三:浓重的“家国”观念、长期形成的自卑心理和“仕商”文化,如“商而优则仕”或“仕而优则商”。

2. 人格化的含义。

“化”通常是指性质或形态改变:变化、分化、僵化、教化、熔化、融化、潜移默化、化干戈为玉帛等。“人格化”在学术文献中的解释:第一,“人格化”是指给物赋予人的特性,“所有者”本身就是一种“人格化”的概念,无论它是“自然人”还是“组织”。第二,人格化是指把神设想为与人同形同性的东西,神是人观念的产物,人赋予神以音容笑貌,并构思神的本质;第三,“人格化”是指模仿生命机体,或注重产品与人的关系。

3. 企业人格化的含义。

所谓“人格化企业”,简言之就是以人为本的企业,它是企业通过一系列制度创新的手段成为“人格化企业”的复杂过程。人格化后的企业可以减少股东交易成本;在理性经济人的假设下,大股东自觉维护公司股东利益,因而减少了监管的成本;与此同时,企业的融资成本和投资成本也降低了。企业人格化使得社会资源配置更有效率,符合市场资源配置目标,实现帕累托效率。

人格化的企业观强调,人都有各自的人格特质,由人组成的企业也就必然具有群体人格特质，因此，企业也必然有自己的精神体系，这个精神体系支撑着企业的运转。美籍奥地利经济学家熊彼特(Joseph A. Schumpeter)的企业家理论认为，企业家是创新者，能够改革和革新生产的方式。他指出，现代的资本市场能够使一个不具有资本但具有企业家才能的人，去发现愿意为他承担风险的资本家，也就是说，劳动也可以雇佣资本。

企业人格化的内容包括人性化的产品、企业家和员工的人格、企业的人格三个方面。[①] 第一，人性化的产品是企业人格的体现。消费者对产品和服务不仅追求物质满足，还要追求精神满足，对品牌、对企业的认同感成为激发消费者购买意识的主要因素。第二，企业家和员工是企业人格的基石。首先企业主以什么样的人格个性、气质去影响和塑造自己的企业，培养自己的队伍，使企业能够按照个人的人格个性建设和发展企业。浙商企业发展的关键是企业家的人格，企业的人格是企业家人格的外化。企业家除了懂业务、有经验、会管理外，还必须要人品好。早期的竞争是技巧，后来的竞争是功底，最后的竞争是人格，企业家要用人格魅力吸引所需人才，从而发挥他们的作用。一家好企业应该具有积极进取和乐于学习的企业文化，成为一所培养人才成长的好学校，其次是把员工群体按照人格个性分成不同的类型，形成独立的个体，然后运用人格管理学的规律去进行分类管理，根据不同的人格个性运行规律去塑造员工个体，使每一个员工能够以自己的个性特点出发自主地发挥作用。企业要着力发展四类核心员工：一是具有专业诀窍的核心员工，他们是从事企业诀窍和维护正常运行的关键；二是具有广泛外部关系的核心员工，他们直接与客户、供应商接触，通过他们来获取所需资源并输出产品；三是具有人格魅力的核心员工，他们的行为直接影响着企业员工的士气；四是具有创新精神的核心员工，他们有着等待开发和挖掘的潜在价值。第三，企业的人格。由人组成的企业，无论是企业家或员工，以及由人主导生产的企业产品或服务，都可清晰地看到企业生动的人格特点：如有的企业沉稳而有序，有的企业对市场反应灵敏能做到闻风而动，有的企业凡看准的事就一锤定音，这些鲜明的特性都是区分人格管理企业

---

① 李正平：《论企业人格化》，《厂长经理日报》2000 年 6 月 28 日。

的重要标志。一个企业在任何时候和条件下都不可以没有制度和规章,但它更需要与思想、意志、品质的配合,需要思想、意志、品质作为力量,也就是更需要企业的人格化,唯有如此,企业才能长盛不衰。

二、企业法人人格与企业伦理

1.企业法人人格。

它是指公司具有作为自然人以外的,与自然人类似的权利义务主体,是公司被法律赋予可以以公司本身的名义拥有民事权利和民事义务的法律资格。从法律上说,公司的法人人格具有独立的民事权利能力和行为能力,具有独立享有民事权利和承担民事义务的民事主体资格。法人作为民事主体,其法律特征表现为权利能力、行为能力和责任能力。公司独立的法人人格主要表现在两个方面:首先,公司人格与组成公司的成员人格相分离,其独立的基础就在于两者的财产是可分的,公司财产虽然由组成公司的成员共同出资构成,但却与出资人的其他财产相分离,由公司独立支配。其次,公司法人以公司财产对其债务独立承担责任,而出资人则承担有限责任。

2.企业伦理的法人人格。

企业与自然人一样,具有人的特征和品格。企业作为具有独立法人资格的伦理实体,必须具有道德品性和伦理精神。法人人格化既包括科学精神的内在治理因素,也包括道德品质、社会责任的非治理因素,企业的人格会内化为企业产品的人格化和企业经营行为的人格化。① 基于企业伦理的法人人格,是指企业在社会和市场经济舞台上应有的身份、地位、气质和形象,它不仅是识别企业的基本标志,更反映企业的道德境界、道德水平、道德准则等。企业所具有的独立法人地位,是企业承担相应道德责任的基础;但这并不等于说具有独立法人的企业,都一定能够主动承担企业伦理和道德责任。

企业伦理也称商业伦理,是指蕴含在企业生产、经营管理中的伦理关系、伦理意识、伦理准则与伦理活动的总和。伦理关系包括企业与投资

---

① 吴春梅、高韧:《知识经济时代企业管理方式的更新》,《科技进步与对策》2000 年第 11 期。

人、员工、消费者、合作者、竞争者及媒体等的关系，伦理意识包括企业的道德风气、道德传统、道德心理、道德信念等，伦理准则包括营销准则、分配准则、生产准则、信息准则等。因而，企业伦理是一种高度社会化的经济法人伦理，对经济行为的一种法律意义以外的自觉调整和约束，是相应的伦理意识、伦理规范和伦理行为的总和。[①] 应该说企业伦理相当于企业的灵魂，是企业的生存之道。

3. 健全的法人人格是企业生存与发展的前提。

健全的法人人格正是人类为了寻求企业发展在自利性的满足与社会和谐之间如何确立一种平衡机制，企业通过对自身行为的价值性把握，处理道德主体主观要求的满足与客观社会现实之间的价值关系，调节企业自我发展、自我实现与社会客观环境的关系，在现实社会中调和企业与社会的矛盾。健全的法人人格既是企业自我发展的方式，也是调节社会关系的手段，而协调社会关系的目的在于给企业创造良好发展的环境。[②]

自从中世纪建立法人制度以来，企业已成为享有民事权利、承担民事义务、参与民事活动的法律关系主体，企业法人类似于自然人，是根据企业自身意志来行动的独立行为主体，只有具有独立行动的主体性和道德权利的行为主体，才能承担相应的道德责任。因此，企业所具有的独立法人地位，是企业承担道德责任的前提。[③] 企业之所以成为法学、社会学、管理学意义上的“人”，它首先应该成为伦理意义上的“人”。

三、公司法人制度作用

1. 公司法人人格的积极作用。

公司法人制度是社会主义经济体制的核心要素，公司法人人格化是公司运行、市场经济效率的保障。法人制度是根据我国法律所建立的具有独立地位的人格化主体。这种制度下公司成为人格化的法人独立的民事主体，具有自主地进行经济行为的能力，换言之，就是公司的所有权和经营权分离。法人制度这种独特的性质符合市场经济的要求，公司成为

---

① 齐善鸿、刘明:《基于企业伦理的健全法人人格研究》,《科技管理研究》2005 年第 11 期。

② 哈达、马力:《商业伦理势在必行》,《清华大学学报(哲学社会科学版)》2001 年第 5 期。

③ 段淳林:《试论经营伦理与企业的社会责任》,《华南理工大学学报(社科版)》2000 年第 11 期。

经济的主体。①

公司的独立人格是公司能够独立从事经济活动的必要条件。人格化使得法人成为一个独立于股东而存在的经济实体，具有相对独立性；在法律上，人格化的法人可以用公司名义对业务参与者进行起诉或者被起诉；人格化也使法人能够对公司的财产享有所有权和使用权。法律承认其具有独立从事民事活动的能力和主体资格，独立享有民事权利，也独立承担民事义务。

法人人格化的形成有效地刺激了投资者的投资积极性，降低投资者的风险。对促进经济发展、经济效率具有正效用。从这一方面来说，法人人格化，具有正效用和正外部性，在经济体制中是有效率的。

2.公司法人人格化的负面影响。

如果股东滥用人格化，在有限责任制下，股东获得的利益是债权人利益损失的结果，帕累托无效率。所以，公司人格化在促进经济发展的同时，由于其独立性所产生的有限责任制，其往往会被不法分子利用或滥用，成为欺诈和逃避法律责任的工具。作为公司的实际所有人，股东在一定程度上总是间接或者直接地对公司的运行进行控制。如果对公司拥有决定权的一些大股东，出于某种目的就有可能从事非法活动，此时，人格分离造成的法律主体分离就有可能成为保护的屏障，无法保障债权人的利益，更会损害社会利益，因此，公司法人人格有时会成为不法分子逃避法律的工具。

3.浙商企业法人人格化的作用。

浙商企业特别是家族企业，法人人格化常常体现为企业家形象的人格化，企业创始人一般都是德高望重的领导者，对企业而言往往是一面旗帜，是众望所归的聚焦点。企业家们越来越注意到个人行为的规范性对调整企业全员行为的重要性，意志品质的至高性对塑造员工队伍的可靠性，个人行为的准则性对规范企业行为的推动性。浙商企业家们总是难以避免地以自己的人格、意志品质为中心去塑造自己的队伍，打造企业形象。有什么样的企业家就会塑造出什么样的企业，企业人格化形象与企业家的人格息息相关。

① 樊星：《公司法人人格否认制度研究》，《法制与社会》2012年第5期。

第二节　浙商企业形象人格化特征

凡是人皆有人格，一个人首先他的独特思想会形成自己的性格，这种性格自然也会表现在穿着打扮和言行举止中，如果个性突出便会给人以深刻的印象，反之，便会像个普通人，甚至像个孩子。企业形象人格化塑造就是个性化地塑造企业的外在形象和企业行为。

一、浙商企业人格特征

浙商群体由于地理位置、地域文化、吴方言区民族的一些共同性，造成人格的特殊性，由此产生的企业家人格，并由企业家人格倡导和影响的企业人格，都有一些地域共性特征，表现在注重创建实业、模仿创新、商帮团体、商业利润和资本运作上等。在浙商各区域的群体又显示不同的特色，如温州商人是“中国的犹太人”，以天下为家，敢于冒险，具有抱团精神；绍兴越商却有两面性，既敢冒敢闯又低调稳健。具体到一个行业、一个企业，其人格特征显然又不相同。浙商企业人格特征归结如下：

第一，从法人人格与伦理人格看，当代浙商是在改革开放以来最早创办企业的群体，如温州、台州、义乌等商人，往往依托“块状经济”和“专业市场”，企业规模小且以家族制企业为主，因而，法人人格和伦理人格往往看老板的素质和品行。杭商企业则在现代公司制的影响下积极提升市场化水平，对企业进行了现代改组，从而在中国较早地赢得了发展优势。20世纪90年代，不仅乡镇企业进行了转制改革，国有企业同样也做出了努力。除少数涉及国家安全的领域外，90%以上的企业均改组为股份制企业。虽然杭商的公司法人意识相对于温商、台商较强，但终因法制环境不完善和传统伦理的影响，没能形成完全的市场人格。

第二，非确定性地域人格。隋唐以后，特别是南宋时期，浙江商人受中原文化影响较深，加上杭嘉湖等地区曾发生多次移民潮，原生的地域文化特征不强烈，因此，浙商企业人格是一种自吴越国以来逐步形成的具有一定地缘特征，但始终为外来文化所改造、充实的商业人格。

第三，和谐群处与私人化人格。由于中国社会长期的变局和战乱，浙商人都深谙“和气生财”的道理，奉行“以和求生”的发展策略，具有“中和”特征，形成包容和开放态势，表现出“和谐创业”的传统。“个人自主性”

"功利性"和"资本性"相结合,成为非常强烈的资本性人格和私人化人格。

在浙商人格和浙商企业人格化的进程中,如何成为聪明和理智的"哲商"、敢于担当社会责任的"责商",尚需对传统人格进行提升和超越。无论是杭商、越商、温商、台商及义乌商人,总体上还没有完成社会人格的重建,仍然深受物欲时代的物欲回应,这些不仅影响和制约浙商的持续发展,更是成为提升浙商企业形象的"人格瓶颈"。从现代走向后现代、从工业时代走向后工业时代,从谋生到谋求肢体健全和思想自由的历程中,浙商需要构筑充分开放的资本市场和符合现代法理的公司治理结构;超越过度内聚的地理和心理局限,努力开拓国际市场;改变追求"官利"的逐利模式,革除小农式的生产意识,摆脱"草根经济"的局限,提升城市社会品质和生活品质。

二、浙商形象与企业人格化

浙商企业的不断壮大和发展趋势,越来越呈现出企业人格化特征。当代企业管理主要有两种形式:有形管理和无形管理。所谓有形管理就是人、财、物、产、供、销,具体体现在规章制度、机械设备、生产规模等,也称为"硬管理";所谓无形管理就是企业文化、意志品质、人格、性格、风格等,也称为"软管理"。"硬管理"与"软管理"差异如下(见图 4-1),当代企业管理越来越重视软管理,如企业文化、经营理念、伦理道德、企业形象、风格人格等建设,硬的管理措施与人格道德建设紧密配合。

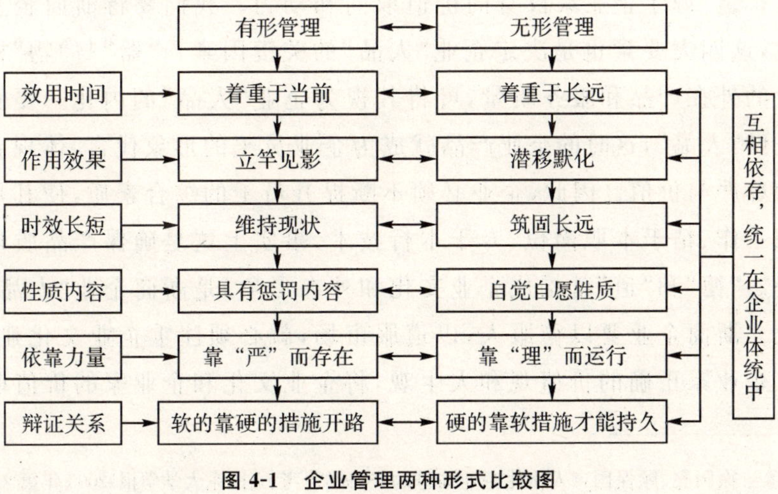

图 4-1 企业管理两种形式比较图

1.研究企业形象人格的选题。

综观中外专家、学者对企业形象设计的研究,可以发现,其大多都受到地域空间、历史时限和企业特征的限制,具有局限性。首先,在理论研究上,其往往从市场营销或企业文化切入,没有从普遍联系、全面发展的哲学视角去系统地研究。其次,探讨范围常常局限在理念识别、行为识别和视觉识别等方面,忽视企业形象的核心要素——理念形象,忽视企业形象的成功标志——企业品牌形象;忽视企业形象对企业发展深层机制和原理的影响。再次,在借鉴外国先进经验时,研究往往只是注重对成功企业的模仿,机械地导入 CIS 计划,把企业形象的整体性给分解了,且其仅仅是塑造企业的表面形象,并没有针对企业个性和特征来展开。

现代经济学构建了"充满人性和人类价值"的理论框架,使经济学成为人的科学,人成为经济学的主体。赋予企业人格化的特征、企业人格化行为和完善健全的企业人格,已经成为现代工商企业的重要内容,人格化企业是市场经济的主体,企业的人格化使人通过自己的行为主导市场。[①]无论是浙商或浙商企业,还是浙商企业形象,特别是浙商企业家队伍,其核心是人,要研究浙商企业形象首先要研究企业主、员工,以及人与企业的关系。

在企业形象人格化方面,有一种非常形象的说法,即"器、物、德、道","器"是企业为社会公众或顾客提供的有形产品和服务效用;"物"是企业生产特殊产品和提供各种服务的物质基础;"德"是企业文化建设和形象设计;"道"源于企业家自身的价值取向和动力。我们要将浙商企业人格化,这四大要素也是决定企业"人品"的关键因素。"器"与"物"构成企业的外在产品和服务质量,可将其视为企业"人品"的内化。要做产品先做"人品",这时的企业产品就成为企业员工的形象代言,体现着企业的尊严与价值。因此,企业必须不断提升员工的综合素质,使其热爱本职工作、精于本职岗位、专于本行技术,事实上这是确保产品质量的前提。"德"和"道"就构成企业文化和外在形象,是浙商企业"人品"的外化。浙商企业要以德服人,以道服市场,就必须注重企业文化建设,确立企业家正确的价值观和人生观,将企业文化和企业家的价值取向

---

① 徐国亮、顾保国:《人格化企业演进的经济学思考》,《山东大学学报》2005 年第 2 期。

综合为外化的企业"人品"。企业家价值观决定着企业产品和服务品质,而企业文化内核将展示一个企业需要的道德诉求,也有人将其称为"司品",企业文化的宗旨就是实现人品和产品的完美结合。可以说,企业"人品"本身就是艺术品,需要经过诚信磨炼、文化省察、市场践行,才能最终形成。

当今时代的企业管理,绝不能只拘泥于对人、财、物等有形资产的合理利用,以及对这些要素的组织运行上,还必须充分地认识到企业形象力。企业形象力作为企业重要资源,具有重大作用,要不断挖掘和开发企业形象力资源,使企业在激烈的商品市场竞争中立于不败之地。企业形象力虽然是一种无形的资源,但却可以通过社会公众的共识而感受到被认可,使企业实体性资源得以更加充分地利用和发挥,激发出企业管理的新智慧和新力量。

浙商企业要把形象力价值转化为品牌价值,提升产品和服务的品位,凸显其文化元素和内涵,将文化元素依附于品牌产品,充分利用品牌张力,使其文化价值得以有效传播。同时,将企业形象力转化为市场竞争的利器,使其成为企业的核心竞争力,它会超越简单的产品、制度等层面,以第三种竞争力的方式——品牌文化价值竞争力,来区分其他企业竞争者的产品,提升在市场中的特有竞争能力。

2.浙商企业人格化管理。

企业人格化主要表现在人性化、人文化、性格化、个性化、情感化、民主化等方面,需要针对具体情况采用不同方式管理。

第一,企业形象个性化管理。企业形象个性化,通常用来指具有个体特性的需求和服务,在大众化的基础上增加独特、另类、拥有自己特质的需要,独具一格,打造一种与众不同的效果。形象个性化的时代已经到来,企业通过形象定位、企业理念、企业产品形象、企业家形象、员工素质提升、企业公共关系处理等,打造个性化品牌。由于产品的同质化,企业寻求差异化发展更为困难,其有形标识越来越相似。企业真正的独特性只有通过隐含在产品、标识背后的企业品牌形象来保持,因为每个企业品牌都是它的历史、领导能力、战略以及价值观等独一无二的复合体,即企业文化。正是这种复合体的品牌形象无法模仿和复制,从而赋予该企业独特的个性,拥有其他企业无法替代的持久竞争力。现代企业个性化是形象设计的生命，只有独创的、个性的东西才具有长久的生命力，包括有特色的、个性化的理念精神、行为规范和视觉识别。

企业个性形象在生产经营中，往往具体体现在个性化定制上。它是用户介入产品的生产过程，将指定的图案和文字印刷到指定的产品上，用户获得自己定制的个人属性强烈的商品。个性化的定制产品独一无二的属性，能给消费者的心理带来精神上的喜悦和个性上的满足。个性化定制是指在新的市场环境中企业迫切需要一种新的生产模式，它更贴近于个体的独特需求。目前在我国开展的个性化定制服务，有个性化邮票定制、个性化高档成衣定制等。个性化定制代表的是一种"了解自我、满足自我"的生活方式，可以与奢侈无关，但一定代表了定制者的审美情趣与独特的生活主张。与此同时，个性化定制也让更多的消费者享受到了个性消费带来的尊贵生活体验，可以预见，"私人定制"离我们越来越近，了解定制，选择定制，才能真正与时代同行。

第二，企业形象人性化管理。人性化管理是一种以围绕人的生活、工作习性展开研究、使管理更贴近人性，从而达到合理、有效地提升人的工作潜能和提高工作效率的管理方法。

企业形象人性化管理，首先要充分认识企业员工的需求和愿望，承认并满足他们的归属需要和成就需要，尊重他们的意见和建议，并让他们参与企业内部管理和重大决策，这有利于塑造员工积极向上的精神面貌，有利于形成企业牢固的凝聚力。人性化管理要求企业将员工当"人"和"上帝"看，管理者要主动关怀和理解，让员工参与管理，增强企业凝聚力。

人性化管理，就是对企业文化培育和发展的管理，是一个动态发展的过程，其大体分为四个发展阶段：(1)人际权力管理阶段，建立严格的管理制度和统一的行为规范，促使员工服从企业管理。(2)人际沟通阶段，进入人性化管理的意识培育领域，注重上下级之间的沟通，建立共同的价值观念。(3)合作管理阶段，这是企业文化培育阶段。(4)奉献管理阶段，企业已经确立独特的企业文化，全体员工也融入到了企业文化之中，员工的思想行为在企业文化的支配之下，适应市场环境，联合采取对策。

第三，企业形象人情化管理，即注重人的内心世界，根据情感可塑性、倾向性和稳定性等特征去进行管理，其核心是激发职工的积极性，消除职工的消极情感。情感是必须通过企业高管和员工自身的内心才能管理的方式，包括企业家和员工的自我管理，是企业家或职工根据企业的发展战略和目标，来自主制订计划、实施控制、实现目标，即“自己管理自己”。

企业形象的人情化，实际上是将企业塑造成一个有血有情的人，只有这样才能打动消费者的心。企业形象情感往往是与文化相结合，因为，人的情感交流需要通过各种语言、表情、姿态、动作等，而企业与消费者之间的情感，只能以间接的、文化的方式得以实现。消费者的需要大致分为三个阶段：第一阶段是“量的满足时代”，第二阶段是“质的满足时代”，第三阶段是“情感的满足时代”。形象设计的人情化不仅体现在赋予视觉设计以美感的形式上，更能够使理念和行为识别深入到人的内心世界，唤起人对企业形象的普通心理感知。

第四，企业形象人文化管理。通过企业文化培育、管理文化模式的推进，全体员工渐渐形成共同的价值观和行为规范，把“以人为本”的思想全面展现出来。

在企业营销活动中实现人文化营销：以文化为“窗口”扬企业之美名，树企业之形象，结果是企业文化的价值远远高于其产品自身的价值。在大众化消费时代，一个企业为一群消费者服务；在个性化消费时代，一位消费者有一群企业为他服务，在弘扬个性、创造性的现代社会，个性化发展受到经营者和决策者的重视。产品本身的功能和质量蜕变成消费者购买的必要条件，而非充分条件，企业仅凭强大的功能和良好的质量包打天下的时代已经过去，感性消费正取代理性消费，成为现代消费的主基调。

三、企业人格化设计注意事项

1. 秀外慧中，人品第一。

如孔子所言：质胜文则野，文胜质则史，文质彬彬，然后君子。既有良好品性，又有美好的外表，才称得上儒雅君子。其实做企业跟做人是相通的，所谓“做事先做人”，如果一个人有良好的人品，讲信用，重情义，为人耿直，乐于助人，那么他的个人形象一定是不错的。企业也是一样，人品决定了企业的形象。什么是企业的“人品”呢？是优质的产品！是全心全意为客户服务的态度！是勇于背负社会责任的勇气！

要以提升产品和服务为本质构筑企业形象。产品形象是企业形象的综合体现和缩影，产品的好坏关系到企业声誉，是企业文化最直接的反映。提升产品和服务的形象，能带动企业其他形象的同步提高。同时，要在产品和服务中孕育更多的企业文化，使其在市场中形成独特的文化优势，传递富于个性的企业形象。对浙江民营企业而言，企业形象与老板本人品性有重要关联，所以企业形象设计要将企业老板的性格、品行作为重要参考因素。

2. 夫唯大雅，与众不同。

眼球经济时代，要使自己在茫茫人海中脱颖而出，必须要见解独到、有创造性、与众不同。凯旋门是法国的标志，金字塔是埃及的标志，长城是中国的标志。如果你形象平庸，不为人注意，这样你就很难抓住眼球。与众不同，独具个性，要让民族个性、地方个性、企业个性、产品个性和谐融合，最难的是既要与众不同，更要被大众认同。个性化是企业形象设计的最高境界，重要的是从消费者内心的角度找到最适合个性的包装，在环境限制的范围内找到最适合个性的定位。形象设计是人工的产物，扬长避短是其本原，好设计就是好生意。

3. 有情有义，值得爱恋。

在这个层面上定义企业形象核心价值，主要是基于消费者对某些事物的情感需求。这些情感需求包括亲情、爱情、友情、事业成就感、家庭的温馨和谐、赞扬、关怀人际关系，等等。浙商回归也是“情”字当头，让省外浙商和海外浙商时刻感觉到浙江是哺育浙商的故乡，乡情、乡音、乡恋是大家难以割舍的情怀。李强省长要求党和政府“全力凝聚浙商、倾心服务浙商、振兴引回浙商、大力宣传浙商、深入研究浙商、为浙商创业创新发展服好务、尽好职，为浙商的发展多做贡献”。

4. 出类拔萃，值得信赖。

良好的企业形象必须建立在准确的企业信息之上，并把相关信息传达给企业目标市场。今天，聪明的消费者能够看清那些肤浅的骗局，你的企业要赢得别人信任，你就要做得最好：速度更快、服务更好、技术更先进。如果你能被看作自己领域中的领头羊，那么这对赢得那些与你没有私交的人的信任是很重要的。

第三节 浙商企业人格化培育

企业人格化的培养，需要艰苦的磨炼，精雕细刻的培养，甚至几代人稳定的衔接。企业不仅要有明确的规章制度，更需要思想、意志、品质作为精神支柱。

一、企业人格化影响因素

1.影响企业人格化的主要因素。

现代行为科学基于对人性的考察，改变了传统管理方法，鼓励实现人的自我价值，尊重员工人格，并由此提出许多具体策略和措施。首先，制度纪律是人格化管理的保障因素，研究人、人情、人性和教化，从企业管理战略高度考察和探索人性问题，如果企业制定的制度纪律、操作规程、厂纪厂规、管理细则不顺乎人情，就难以贯彻和执行。我们既要把制度纪律当作一种规范来加强建设，更要通过制度的建设，培养员工的自治能力，形成一种职场氛围、企业精神和文化，使企业的要求成为员工的自觉行为，达到员工自治与企业控制之间的平衡，最终促进生产力的发展。其次，道德规范是人格化管理的自律因素，道德仁爱是企业增强凝聚力的基础，它直接影响到企业的生命力。企业的发展当然离不开员工的主动性、积极性和能动性的充分发挥，离不开他们的道德观、人生观和价值观，离不开他们从对工作意义的认识中产生的道德自觉。他律是重要的，但必须以自律为基础，任何强制性的规章制度，如果没有道德的自觉性，都是不会长久发挥作用的。再次，理想目标是人格化管理的进取因素。把企业的柔性管理在理论上上升到包括信念、价值观、理想、目标、行为准则、传统、风气等复合内容在内的一种精神力量。

2.企业人格化的形成过程。

人格的形成不是一朝一夕的事，企业的管理细节是形成企业人格化的基础，通过长期的融合，企业的生命特性就形成了，并最终发展成为企业的人格特征。人格化管理就是要重视人、尊重人、培育人、激励人，企业发展依赖于企业家团队和全体员工在道德规范下的自律运用。

当代浙商企业，大多是在改革开放后创建的中小企业、家族制企业。企业家们治理企业的招数尽管各不相同，但主要是创始企业家们以自己的人格个性去培养、塑造自己的企业。企业家们在指挥生产和经营的过程中，不知不觉地把自己的人格个性、意志品质传递给企业员工，以至于形成企业人格化。但企业家的人格个性绝不等同于企业人格，企业家的人格要转变为企业的人格、实现企业人格化需要一个精雕细刻的过程。

在推出企业人格化的同时，更要求人格的企业化，管理中对人本和人性的重视不能以个人的特性作为管理的立足点，因为单独的人只有在与企业的链接过程中才能体现价值，离开了企业背景的烘托，无论是整个企业还是普通员工，作为一个系统的两个方面，两者之间的转化更利于企业生命体灵性的回归。

企业运行机制的人格化，在企业从抽象的存在物转化为现实的存在物的过程中，起着至关重要的作用，企业命运由企业人格决定，而企业家或者高层决策者的人格特质是决定企业人格化特征的最重要的因素。企业文化是企业人格化的具体表现，如果企业富有人格化精神（即企业精神），则把企业的整体目标转化为员工个人目标，就能提升核心竞争力。

3.构建企业人格化精神，是建立企业人格化形象的关键。

在企业各生产要素中只有人具有能动性，其他要素的作用发挥依赖于人的操作；在人力要素的操作下，各生产要素的综合作用使得企业具有了人类行为的某些倾向，如安全需要、增值冲动、经营扩张等精神状态；企业只有具备了人格化精神内核，各生产要素才可能转化为现代企业。企业中的人都是为了个人目标走到一起来的，企业只是大家实现个人目标的一个媒介，因而，企业必须以人为目标。为了实现人的目标，又要以人为手段，在手段和目标之间，包含着对人的合理异化。于是，在手段、目标和异化三者之间，就必须由管理制度来加以保证，人格化企业是充满了人文精神的群体与个体理性契约的复合体。

二、发挥企业家形象作用

企业家的行为、举止和言语，往往会直接影响中下层管理者。企业家的行为举止，通过日常工作和沟通渠道，潜移默化地、不知不觉地传授给自己的下属。从而使下属的办事风格、言行和举止均被物化和雷同化。因此，企业家的言语，就成为人们自觉行动的动力和准则。

企业人格化关键是由企业家的意志、品质、风格决定的，也就是企业家的人格决定着企业的人格化。但是，我们必须看到，企业人格化不是以企业家孤立的性格决定的，要在企业内部努力营造一种顺理、顺心、顺意、顺情、顺势的氛围，必须通过精雕细刻的长期培育而形成。

要加强企业家团队建设，包括企业家和职业经理等高层管理团队建设，以良好的气质、个性去塑造企业，培养自己的队伍，使企业能够按照自己的人格个性建设和发展企业。

企业家作为现代企业的管理者与经营者，其人格素质高低、人格完善程度、能力大小与企业能否转型升级有着极大的关系，企业凝聚力的强弱在很大程度上取决于企业家的人格魅力和道德修养。

同时，企业家作为经济发展体系的精华，作为社会各阶层的精英代表，是全社会各界注目的焦点，其道德人格具有很强的示范性，因而其道德人格也具有强烈的社会效应。浙商企业家理应树立高昂的精神状态、伟岸的人格品质，并辐射给全社会，成为全社会的精神财富。

企业家人格与企业人格直接相关。第一，企业家人格往往决定着企业人格。企业家们以自己的人格个性去培养、塑造自己的企业，不知不觉地把自己的人格个性、意志、品质授予了全体员工，以至于最终形成企业人格。① 因此，企业家们越来越注重个人行为规范，自己的意志品质、言行和举止都直接影响到企业，一个成熟的企业精神，往往是企业家个体意志、品质、人格的最真实、最集中的体现，后者正是企业精神的本质和内涵。第二，企业家人格并不等于企业人格。企业人格化绝不是企业家孤立的性格能够左右的，必须进行精心策划和营造。首先，要通过企业领导对人力资源进行有效配置，挑选适合高层管理的职业经理队伍，形成管理团队，并在生产和经营中，通过交流、沟通、融合和默化，形成有个性的、有战斗力的企业家团队，这是企业人格化的最重要环节。其次，企业要通过人格化的领导团队，在生产和经营的日常管理活动中，利用各种途径和机会对员工进行教育、培养、锤炼，在企业内部营造一种“以人为本”的职场氛围。第三，企业人格化具有一些基本特征，如潜移默化性、稳定渐进性、不可摧毁性、难以模仿性等。企业人格化的实现，必将推动企业的长期持续和健康发展。第四，企业人格化的关键是企业家的意志、品质和风格，

---

① 吴文琴：《关于企业人格化的思考》，《涂料涂装与电镀》2006 年第 4 期。

企业家人格在一定程度上决定着企业人格化。因此，要求企业家具有哲学家素质、道德楷模品质和战略家才华是十分必需的。

三、塑造员工人格形象

建立健全员工人格形象，必须对企业员工进行培训和道德教育，并且把员工群体按照人格个性分成不同的类型，然后运用人格管理学的客观规律对员工进行分类管理，根据不同人格个性运行规律塑造员工个体，使员工个体能够让自己的个性特征发挥作用。

人的第一印象来自他的相貌、发型、服饰、声音以及气质等，相貌特征突出，服饰华丽等自然让人印象深刻，如在国际舞台上，范冰冰着龙袍，巩俐穿旗袍，为的是在众多影星中脱颖而出卓尔不群，更重要的是突出中国元素，从而区别于同样都是黄面孔的日本和韩国影星。所以印象深不是目的，最主要的是印象好，而企业给人的第一印象也是它所表现出来的表象化的东西，诸如企业外貌、办公设施、生产设备、企业标志和标准色，等等，在眼球经济的时代，无数的企业形象会以 9.6 秒的商业影子闪现。各种传媒上夺目的企业形象的文字、柔美的声音不停地将一天的特别信息告诉消费者。但只有 16%的企业名称能够被回忆起来，消费者只能记住那个叫“最好的企业”。这些能表现企业独有特征的表象化的东西，统称为企业的视觉形象——犹如人之“脸面”。如果说企业理念和视觉是人之灵魂和脸面的话，那么企业行为就是人的手——行为。例如：地铁上常见一些妙龄少女青春靓丽，穿着入时，但其动作粗暴，言语粗俗，依然会引起人们厌恶，再也不会觉得其美。企业也是这样，如果企业行为不被公众认可，也很难塑造出良好形象来。日本企业家八卷俊雄认为：单靠外在的力量，无法塑造企业形象，最重要的是“人”的运作。海尔对员工到顾客家服务这一环节，制定了一系列的行为规范：手轻叩门，进门问好，入户穿鞋套，不东张西望，不喝顾客的水，不打顾客的电话，不在顾客家吸烟，工作完毕后清理工作现场恢复原样，并留监督电话。通过海尔员工良好行为在顾客心中建立美好形象，海尔就给人留下了难忘的印象，因此，企业行为最能赢得顾客信任。在企业形象策划和实施过程中，要让企业理念深入人心，占据统领地位，从而形成企业形象行为机制。

四、企业人格化形成阶段

要使企业家的人格变为企业的人格，以达到企业的人格化，必须经历一个长期的培育和奋斗过程，通过不断的锤炼而形成。第一阶段：传递企业家意志品质，形成个性化企业精神。浙商企业精神，往往是浙商企业家个体意志、品质、人格的最真实、最集中的体现，也是一个企业的本质内涵，一个企业如果没有了精神，就等于缺乏了精神支柱，就没有向心力和凝聚力。为了准确地表达企业的个性，通常要先成立一个专门小组，制订规划方案、动员征集提案、提炼出企业精神议案、领导集体审议、提炼出企业精神、召开发布会、公开宣传报道、利用机会反复训练，使企业精神成型。浙商企业精神往往是由企业家一锤定音，其精神体现了企业家的人格个性。第二阶段：企业的办事准则、原则的训练和认同。在业务工作和日常管理中，企业要一如既往地坚持原则不走样，在遇到各种矛盾、协调各种关系时，企业办事准则和原则被不断强化进而被全员所默认和接收。第三阶段：企业形成科学与民主的良好氛围。重大事项决策的民主化氛围、协调沟通的平等化氛围、利益分配的透明化氛围、行使管理的理性化氛围等。企业家及管理层要吃苦在前享受在后，克服困难勇渡难关，使之形成聚合力，形成顺情、顺理、顺势、顺意的企业氛围。第四阶段：最终实现企业经营目标，使企业人格化结成硕果。

第五章　浙商企业形象差异化定位

品牌有没有市场定位非常重要。品牌是给谁定位的？是给儿童的？是给青年人的？是给男性的？还是给女性的？总之一句话，你的品牌总要让这个群体来喜欢。我们要根据产品所满足的这个群体来设计定位，品牌要和消费市场的人群对接。

——宗庆后

任何企业都不是孤立的，他时刻与外部企业之间产生着联系，要做大产业链中的一环，并从低端向高端成长，是每个成功的企业都要经历的。这么多的企业串在一起，形成一个产业链条，每个企业都是这个链条中的一环，一损俱损，一荣俱荣。

——南存辉

企业定位是一种审时度势的科学研判和战略选择。一个准确的定位、良好形象的塑造，就是要给消费者一个接受、购买的理由，或者让消费者对企业情有独钟。

——作　者

定位谋划发展的基础，决定发展方向，也关系未来命运。大至一个国家，小至个人，皆须准确定位：我是谁？我的独特价值是什么？我从何处来？又该往何处去？定位准确，迈向成功，一旦错位，命运蹉跎。马谡是战略家，错被当作战术家派用而失街亭；毛遂是高参，却误作将军用，"毛遂自荐"终演变成"毛遂自刎"。世上没有无用的人，只有用错的才。

定位最重要的是认清自身的比较优势，明了自身的真功夫所在。在生意面对风险、危机、是非、未知，而需要选择、取舍和调整定位时，必须时刻保持冷静的头脑。定位成功则万事顺遂，定位失误则贻害无穷、四面楚歌。

浙商企业形象的定位，必须根据企业的现实状况、发展目标、产品市场定位等因素综合进行考量。定位是企业形象设计的基点和坐标，不会科学定位的企业就缺乏活力和生命力。在激烈的竞争环境中，准确的形象定位，决定着企业未来形象的塑造方向，同时也决定着公司未来的发展方向与目标。

企业形象的人格化，必须根据企业形象自身的固有特性进行人格化定位设计。方太成功的法宝就是"不做松散的大蛋糕，宁做坚硬的金刚钻"，具体说来，就是方太的三大战略定位：行业定位——专业化，市场定位——中高档，质量定位——出精品。

第一节　企业形象定位概念

企业形象定位要实现差异化战略，要充分运用企业形象设计、品牌形象创建、技术特点、外观特点、客户服务、经销网络及其他方面的独特性。浙江恒力集团董事长陈健华曾说："我们对工艺品的定位异于其他产品，我不会去盲目地跟风，追求时尚。在经营中，我们把它看作旨在促进百姓生活品质提高，使它成为一种时尚生活象征的东西。"

没有定位的企业形象，就是弱的或差的形象。在职场，商人要保持冷静的头脑很不容易，因为他们所处的环境、面对的人和事，都是相当复杂的，这就要求商人能在错综复杂的关系中理清头绪，透过现象看到本质，从而保证判断准确、决策正确，这就需要商人必须要有远见卓识和敏锐的洞察力。此外，其还要对行业、市场和趋势等，都有细致的了解和深入的观察。不被假象所迷惑、不为人情所困扰、不为世俗所左右，也不会轻易受舆论左右和潮流影响。抓住时机，减少失误，提高效率，确保成功。

一、企业形象定位内涵

定位策略的创始人是艾·里斯和杰·特劳特，他于1969年在《定位：同质化市场突围之道》一文中首次使用了“定位”一词，用来指在产品模仿日盛的市场环境里新的市场竞争策略和手段。1981年艾·里斯和杰·特劳特在《广告攻心战略——品牌定位》一书中对“定位”一词做了如下解释：定位是“确定品牌在顾客心智中的位置，它指出营销和商业战争并不发生在任何的街道和商店，而是发生在顾客的心智中，顾客心智是竞争的终极战场”。①

1. 企业形象定位的概念。

所谓企业形象定位，是指在形象调查与分析的基础上，选择自身形象体系中最具生机（特点、优势）的局部形象进行强化和放大，通过这种扬长避短式的强化和放大做法，形成企业的鲜明个性，使企业在某些方面有区别于其他企业的鲜明特征，以此特征给市场关注群体留下独特的形象概念与品牌识别，这种将企业局部形象强化和放大的做法通常称为企业形象定位。形象定位是企业形象设计的重要环节，定位是否合理与准确，不仅关系到形象策划的成功与否，更涉及企业未来发展的走势。简而言之，定位就是让企业在公众心目中独树一帜。

形象定位是基于市场的不断细分、消费需求的多样化和市场需求的个性化而形成并不断深化的。在确定企业形象定位时，既要从理论定位上寻求形象提升的突破点，又要兼顾企业主观形象发展的意识和构想，同

---

① 王景怡：《浅探长尾理论在BBS网站中的应用——主要以西祠胡同网站为例》，南京师范大学2008年硕士学位论文。

时还要根据市场及企业环境的改变情况,使企业形象定位向合理、适时、有利的方向发展。

2. 企业形象定位的基本形态。

在实际操作上,企业形象定位既可采取以主观意识出发的方式,也可以采取完全依托定位理论的方式。所以企业形象定位有两种基本形态,即形象的客观定位与主观定位形态。浙商大多是中小民营企业,大都采用根据企业主进行主观定位的形态。

形象客观定位的实质是指形象的理论定位形态,这种定位又称为市场主导的形象定位,是一种以市场需求与自身优势相结合的形象定位策略。这种定位策略前期投入较高、过程较长,同时也较烦琐。客观定位与主观定位相比,投入的费用相对较高、周期长,但风险值相对较低。客观定位要特别注意企业自身优势与市场需求的有机结合问题,如果能很好结合,企业形象就可快速形成;但若结合不好或根本不能结合,容易造成形象的模糊和混乱,甚至还会使企业已有的形象丧失殆尽。

企业形象的主观定位又被称为企业自主形象定位,或企业主导的形象定位,是一种完全以自我为中心的形象定位策略。这种定位主要是以企业主要领导者对形象的目标期盼、企业形象的目标诉求和企业的基本能力而完成形象定位的策略。它不太考虑形象调查的结果与数据,对企业现有的优势与特点做充分考虑但不受制于此,而是从企业领导者自身的意愿出发来确定企业的形象定位。这种定位策略方向明确、目标具体、过程简捷而个性突出,一旦与市场需求吻合,企业形象便可形成,并能高速发展。

3. 企业形象定位的基本内容。

企业形象定位不单是一个形象层面的定位问题,它与企业其他领域的定位是相互衔接的。它既是形象定位的扩充,又是形象定位的突出表现和有效表达。首先,企业经营理念与品牌塑造定位,是围绕企业发展战略定位而展开的具体策略化工作,能将企业的战略化发展目标落实到企业的思想体系,以及企业在市场中所建立的品牌概念体系上,这两个体系将直接决定市场群体对企业形象的判断。其次,企业行为与视觉体系定位,是企业发展战略定位的贯彻与执行,是企业经营理念与品牌塑造定位的直观表达,同时也是最直接、最完整再现企业形象特征的重要元素。企业行为与视觉体系定位所表现出的具体形态也是公众认识企业形象、了解企业发展战略目标的重要途径，最终与企业形成共同价值观。所以，企业行为与视觉体系定位，既要与企业发展战略和企业经营理念定位保持一致，同时又要体现出企业的目标追求与品牌塑造。

广告诉求定位在很大程度上是对企业上述各种定位的一种整体与全方位的主动性表达形态。通过各种具体的传播形式及生动而富有感染力的画面或语言，在综合传递企业各种产品信息的基础上，传达出企业形象定位的主体内容和形象诉求等，以此实现市场群体对企业形象的识别、接受和理解。

4. 企业形象定位的主体内容。

企业形象定位的主体内容包括两大部分，即公共关系体系的形象定位和品牌与服务体系的形象定位。第一部分公共关系体系的形象定位，是企业形象定位主体内容中的基础部分，它是指企业在其关注群体心目中的形象确定问题。其核心目的是通过由此获得的形象体系，凝聚企业的内外群体，使企业置身于一个良好的生存与发展环境中。公共关系体系的形象定位更多表现为一种以企业外在群体目标为导向的形象定位策略。在定位中，企业将与之相关联的各种关系群体置于主要位置，而将自身置于从属位置。通常企业以关系群体对自身形象的目标期望值作为定位的出发点，故这种定位有一定的被动性。第二部分是品牌与服务体系的形象定位，是企业对形成企业品牌与服务形象的三大主导要素即产品市场体系、质量价格与服务体系、品牌名称与外观体系等进行位置确定。在这三大主导要素中，质量价格与服务体系、品牌名称与外观体系在对企业形象的体现上具有非常强的直观效应，所以对这两个体系的定位显得尤为重要。品牌与服务体系的形象定位一般以企业自身为主，面向市场和关注群体，并引导市场及消费者，使其逐步接受企业、认可形象。公共关系体系的形象定位和品牌与服务体系的形象定位是相辅相成的。优质的品牌与服务形象能为企业开创良好的公共环境，而良好的公共关系形象，又会极大地提升企业与品牌形象的内涵和实力。

对于浙商而言，企业家本人的人生定位最关键，深刻地影响甚至决定着企业的命运。如"新光饰品"之所以成为中国饰品业的"大姐大"，与其创始人周晓光人生定位密切相关。第一，从"行商"到"坐商"的转变。周晓光出生在诸暨一个偏僻山村，出入全靠步行。母亲是义乌廿三里镇人，秉承了义乌人鸡毛换糖的思想理念，常给长女周晓光灌输勇于闯荡的思想。周晓光的本钱就是向母亲借的几十元。为不耽误拿货运货时间，她的日子就是在白天摆地摊、晚上坐车赶路中度过的。就这样，拿着一本中国地图，夕发朝至，走南闯北。她心里只有一个念头：一定要使家里人过上好生活。6 年间周晓光跑遍了大半个中国，一共赚了 2 万元。1985 年，跑过三江六码头的周晓光嫁给了同样卖绣花样的东阳人虞云新。两人拿出了几年来所有的积蓄，在义乌第一代小商品市场里买下了一个摊位。丈夫到广东进货，她在义乌练摊。那种生意人的潜质渐渐发挥了出来。第二，从普通“坐商”到行业“大姐大”的转变。周晓光的饰品生意就是从经销仿真饰品做起的，1992 年，周晓光被台湾一知名饰品企业选为代理商，其间常常出现客户急着提货、供货商却迟迟供不了货的现象，这使周晓光夫妇产生了自己办实业的念头。1995 年 7 月，周晓光倾其所有，投资 600 多万元，征地 7200 平方米，创建义乌市新光饰品有限公司，义乌大地上从此有了一个闻名全国的饰品生产基地。1995 年 10 月，周晓光在广州饰品一条街开办了分公司，紧接着又在义乌、沈阳开设销售窗口，用自南而北循序渐进的阶梯式产品销售法，迅速开拓了市场。[①] 从单纯的饰品销售企业到现代饰品的生产销售企业，如今，“新光饰品”是“中国驰名商标”，新光公司现已成为中国饰品行业的龙头企业，成为集饰品“研发、生产、销售”于一体的大型民营企业。

二、企业形象定位实质

企业定位的核心，是明确企业的目的和实现企业目的应始终遵循的理念。其实质就是找出企业存在、发展的主要理由，准确而合理地确定企业在人类社会演化进步过程中的地位和作用。

企业存在的理由和目的是什么？美国著名经济学家凡勃仑，在 1904 年出版的《企业论》中指出：“企业的动机是金钱上的利益，它的方法实质上是买和卖，它的目的和通常的结果是财富的积累。”[②]中国古人云：“天下

---

① 前线：《饰品之王从不足百元到亿万富翁》，《职业技术》2006 年第 12 期。

② 刘应文：《从政府本位到开放治理——政府治道变革中的企业化借鉴研究》，华中科技大学 2004 年硕士学位论文。

熙熙，皆为利来；天下攘攘，皆为利往。”这句话可谓天下商人的语谶。“浙商”被称为“东方犹太人”、中国的“第一商帮”和“最有活力、最会赚钱”的人群。哪里有商机，哪里就有浙商。同时，这句话也可以倒过来讲：哪里有浙商，哪里就有商机。明清时期浙江宁波帮得到“无宁不成市”的美誉，而在当今中华乃至世界大地上，浙江商人又在不断上演着“无浙不成市”的精彩演出。

一个优秀的企业，其存在的价值一定不会停留在赚钱的层面上，综观世界上卓越的企业，皆有其精准的定位。沃尔玛的定位是“我们存在的目的是提供顾客物有所值的东西”，用比较低的价格和比较多的选择，改善顾客的生活，其他一切都属次要。摩托罗拉公司存在的目的是“以公平的价格向顾客提供品质优异的产品和服务，光荣地服务于社会”。IBM 公司的定位是“IBM 就是服务”，迪斯尼的定位是“带给千百万人快乐”，并且歌颂、培育、传播“健全的美国价值观”。默克公司的定位是“我们做的是保存和改善生命的事业。我们所有的行动都必须以达成这个目标的成就来衡量”。强生公司存在的目的是要“减轻病痛”。通用电气的定位是“以科技及创新改善生活品质”。麦当劳定位是“有价值，好时光”。其情感利益点是享受欢乐，满足；理性利益点是多样性、价格、价值感等。事实上，也有不少浙商企业，对自身的形象定位远远超越了商业利益的层面，如万向集团的使命是“为顾客创造价值，为股东创造利益，为员工创造前途，为社会创造繁荣”，万向要让顾客、员工、股东、社会“四满意”。

三、企业形象位置分析

1. 企业形象位置分析的内涵。

企业形象的位置判定，是指依据企业形象认知度与美誉度的具体测定值，判断企业形象当前所处的主体位置及相应的形象区间；从理论上分析企业在形象上的优势与问题，为企业形象概念的建立及整体形象塑造提供理论依据。

企业形象位置分析在整个形象设计中具有非常重要的作用。因为企业只有非常清楚地了解自己当前在市场中所处的位置及消费者对自己形象的位置认定，才能实施有针对性的形象塑造和提升策略，才能提出有针对性和实效性的设计方案。

2.企业形象位置分析的方式。

确定一个企业形象的位置，需要对形成企业形象位置的有关要素做出界定。形成企业形象位置的要素很多，如品牌认知度与实力表现、市场范围及占有率与经营业绩等，但最终所有这些要素都会集中到企业形象的认知度与美誉度上，因此，依据企业形象认知度与美誉度的判定，就可直接形成对企业形象的位置认定。首先是要建立企业形象位置坐标体系，既然企业形象的位置认定集中体现在认知度与美誉度的判定上，就完全可以通过认知度与美誉度建立起一个与企业形象位置认定相关的坐标体系。其次，企业形象位置判断的四象限理论，该理论是在建立了企业形象位置坐标体系的基础上，为了能对企业形象位置做出进一步的理论分析，并由此提出正确与有针对性的策划方案。四象限理论要在认知度与美誉度的坐标体系上建立4个形象区间，具体形式是分别在认知度和美誉度坐标轴上，以50分为单位画出一条直线，再在100分的位置上画出两条直线，这样就能在认知度与美誉度的坐标体系上形成4个形象位置区间（见图5-1）。

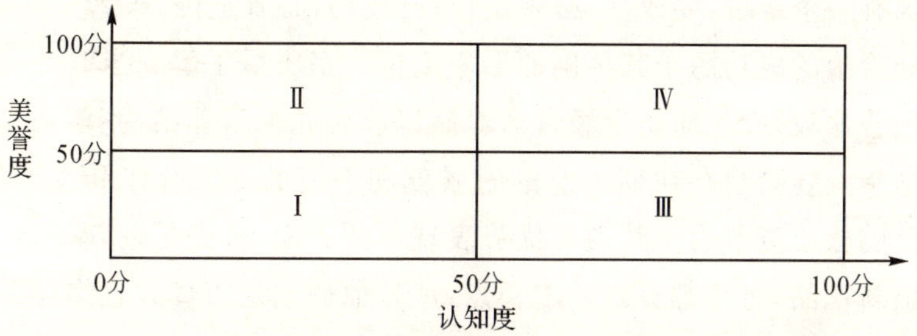

图5-1 企业形象位置判断四象限图

以企业形象认知度和美誉度及其不同分值构成的四个象限区间，表明了企业形象目前所处的四种不同状态。其中象限区间Ⅰ，企业形象的认知度和美誉度都低，被称之为双低区间，属于企业形象的不利状态区间；而象限区间Ⅳ，形象的认知度和美誉度都高，称之为双高区间，又称企业形象良好状态区间；象限区间Ⅱ是形象认知度低，而美誉度高，被称之为单高单低区间，也叫良好形象基础状态区间；象限区间Ⅲ也是单高单低区间，认知度高，而美誉度低，属于良好形象传播状态区间。企业形象的四象限理论不仅为判定企业形象的位置提供了理论依据，更为我们有针对性和目标性地进行形象设计、提出合理的形象定位方案，奠定了理论基础和实施的依据。

3. 企业形象定位的背景。

信息传播过度，要寻找入耳入脑的捷径。当今企业品牌形象大行其道，带来形象近似与相互干扰，同时社会产品媒介与信息暴增，消费者全方位接收品牌信息形成清晰形象显得困难，所以最有效的识别办法就是明确独特的企业形象定位。聚集才能使企业形象的信息深入人心，让他们在消费者心目中扎下根，否则企业形象根本不可能产生。管理专家特劳特认为："如果品牌缺乏一个独一无二的定位，将会像房子没有产权一样，令企业无立足之地。"IBM 并不是电脑的发明者，电脑是 Spery-Rand 公司发明的，但是，IBM 是让社会公众接受电脑的第一家公司。所以，今天 IBM 在人们心中已牢牢地树起了电脑王国的形象，成为世界的蓝色科技巨人，而 Spery-Rand 公司因为没有把电脑发明者的形象建立在人们的心中，人们心里只有 IBM 的地位而没有 Spery-Rand 公司的地位，最后 Spery-Rand 公司因此销声匿迹了。所以任何一个成功的企业形象，都必须蕴含有一个定位，要成功，必须定位；已成功，必有定位。

娃哈哈的成功源于其精确的形象定位。宗庆后了解到当时儿童的营养状况普遍较差，从而萌生经营营养品以改善儿童营养结构、增强学生体质的念头。娃哈哈在初期创业的时候就和一流的专家合作开发产品，形成自己的核心竞争力。其独特优势表现在两方面：首先是创新举措，每年均推出新产品，每年都有新的增长点，这是他们立足市场并且多年来保持领先地位的根本。其次是营销网络，娃哈哈在全国各地拥有 6000 多家经销商和 3 万多个二级批发商，快速铺货能力和强大辐射能力是一般企业无法比拟的。遍布全国的销售网络是娃哈哈的撒手锏，通过它可以使娃哈哈的新产品在一周以内遍布中国大江南北的各个角落，这也是许多对手难以学会的法宝；娃哈哈还有一支忠诚的团队在高效地为这个饮料帝国运作，内忧外患都不动摇。娃哈哈同时也是一个"责商"，他们认为做强做大不仅牵涉到老板本人及 3 万员工，更涉及上百万人。因为其供应商、经销商的人数非常多，远远超过员工的数量，包括有很多农民在为娃哈哈提供原材料，所以娃哈哈不仅要对员工负责，更要对社会负责。

消费者心智模式的改变。要在合适的时候，对合适的人说合适的话，消费者心智模式的改变是定位产生的社会基础。消费者面对太多资讯，一方面倾向于排斥，一方面学会简化处理，将信息分类记忆。而且为方便购买，消费者在心智中形成了明显的产品阶梯，依序选购。占据阶梯首层的品牌，成为某品类或某特性产品的代表，被认为占有该品类或特性的定位。

4. 正确定位指引企业成功。

企业准确定位，足以成就一个企业。而中国不少企业形象缺乏精准定位，这是其形象推广不佳的重要原因。先有定位，再做推广，令形象推广行为指向明确，并能真正建立起长远的企业形象。IBM 之所以能走出困境，成功转型，与准确进行形象定位密切相关。20 世纪 80 年代，IBM 在 IT 业被众多专业级对手所肢解，其硬件被康柏、戴尔和苹果所肢解，软件被微软、甲骨文等肢解，芯片被英特尔等企业肢解，1991 年亏损 81 亿美元。根据 IBM 产品线长的特点，IBM 品牌被定位为集成电脑服务提供商。这一战略使得 IBM 成功转型，终于走出困境，2001 年净利润高达 77 亿美元。加多宝的成功很大程度上源自成功的定位，凉茶原本是广东的一种地方性药饮产品，用来“清热解毒祛暑湿”。加多宝重新定位的启示：挖掘加多宝自身产品的特性，从而成功地完成了加多宝的品牌定位；疾风暴雨似的广告攻势，保证了加多宝在短期内能迅速给消费者留下深刻印象。成功定位的关键，在于创立一个新的产品品类。

浙商企业家宣杰在企业经营中因定位模糊一波三折。2000 年，宣杰在温州市解放北路开了一家模拟肯德基和麦当劳的快餐店。但不到 4 个月，这家店就以关门结束。面对失败，宣杰并没有气馁，他总结经验：“这一次的失败，主要在于市场定位模糊，要在市场中取胜，必须要与‘肯德基’‘麦当劳’拉开市场定位。由于肯德基和麦当劳定位于青少年，我来做儿童市场。”经过认真的思考和调研，宣杰最后以 200 万元的价格拿到了新加坡童子鸡品牌“多美丽”在浙江温州及周边地区的代理权。当时许多人认为，宣杰的这次投资肯定会失败。这是拿“多美丽”这只鸡蛋碰世界 500 强的肯德基和麦当劳这两块石头，认为失败是必然的。可令人意外的是，“多美丽”在温州试营业期间，人气很旺。几个月后，宣杰果断地在宁波、湖州、瑞安、温岭、龙港和玉环等经济富裕的地区开了“多美丽”店。后来，“多美丽”在温州周边地区达 30 多家，不仅可以叫板当地的“肯德基”和“麦当劳”，而且占了“多美丽”中国市场的三分之一，新加坡公司总部经常派人到温州公司来取经。

差异化定位使“多美丽”避开了与肯德基和麦当劳的正面竞争，以儿童为切入点，找准了市场空白点。实际上，随着儿童来“多美丽”消费的人群不仅有青少年，而且也有孩子的父母、爷爷奶奶等成人，这样，“多美丽”的消费群实际上包含了所有的消费群，而这正是多美丽的聪明之处。宣杰取得成功的关键因素就是准确定位，才能在强手如林的竞争中处于不败之地。

第二节　企业形象定位步骤

形象定位是战略性工作，是整个形象塑造的中心环节和关键步骤，事关企业兴衰成败。

一、分析企业内外环境

分析企业内外环境是形象定位的前提。形象定位不是建造空中楼阁，而是要切中目标市场，从而使形象定位与目标市场保持一致，获得公众的理解与认同。

1. 内部环境分析。

它包括企业发展战略、企业经营理念、经营战略方针、产品开发战略、组织机构和员工的思想状况等方面，其中企业发展战略定位是关键。如果把战略定位比喻成“皮”，那么形象定位则是“毛”，皮之不存毛将焉附？企业在缺乏战略定位的情况下，是不可能谈得上形象定位的。只有企业的自我认知清楚、战略定位明晰，才能确立自己准确的形象定位。因此，定位已成为企业战略的关键来源。例如，瑞典钟表集团公司 1979 年生产了一种价格低廉的手表，它具有成本低、耐热耐冷、防水防震和走时准确的特点。1981 年这种表被正式命名为“瑞士表”，但由于其貌不扬，被人们戏称为“大众表”“通俗表”，因而销路不佳。后来公司将瑞士表的形象概念重新定位：一是在质量上它敢与价格昂贵的手表相比；二是在价格上它是瑞士历史上最便宜的石英手表；三是它代表了瑞士表的新潮流，是新生活和创新的标志；四是它能够适合各种人的爱好，是时髦的装饰品。由于其新形象定位明确，内涵清晰，经过广泛的传播，瑞士表逐渐为公众所接受。瑞士表凭借明确的形象定位，遍布全世界五大洲 140 个国家和地区，终获成功。公司的形象定位与公司的事业领域确实密切相关。比如,一个生产经营化妆品的公司,它的形象定位应该是同它的主导产品形象相关联的,由此决定了公司形象的行业特征。例如台湾的百德公司,是一家生产背包的小厂,其生产的背包,从做工到造型都极精良,但产品却滞销。有一天老板受到动物世界的启发,触类旁通,将背包设计成非常有个性的产品——可爱的小动物背包,产品刚一投放市场就吸引众多青少年顾客,产品供不应求,而且还远销海外市场。假如吉德公司一味地跟在同行业的"大哥大"后边跑,恐怕永远都不能从困境中解脱。所以说,设计个性化的产品形象,是设计企业整体形象的物质基础,对企业的生存发展至关重要。公司的形象定位必须能体现企业的理念、高品位的文化精神,鲜明独特的品位,别具一格的特色。一个自我、封闭、观念落后的企业,其自我的形象定位是以企业经济效益为核心来确定自我形象的;而一个关注环境和社会责任的企业,对自己的定位则要考虑企业存在的社会价值倾向,而不能仅仅考虑自身利益。

2.外部环境分析。

外部环境分析包括市场行销情况、客户对企业的产品与服务的满意度、企业运营环境、竞争对手的经营策略与发展战略、协助厂商对企业的看法与要求,以及社会公众对企业的认知与评价等。例如浙商的专业市场商业模式,是在分析外部环境情况下所制定的。如今众多浙商专业市场可以变废为宝、点石成金,变黄土为黄金,形成"建设一个市场、带动一批产业、活跃一方经济、富裕一方百姓"的发展效应。义乌小商品城、永康科技五金城、绍兴轻纺城、嘉兴茧丝绸市场、海宁皮革城、余姚塑料城及路桥日用品商城这些享誉国内外的专业市场已成为浙江的"名片",也是浙商实现价值的成功写照。

第一,专业市场实现商品的价值。浙商的成功在于其创造了一种能有效进行生产、交换和消费的流通模式,实现了商品的价值,这种模式就是专业市场。第二,专业市场实现顾客的价值。从表面上看,浙商通过专业市场实现了商品的价值,实际上是满足了顾客的需要,从而实现了顾客的价值。顾客价值是指企业实际提供给顾客的特定利益组合。浙商通过专业市场构建了生产与消费的桥梁,一方面掌握了顾客的消费需求,另一方面根据顾客实际需要将产品分散到各地生产并集中到专业市场进行销售,更有效地提供顾客价值,更好地满足各地顾客的需要。第三,专业市场实现企业自身价值和伙伴价值。浙商通过专业市场,在满足顾客需要和实现商品价值的基础上进一步实现了企业价值和伙伴价值,形成"一业兴,百业旺"的局面,人称这是专业市场的"裂变效应"。早在 2006 年,义乌小商品市场实现了 1 个市场和 2.5 万家工业企业共生共荣,1 个市场衍生出了 10 万家服务业企业,1 个市场带动了周边地区 30 万农村劳动力就业,每年输出来料加工业务货值 100 多亿元。[①] 义乌商人凭借"市场带动工业,工业支撑市场,市场与产业联动"的独特发展路径,让市场变成了一座巨大的反应堆,引发了资本、人力和信息等生产要素的连续裂变,变出一个开始以第三产业占主导地位的现代产业结构,形成了一个能引领国内外消费潮流的现代小商品制造业,造就了一个辐射浙江、接轨国际的"义乌经济圈"。[②] 义乌立足小商品专业市场,充分利用电子商务平台,结合实际环境与市场需求,运用创造性思维,提出完善和提升的解决方案,构建出一个走向全球的适合义乌市场的电子商务服务平台,对市场经济的结构调整和转型升级产生了促进作用。

浙商之所以能通过专业市场实现价值模式,其内在逻辑在于专业市场把广阔的需求与分散的生产联系起来,统一在一个销售平台上,并通过销售平台发现价值、提供价值、实现价值和延伸价值。专业市场实现价值的模式,是一种广阔需求、分散生产和集中交易的销售商业模式,市场需求和交换占主导地位,是典型的市场驱动模式,即"先有市场,再有工厂"。浙商通过专业市场,将原有的"以产定销"的流通模式转变为"以销定产"的现代流通模式,这也是浙商通过市场创造价值的核心逻辑。

二、寻找最优个性定位

寻找区别于竞争对手的东西(竞争导向),关键是找到差异,在此基础上建立起对公众而言的价值(需求导向),即企业形象定位必须是企业所具有的个性,包括品质个性和价值个性。

---

① 管哲晖等:《裂变效应——"义乌发展经验"新观察》,《浙江日报》2006 年 5 月 18 日。

② 黄晓兰:《义乌现代服务业的发展:动因、转型及聚集研究》,《生产力研究》2010 年第 8 期。

在市场经济条件下，企业最终是通过高质量的产品占领市场、并取得信誉的。因此，打造品牌产品对提升企业知名度、美誉度，进而提升企业形象至关重要。企业形象定位不是空泛的，也不是随心所欲的，而是实实在在地需要以自身品质、价值方式作为其保障和基础的。日本的电器公司都是以各自的个性来表现其企业形象定位的。东芝：尽量满足公众的各种需求；松下：在为生产像自来水一样廉价的家电用品而努力；日立：不断改革自身技术；三洋：薄利多销。世界上的几大汽车品牌皆有其独特个性，有特定的目标客户群，如 BenZ 的定位是给人以高贵、稳重感觉，市场定位商用、高级专业人士；volvo，产品定位“安全、稳重”，市场定位专供商用、专业人士；BMW 产品定位豪华、时尚、动力、非正式、张扬，市场定位商用、明星、运动员、暴发户、黑道和警车。而劳斯莱斯以“不求廉价便利，只求高档豪华”作为其形象定位。

宋城集团创始人黄巧灵说：“如果杭州有四五个主题公园，都在搞，而且搞得不错，我马上就把它便宜卖了。但是别人没有做的，我就做。我要我的主题公园做到你跟不上，你在几年内跟不上我，我还有信心做下去；如果是两年内你跟上我的话，我就想办法把它卖了。”现代集团董事长章鹏飞“落地生根”的生存法则，也是寻找适合自己企业的“个性”。当他决定对山东投资时，许多人都劝他不要投资槐荫区，说槐荫贫困，地处济南市西部，没有发展前途。但现代集团决策层在大量的调研之后，敏锐地意识到作为省会城市的济南，与许多南方城市相比，虽然建设慢了些，但恰说明济南的城市规模要有一个大的发展。现代集团果断地在槐荫区投入巨资，并且由现代集团牵头，11 家浙江民企携手加入槐荫区的开发建设，总投资达到 40 多亿元，终获巨大成功。章鹏飞认为：“什么叫创新？作为投资商，不为世人的判断所囿，敢为天下之先，干别人想不到的，干别人不敢干的，就是创新。”

三、确立公众认知支点

定位要符合自身优势和已有认知。定位的力量来自对认知优势的充分发掘，所以定位首要的原则是符合顾客已有的认知。

现实中，很多企业的定位恰恰是建立在违背认知的基础上的。茅台啤酒定位就是一个失败的案例，茅台啤酒定位是“啤酒中的茅台”，这种定位与消费者认知是相冲突的。茅台品牌的认知是高档白酒，因此消费者会认为“茅台产白酒专业，产啤酒肯定不专业”，这种认知就决定了茅台啤酒难以赢得顾客。当今时代，仅仅期望依靠技术上的优势就能成功地销售产品的时代已经过去，现在的理念应该是对人文情感因素的重视，以及对与此有关的非物质的价值的重视，无形的情感价值正在取代有形的外在形式而成为影响企业市场地位的根本因素，这才是真正地影响着产品销量的市场关键。饮料的“他”和“她”是个什么东西？实际上就是一种浪漫的、虚无缥缈的和与众不同的情感。三星手机的大获成功，与其说是三星技术、质量和产品的胜利，倒不如说是三星时尚、个性、魅力、审美的情感定位的胜利。

能够找到市场的空白，明确定位，不走寻常路，才能在如今市场竞争激烈的情形下生存。“胖胖美丽屋”创始人林华由于身体肥胖，到商场买衣服曾经是她最头疼的事。有一次，她跑了市里的 6 家服装店都没有找到称心如意的时装，这让她很是绝望。无奈的林华只好自己动手做各式各样的时装来穿，这对于她来说也不是什么难事，因为她是服装设计专业出身。有一次她穿着自己做的服装到菜市场，在路上遇到两个和她一样的胖女人。她们俩很惊讶，便走到林华跟前问道：“你的衣服是从什么地方买的？”林华回答：“我自己做的。”两个胖女人听后不免失望，因为不是所有人都会做衣裳的，所以只能摇头走过。林华回到家后产生一个念头：为什么不开一家服装店，专门为一些胖女人设计制作衣服？林华说干就干，新店开业后，生意异常火爆。原来胖女人这个群体是一个不小的数字，她们都向往有适合自己穿的衣裳。后来林华的时装公司拓展到 16 家分店及许多分销处，她自己也摇身一变成了富豪。林华之所以能够取得成功，重要原因还在于她别具匠心的经营策略。她为公司起名叫“胖胖美丽屋”，服装的尺码一般分大中小及加大号四种，而她则用人名代替尺码。例如，丽丽代替小号、思思代替中号、珍珍代替大号，而莲莲代替加大号。这样的做法完全顾及顾客的心理，非常人性化，让顾客消除障碍，心情愉快。在店销售员也选用胖女人，这样就显得更贴心。所以，能够战胜自己才能战胜别人。

四、定位的传播执行

整合沟通是形象定位的重要手段。正如杰克·特劳特和艾·里斯所说：定位是对潜在顾客的心智下功夫，把产品定位在未来潜在顾客的心中，所以让公众感知形象定位是关键步骤。要运用广告、公关、包装、价格、营销渠道、售后服务等有效沟通工具，将企业的独特定位传播给社会公众，而企业形象广告是传播企业定位的最有效方式。企业形象广告要紧扣企业定位，要有新意、有个性，并用精练的语言将企业的定位加以彰显，那么对于企业形象的塑造又可进一步发挥推广作用，从而切实提高企业形象的知名度和美誉度。企业在借助形象广告来宣传企业定位时，关键是做好目标受众群的细分，并在受众细分的基础上确定相应的传播媒介。

万向集团的定位和传播执行战略，彰显了鲁冠球及其团队的哲学智慧，企业定位及传播执行、企业目标与管理理念都是浙商民企的典范。鲁冠球有其经典的哲学思想："财散人聚，财聚人散""管理的最高境界是和谐""我只是一个企业经营管理者，所有的成就都应归功于团队"，等等。"万向的战略选择都是为了增加价值，绝不是本本主义的，是随时根据市场变化而变化的。"鲁冠球在企业经营中还有独特的"后发制人，以动制静"的太极之美，他说："如果一定要说什么是不变的，应该是如影随形的危机感和风险意识，还有胜败亦然的平常心吧。"

在制定定位战略时，应以使命为引领，通过对外部各关键因素的分析，包括对市场环境及竞争结构的分析，对竞争对手的分析，客户群细分及价值链分析，以及对自我能力的分析，清楚地意识到自己要干什么事，能干什么事，从而制定相应的定位战略举措。

为什么对于定位的传播执行，比制定战略要难得多？因为难就难在战略实施过程中外部环境的不断变化，是在战略制定时所不能完全预料到的。如何保证企业战略持续有效地落实与执行，关键要做到以下三方面的事情：一是围绕企业愿景，要制定符合企业实际的、可操作性强的战略举措，并细化具体计划；二是要做好绩效预测，检验阶段性的战略实施结果有没有达到预想的目的，若是偏离了原定目标，那么要分析出偏离的原因是什么；三是要建立合理的战略调整机制，进行战略反思，在没有达到预期的阶段性目标时调整战略措施。只有这样通过对战略进行有效管理，才能保证企业战略持续有效地落实与执行。

第三节　企业形象定位策略

企业形象定位策略分为两大类，第一类是基本定位策略。包括“先入为主”策略：这种策略的基本特点是抢在竞争对手之前，使自身形象先期进入潜在消费者的心智中；避免面对面竞争策略：这种策略也可以说是一种“避实击虚”的策略；乘虚而入策略：这里的“虚”，既是市场虚弱的部分，也是需要的部分；重新为竞争对手定位策略：这是一种极具挑衅性的形象定位策略等。第二类是不同处境下的形象定位策略，是指企业处于不同的发展阶段，以及处于市场和行业中的不同位置时，所应采取的形象定位策略，主要包括领导者的定位、跟进者的定位、攀附者的定位和挑战者的定位等。

一、突出差异点

有人曾经问明星孙红雷成功的秘诀，他的回答是：我不知道成功的秘诀，但我知道不成功的秘诀是讨好所有人。品牌如人，人如果没有个性是不会出人头地的，而没有个性的企业或品牌，就是弱的企业和品牌，也是没有魅力去吸引消费者的。所以品牌必须差异化，突出自己的个性特征。

在企业形象定位中，差异定位是有效与快速建立形象力的手段。所谓差异定位就是在品牌与服务体系形象定位时，尽量让自身品牌形象与同行、同类企业的形象在消费者心智中形成一种有意识的划分，造成一种有特征感的形象差别，通过有意识的划分与形象差别形成企业独特的品牌形象概念。差异化形象定位的前提是基于市场需求的多样化以及消费者购买能力的层次化与个性化。导致差异形象形成的因素有历史因素、社会因素、经济发展因素等，还有一些客观因素和企业主观因素。差异化定位对凸显企业个性及形象特征有极高的作用。差异化形象定位的核心在于从主观上制造这种独特性，形成一种产品内在的物质感。

差异化形象定位要注意以下几个方面的问题：第一，企业形象差异化定位要与消费者的主观认可相一致，不能脱离产品属性而哗众取宠。第二，形成的差异形象一定要让消费者看到，而且要持之以恒地严守这种差异特点。第三，要注重挤占空间的定位原则。突出差异点的定位方法主要指充分表现企业独特的使命、企业信仰、核心价值观、企业精神和目标等。它是不易被人模仿的、自我个性的具体表现，这既是企业形象区别于他人的根本点，又是公众认知的辨识点。因此，企业形象定位时一定要注意把这种具有个性特征的企业哲学思想表现出来。这种个性形象可以是整体性的，也可以是局部性的，如企业的员工个性、产品个性、外观个性、规范个性等等。舒立兹(Schlitz)啤酒被定位为“淡啤”，并没有其他功能利益性诉求，然而在消费者心目中“淡啤＝舒立兹”，从而实现了类的区别，赢得淡啤这一市场。当然，这种个性也应是企业整体个性的代表性、集中性的表现，从而使企业形象在公众心目中获得一个占据点，一个认定的区域位置，或者占有一席之地。

研究表明，每个人都是各种性格的混合体，但只有一种性格与众不同。如爱因斯坦＝智慧，玛丽莲·梦露＝性感。企业产品也一样，是各种特征的混合体，但只有一种特征广为人知，让产品与众不同，如沃尔沃＝安全，佳洁士＝防蛀牙。无论你的特性有多少，人们只会认定你的最显著的特性，特性带出“唯一”。如汽车特性：宝马代表驾驶，奔驰代表工艺设计，美洲豹代表个性，法拉利代表速度等。

浙商企业的差异化定位有其特殊性，这主要取决于浙商产业集群化市场定位的差异。浙江的产业集群在全国甚至全世界都有名，产业集群已经成为浙江区域经济的核心竞争力之一。例如义乌的小商品、绍兴的轻纺、海宁的皮革、乐清的低压电器、嵊州的领带、永康的五金、温州的皮鞋、桐乡的羊毛衫和诸暨的袜业等产业集群，加上各地的专业市场，带动了众多的家庭作坊、个体经营户和大批的中小企业，其定位只能借助于区域品牌和市场品牌。就单个企业而言，这些企业都是默默无闻的，可以说根本谈不上自身的企业定位和品牌。经过改革开放30年的大浪淘沙，在生产制造和专业市场上也涌现出许多规模企业和知名企业，创建了许多区域品牌，乃至国内知名品牌和国际品牌。温州就有24家中国驰名商标，如皮鞋类商标有康奈、奥康、红蜻蜓等；电器类商标有正泰、德力西等；服装类商标有庄吉、美特斯·邦威等，龙头企业带动了整个区域品牌建设。

在与其他企业竞争与合作的过程中，浙商意识到内部的核心能力是企业实现升级与持续成长的关键。面临同质化发展的窘境，浙江集群企业走出了各具特色的“核心能力”发展道路。海宁皮革产业集群中的卡森集团为了生产出环保性汽车革，就投入 5000 余万元首先在中国成功开发世界领先的“无铬鞣制”技术，并通过了 ISO9001：2000 认证、TSI6949：2002 质量体系认证和 ISO/IEC17025 实验室体系认证，从而提升了自身的皮革制造能力。而对于定位于产品服务的集群企业来说，企业的吸收能力就不可或缺。例如，嵊州领带产业集群中的龙头企业是巴贝集团，集团董事长金耀在提升企业自身制造能力的基础上，开始把公司的战略中心调整到领带花形设计环节。为此，公司成立了专业化的花形设计团队，引入了世界上先进的德国 EAT 领带花形电脑设计系统，并收购了意大利一家专业的花形设计公司，从而大大提升了企业的知识吸收能力。

二、明确诉求点

企业要想在激烈的市场竞争中立于不败之地，必须扬其所长而避其所短，重视表现企业的优势。社会公众对企业形象的认识，实质上是对其优势性的个性形象的认识，因此，企业要突出自身的优势和个性，通过形象传播在消费者心目中留下明显印迹。如金六福酒质的香、醇、浓、甜、绵、净与人们向往的金六福即寿、福、康、德、合、孝有机地融合在一起，各味调和，六福皆至，表现完美人生的核心标准。

例如粽子的营销，一般只是在春节、端午节等中国传统节日，老百姓喜爱的食物，诉求突出差异不大。但如果贴上嘉兴五芳斋的品牌，将其当文化产业来做，既可满足诉求又符合差异定位，而且不少人认识嘉兴应该是从五芳斋粽子开始的。但是，当《天下温州人走遍中国》的记者前去嘉兴采访的时候，嘉兴温州商会秘书长叶女士告诉记者：“五芳斋大厦是嘉兴温州商会会长厉建平的资产，中国驰名商标五芳斋已名归温州人。”这个敢于吞掉五芳斋大厦的就是厉建平。从 2005 年中国粽子文化节在嘉兴南湖之畔“启航”，历经近 10 年，时至 2014 年 5 月 30 日，第十届中国粽子文化节又回归它的创始地，由嘉兴市政府主办，五芳斋集团独家承办。在文化节上，厉建平表达了自己的心声：“五芳斋作为全国粽子行业的代表，承担着传承历史、传承文化，振兴民族食品工业的重任。”承办中国粽子文化节的目的，意在进一步挖掘和弘扬粽子文化，探索粽子产业发展的新途径，在继承传统文化精髓的基础上开创民族食品产业新未来。

三、强化首位优势

“不想做将军的士兵就不是好士兵”“一将功成万骨枯”，用这话来诠释企业为什么要突出首位优势最合适不过。人们只会记得奥运冠军，而很少人记得第二名或第三名的人名。做第一、建立领导地位的根本方法就是抢先进入人们的头脑。

当企业形象自身特色非常突出、别人望尘莫及时，可采取突出首位优势策略，强化自身“第一”或“唯一”或“最大”或“最好”的特点。这种定位极易形成先入为主的首位效应，在公众心目中留下持久的印象。因为创造第一，才能在消费者心目中造成难以忘怀的、不易混淆的优势效果。实践也表明，排名第一要比第二的效果多一倍，而排名第二的又比排名第三的多一倍，这就是首位优势所引起的作用。

商场如战场，要想盈利而持续经营，就要有抢占先机、抢占“第一”的胆识和气概。这个“第一”不仅指速度，还指市场中的蓝海。首先，如今市场竞争异常激烈，市场风云瞬息万变，市场信息流的传播速度加快，谁能抢先一步获得信息、抢先一步做出应对，谁就能捷足先登，抢占商机。其次，努力寻找市场中的蓝海。蓝海是与红海相对，指市场中不那么热门，甚至完全被忽视的领域。最重要的是，这个蓝海应该是市场中被低估、有前途的领域，一旦发现蓝海就应该放弃犹豫，大胆而坚定地投入，才能抢得宝贵的先机。马云说：“有时候，不被人看好是种福气，正因为没人看好，大家都没有杀进来。”

如果市场上已有一种强有力的首位品牌，形象定位创造第一的方法就是找出公司在其他方面可以成为“首位”的优势。即要在消费者头脑中探求一个还没有被其他企业占领的空白领地。

马云是探求空白领地的高手。作为中国电子商务网站的开拓者，与其他互联网精英相比，马云显得格外不同。马云告诉想创业的年轻人：“我自己觉得，算，算不过人家；说，说不过人家。但是我创业成功了，我相信80%的年轻人创业能成功。”马云，一个不懂计算机的人，居然成了中国甚至全世界最好的商务网站的CEO。他为什么能成功？无非是敢想，敢干，敢闯，敢担！

当然，马云并不是一个天生的寻求空白领地的高手。其人生定位、市场定位等皆经历了一番市场的历练。1991年,马云初涉商海组建成立海博翻译社,虽几经周折,经营困难,但最终成为杭州最大的翻译社。1999年马云闯入电子商务领域,能够根据浙江私营中小企业发达的状况,毅然决断:弃鲸鱼而抓虾米,放弃大企业只做中小企业的生意,“领导穷人起来闹革命”,成为中小企业敲开财富之门的引路人。他创建的阿里巴巴将全球中小企业的进出口信息汇集起来,在互联网界开创了一种崭新的模式,被国际媒体称为继雅虎、亚马逊、易贝之后的第四种互联网模式——独特B2B模式,即便在今天的美国,也难觅一个成功范例。①

当第二能成功吗?当第二也能成功!关键是要做智慧的“老二”。浙江企业经营管理的概念中,有一种叫“老二哲学”的说法,就是不做第一,不做第三,而只是紧紧跟在排名第一的后面做老二,瞄准机会再冲刺第一。事实上,会做“老二”并非真的是甘居人后,而是可以从做“老二”中尝到更多的甜头,从而使自己的创业在一开始就可以借“蹭车”获得利润。

方太厨具是采用“老二”跟随策略的成功典范。宁波方太厨具有限公司创建于1996年初,当时帅康、玉立、老板等名牌产品占据整个中国市场份额的78%以上。② 方太从消费者入手,善于根据顾客需求等寻找企业生存和发展的空间。经过十余年探索和努力,取得了令人瞩目的业绩,并逐步成为中国厨房领域最著名的品牌,成为世界厨房文化的代言人。2005年《中国500最具价值品牌》排行榜上,“方太”品牌价值评估结果为30.81亿元人民币,远远超过了行业其他品牌,稳居行业第一。2005年9月,方太荣获“中国名牌”称号。方太成功的根本在于有效采用了市场跟随策略。“老二”终于取代“第一”的位置,成功“上位”。

方太成功的法宝就是“不做松散的大蛋糕,宁做坚硬的金刚钻”,其表现在方太的三大战略定位上:行业定位——专业化,市场定位——中高档,质量定位——出精品。作为市场的老二,方太成功把握住了自己的三个战略定位,不参与价格战,而是用新产品、服务和品牌去击败竞争者,并且甘当老二,对老大不威逼、不骚扰、不打击,而是采取保护第一的态度,作为第一,当然乐得与老二并肩而战,从而共同盈利、良性发展。

---

① 智狐、马云:《从顽皮少年到商界大侠》,《校园心理》2006年第1期。

② 张欣:《中国家族企业文化的构建》,对外经济贸易大学2006年硕士学位论文。

四、满足情感需求

突出情感需求定位法，是指企业通过对公众感性上、理性上及感性与理性相结合上的引导，来树立企业形象的定位方法。诉诸功能和物质利益的是属于初级的定位，而高级的定位是针对消费者诉诸情感和精神利益。形象的定位一旦建立，无论何时何地，只要消费者产生相关的情感联想，就会自动地、首先想到广告中的这种品牌、这家公司或产品，达到“先入为主”的效果。如法国轩尼诗公司的 XO 白兰地，在 1991 年 6 月，历经 38 个月的海上航行到达上海客运码头时，不仅动用了中国传统舞狮和鼓乐开道，还举行了有爵士乐和时装模特献技的宣传活动，充分表现了法国轩尼诗“高贵气派”的形象定位，给中国老百姓留下了深刻的印象。

定位最终的结果就是在消费者心目中牢牢占据无法取代的位置，使企业形象深植于消费者脑海里，一旦有相关需求，消费者就会开启联想之门，自然地想到它。如人们抽烟想到万宝路，喝饮料会联想到可口可乐，喝高档白酒联想到茅台等。

因此消费者在购买一种产品的同时，也在选择一种生活观念和态度。企业精神就是消费者寄托在企业或品牌之上的生活观念、态度和文化。如迪斯尼漫画、娱乐使人联想到家庭价值，百事可乐使人联想到年轻，哈雷太子摩托车容易让消费者联想到自由，耐克联想到胜利等。

人总是要有精神的，品牌同人一样，也是应该有精神的，没有精神的品牌等于没有灵魂，而没有灵魂的品牌是没有生命力的。品牌精神就是企业文化和企业精神的结晶，是企业对消费者的一种恒久不变的承诺。

可口可乐凭借其自由、平等、民主、快乐等强大的美国精神持续畅销全球，为可口可乐公司带来了滚滚财源，而百事可乐定位于“年轻、激情”，无形中在消费者脑海中给对手可口可乐打上了“传统”的标签，把年轻人从可口可乐的客层中分离了出来。

五、其他定位策略

1. 比附定位。

不是第一也不是第二，怎么办？可以比附定位。即以竞争者品牌为参照物，依附竞争者定位。通俗讲，其实就是“傍大款”，如金庸小说中聪慧伶俐的黄蓉为大多数人所熟知，名不见经传的歌星王蓉就写了一首《我不是黄蓉》：我不是黄蓉我不会武功，我只要靖哥哥完美的爱情，我不是黄蓉我整天做梦，在夜里唱情歌失恋也英雄，我没有香香公主的美丽，也没有建宁公主的权利……直到我头发花白牙齿掉光找到我实实在在的爱情。结果歌星王蓉因此歌大红，她也因傍了"黄蓉"之盛名而声名鹊起。

比附定位的精髓在于舍弃普通平常的东西，而凸现品牌的差异性优势，创造品牌个性，有力有效有目标地传达自己的与众不同，以竞争品牌为参照，从而提升自身品牌的价值和知名度。20 世纪 60 年代美国 DDB 广告公司为艾维斯汽车租赁公司进行的定位是比附定位的杰作，该公司坦然宣称在业内只排第三，但强调"比别人更努力"，结果艾维斯大获成功。"宁城老窖——塞外茅台"，因傍上消费者心中的国酒茅台这个"大款"，来提升自己品牌的价值和知名度，从而大获裨益。其实这种定位采取与"老二"定位策略相似，在承认同类中竞争品牌卓越之处的同时，着力张扬自己在某市场区域或业内某方面的光彩夺目之处。

比附定位还有一种"高级俱乐部"策略也被广泛应用，其核心就是让消费者模糊与市场领导品牌的距离。黄鹤楼酒宣称：2004 年 10 月，在云南景洪由中国白酒专业委员会举办的全国白酒质量评比中，黄鹤楼酒与五粮液同获最高分，是湖北省唯一的中国名酒。而五粮春、武粮神等声称：事出名门，与五粮液一脉相承，这些其实都是比附定位的应用。

品牌的比附定位不是万能的，但有一点却是清晰的：当企业和商品所属的领域已经有处于领导地位的其他企业和商品的时候，企业应该采取比附定位的策略，将自己的地位尽量与处于领导者地位的企业和商品联系起来，使自己在公众和用户心里及时占领其余的最好地位，从而提升自身形象的价值与知名度。

2. 重新定位。

当企业及商品在行业领域中难以取得领导地位，或者企业对自己的地位不满意时，应该进行市场调研，采用新的划分标准，为自己找到生存与发展的市场空间，建立有利的地位。

重新定位用在浙江网商身上最适合。第一个做某事的人是天才，第二个做的是庸才，第三个做的是蠢才。高智商的商人，不但懂得创造财富的技巧，更关键的还是具备抓住机遇的能力，从而完成机遇到财富的转化。这种转化要求商人必须有敏锐的眼光和迅速的反应能力。成功的商人总是善于洞察市场的变化，准确地把握目标和发展方向，从而发现商机并把握商机，引领市场潮流，并占据市场制高点。如以马云、孙德良等为代表所创立的行业网站，成为国内IT届的翘楚。目前，在浙江，行业网站有上千家，占全国一半以上，在中国行业网站百强中，7成左右的网站注册地在浙江。浙江的行业网站已过千，占据中国总数的60%—70%。其涵盖的范围和领域非常广泛。浙江之所以会产生如此密集的行业网站，与本地经济形态密切相关。浙江的企业中99%为中小企业，数目超过了100万家。

在强手如林的“网商”中，要做老大，必须另立“山头”重新定位。盛大网络的陈天桥果断选择大型网络游戏，并创造了通过遍布全国的网吧销售和推广游戏的经营方式。在2003年9月底，盛大的注册用户近1.5亿人，拥有中国65%以上的市场份额，被誉为世界三大网络游戏运营企业之一，陈天桥书写了属于自己的网络“传奇”。

丁磊选择网络域名的想法很简单，如果人们要在互联网上联系，那一定要有自己的“房间”和“邮箱”吧。于是，他写出了第一个中文个人主页服务系统和免费邮件系统，网站域名他想到用数字163来表示。

马云要办一家B2B的电子商务公司，他的宏伟目标：第一，建立一家生存80年的公司；第二，建设一家为中国中小企业服务的电子商务公司；第三，建成世界上最大的电子商务公司，要进入全球网站排名前十位。连马云自己也没有想到的是，阿里巴巴上线不到半年，就被美国《福布斯》杂志瞄上了。根据在线监测显示，这家不知名的中国网站竟然是当时全球最活跃的电子商务网站。阿里巴巴被评为全球最佳B2B站点，名列综合类第一。

3.对立定位。

不能坐第一把交椅，又想要引人注目，那就做老大的对立面，对着干。所以当企业没有机会开创新产品成为第一，首要争取的是远离第一，成为它的对立面。在商业界，人们把第二者生存的观念引申为“做领导品牌的对立面”原理。无论企业领导品牌的战略是什么，从根本上，做企业领导品牌的对立面总是胜过模仿企业领导品牌。

不能成为麦当劳，我就成为“真功夫”。麦当劳是真功夫的对立面，麦当劳是油炸食物，而真功夫是“营养还是蒸的好”。如今，真功夫已经拥有

100多家直营店，成为国内最大的中式快餐连锁。奔驰是宝马的对立面，奔驰车体大、马力强、豪华、驾驶平顺、座椅舒适；而宝马，车体小且轻，重在驾驶乐趣，“超级驾驶机器”对抗“超级乘坐机器”，所以有“坐奔驰，开宝马”的说法。又如茅台与五粮液，基于茅台的历史积累和特殊历史地位，“最好的白酒”茅台在高档酒中代表传统、瓷瓶包装、酱香型、口味浓、入口辣，而五粮液代表现代、玻璃瓶包装、浓香型、口味淡、入口顺。

因此，市场中已经有领先者，最佳的策略就是成为其对立面。营销是一场“对着干”的战争，而非一场“比着干”的战争。你的竞争对手只有一个最薄弱的地方，这个地方通常也就是你最强的地方，做市场的最大努力就是集中优势力量对准此处，发出致命一击，这就是对立法则的精髓。

4. 聚焦法则。

聚焦法则就是在一个行业中精耕细作，垂直纵向发展。现在人们常常多元化经营，其实成也多元化败也多元化，聚焦往往能做得更专业更易成功。如微软专注于电脑软件，方太则专注于做国际一流的家电品牌。而格力并不是最早做空调的企业，最初并没有在技术上领先，甚至企业的地理位置也没有处于空调市场中心，格力的成功在于把握了海尔、春兰等领先者盲目品牌延伸，稀释空调在顾客心目中位置的机会，反其道而行之，专注于空调领域的发展，终于在顾客心目中建立起“空调专家”的认知，从而分解了海尔、春兰等众多原本处于领先的多元化品牌，成为连续10年销量第一的企业，并且几乎是利润最高的家电行业企业。

心智竞争时代，品牌的力量和产品的数量往往成反比。延伸只会稀释消费者认知、削弱品牌力量，聚焦才会强化品牌。品牌就像一个洞，我们可以把它打深打透，但很难把它挪到另一个地方。不要紧跟潮流，要坚持自己的独特方向，拥有自身的风格，“流行总会过去，而风格永存”。可口可乐曾尝试开发“新可乐”结果招致大失败，后来及时聚焦正宗可乐。施乐，最早是静电复印，后来做计算机，结果大失败，再后来聚焦激光复印机，然后是文件处理，这就是升位了。

总之，这是一个信息化、知识化、智慧化和全球化的时代，这是一个面对变革需要重新定位的时代。更好的产品没有用，准确定位才是关键。消费者心目中有你，才是最好的；一个好的定位，就是给消费者一个强大的购买理由，一个爱你（企业）的理由，得人心者得天下。

第六章　浙商企业家形象战略设计

今天很残酷，明天更残酷，后天很美好……如果你希望成功的话，每天要非常努力，活好今天，才能度过明天。到了后天你才能见到后天的太阳。

——马　云

人的一生总会面临很多机遇，但机遇是以面对困难为代价的。有没有勇气去面对，往往是人生的分水岭。

——丁　磊

企业家是企业的头脑和灵魂，每个成功企业的背后，都有一位个性鲜明的创业企业家或一个企业家团队。企业形象是企业家形象的折射和放大。知名企业家对社会的影响犹如影视明星做企业形象代言人对社会的影响一样，前者甚至超过明星效应。

——作　者

企业家是企业文化的核心代表，是振奋人心和鼓舞士气的导师，一言一行都体现着企业的价值导向。对于一个企业而言，企业家就是整个企业的灵魂。企业要想快速、持续、健康发展，就必须塑造一个良好的“灵魂”——企业家个性形象。企业家形象是企业人格化特征的具体表现。企业家形象塑造是企业形象人格化的具体体现方式之一，企业的成功核心在于企业家或企业家团队形象塑造的成功。

对以个私所有、老板主导和家族经营管理为主的浙商来说，几乎每一个成功的企业背后都有一位出色的企业家，比如，万向之鲁冠球、阿里巴巴之马云、横店之徐文荣、传化之徐冠巨、方太之茅忠群、红蜻蜓之方金波等。所以当人们谈到某企业时，不可避免地会联想到领导该企业的企业家，而当人们提到某企业家时，又自然会想起他（或她）所领导的企业。这说明企业家形象与企业形象如果较好地统一起来，就会成为企业在激烈市场竞争中的锐利武器；反之，则会对企业产生较大的负面影响。

浙商企业家具有自我营销意识，努力提升企业家个人品牌影响力，凭借个人素养和对企业的成功运营不断强化自身形象，提高自身形象对于企业形象和品牌的影响力。企业家形象是企业形象的重要组成部分，我们必须把两者有机地整合起来，才能形成强大的合力，提升企业形象竞争力。

第一节　企业家人格化特征及价值

浙江资源短缺导致的生存压力只是外部因素，创业的传统和企业家精神才是决定性的因素。浙江是企业家精神浓烈的地方，浙商的产生和活动也比较活跃。

一、企业家内涵

企业家作为一个群体，具有同一种气质；企业家不是一种职位或头衔，其实质是一种精神；企业家是参与企业组织和管理的具有企业家精神(Entrepreneurship)的人。所谓企业家精神，是指企业家在所处的社会、经济体制下，从事工商业经营管理的过程中，在激烈的市场竞争中和优胜劣汰的无情压力下形成的心理状态、价值观念、思维方式和精神素质。企业家精神通过企业家的行为表现出来，体现在企业家的商品生产和经营活动中。[①]

1. 企业家概念。

对于企业家定义的界定，各个时期、各个国家都有自己的独特理解。易兰华认为："企业家就是自身具备经营创新能力并在企业中承担经营风险，获取经营收入和风险补偿收益的企业经营管理者。"[②]企业家擅长对稀缺资源进行协调和利用，做出明智决断，是一个市场的创造者。企业家作为一类人，是拥有创办企业、进行市场运作和承担相应责任的主体。企业家活动可以分为两类，一类是创立和维护企业的活动，也就是创办企业的活动，另一类是建立新组织和利用新机会等促进企业成长的活动，也就是创新企业的活动，企业家就是独立的创新者。松下幸之助曾经把商者分为三类或三种境界：一是创业者，二是企业家，三是事业家。企业家是企业人格化的象征，在企业组织的经营管理活动中处于最高地位。

人生和事业的成功，往往不在于他拥有的能力和技术，从本质上说是他所拥有的哲学思想，对浙商企业家而言，这种哲学思想的核心就是企业家精神。企业家精神有助于企业家建立自己的企业哲学(Business Philosophy)，正是这种哲学成为企业家与企业发展的基本动力。真正的企业家都以事业为重，目标是成为事业家，他们一定具有大勇气、大想法、大气魄，是能够给人们带来信心的人。他们赚钱不是目的而是手段，只是事业的保障，其精神世界有一种一般企业家难以企及的境界——能够不断探索、不断学习、不断创新，并对自己认定的价值观不懈追求。现在是商品过剩、企业家短缺的时代，其实更是精神短缺的时代。企业家精神的稀缺性源于制度供给的不足，企业家的成长是一个在正规制度之外依赖自我发现的过程。

---

① 丁栋虹：《企业家精神》，清华大学出版社 2010 年版。

② 易兰华：《企业家内涵综述》，《管理观察》2008 年第 10 期。

企业家精神是企业生存与发展之魂，企业技术创新是浙商形象提升之魄。经济意义上认识企业家精神，即从企业家功能和能力角度来认识企业家精神，如马歇尔认为企业家精神是“学习、获得和利用知识”的能力；熊彼特认为企业家是实现新组合的人。从伦理学意义上认识企业家精神，即从价值取向和伦理学视角认识企业家精神，马克斯·韦伯所指的“敬业精神”，无疑是现代企业家精神的最重要支柱。根据杨铁清对地理环境特征与浙商分布进行的研究，[①]结果表明，浙商的产生和分布，主要是创业的传统和企业家精神，并不是资源短缺的生存压力所引起的。萧山、永康、慈溪都相类似。萧山是传统的全国十强县，浙江第一县，综合经济实力雄厚。萧山县域内却极不平衡，2006 年的萧山工业企业十强，“沙地片”占 9 家，而面积更大的南片只有 1 家，因而可以说，创业文化或者说企业家精神的差异，是导致县域经济内部迥异的原因。因为萧山沙地的农民天生具备创业型企业家的素质，当外部环境(包括支持和鼓励个人创业的政策环境)来临时就迸发出创业热情，况且他们的生存环境铸就了其吃苦耐劳的品质，早期在江边的白地晒盐(被称为盐民，俗称“晒盐佬”或“盐黑子”)，特别是围垦文化或围垦精神(1965 年出动 52 万人，围垦 52 万亩地，被联合国粮农组织称为“人类造地史上的奇迹”)，堪称吃苦耐劳的典范。

企业家有三要素：才能、品德和态度。企业家才能是一种生产性资源，个人可合法拥有，也可和其他要素结合起来创业，办民营企业；也可以在自愿互利的前提下把私人产权放至一个合约里面，建立股份有限责任公司，实施公司治理结构。浙商大多数出身农民，个人拥有企业财产所有权和经营权，包括把个人的经营才能转变为财产的权利。

企业家品德。企业家在经营哲学上，是把企业完全当作自己赚钱的工具，还是在赚钱的同时，又能承担起应负的社会责任？这和企业家道德情操关系极大。马斯洛需求理论中强调人的精神需求，弗洛伊德提出“本我”“自我”和“超我”三个概念，“本我”是动物的我，赤裸裸的我；“自我”是社会的我，是各种社会关系中的我；“超我”是精神的我，是最具有人格魅力的我。作为企业家，应该在实现“自我”的同时，承担社会责任，成为有道德的人。

---

① 杨铁清：《浙商通论》，浙江工商大学出版社 2014 年版。

企业家态度。知先行后，态度是行为的基础，企业家态度是指企业家在面对困难和风险时，所持的心理特征和行为特征。拥有积极态度的人往往采取积极的行为，拥有消极态度的人往往采取消极的行为。浙商成功企业家一个重要的心理素质是，只要是认准的事，不管什么困难，都能始终信心十足，勇往直前，实在办不了就转个弯，一定要达到目的。

企业家魅力决定着企业的成败。企业家形象是企业成败最关键的要素，也是其个人魅力最根本的来源，伟大的企业都有企业家的影子，正是由于他们非凡的能力、崇高的事业心、不断高涨的成就感和不懈的努力，才造就了那些基业长青的企业。企业本身就是成功企业家为自己树立的丰碑，他们的能力借助企业的成功得以显现。①

2. 企业家人格特征。

人格是一个复杂的系统，具有整体性、结构性、独特性、持久性和社会性等特征。② 整体性特征认为人格有能力、气质、性格、情感、意志、认知、需要、动机、态度、价值观、行为习惯等很多成分，但它们是一个有机的整体，相互之间的密切联系构成一个人的完整和独立人格。人格具有独特性因素，每个人都具有不同的基因特质，“基因型是人身上遗传下来的发展潜力，在成长过程中它形成人的体质和行为特点。”③

企业家人格特质有其共性：第一，敢于冒险的生命终极价值追求方式；第二，勇于承担责任的强烈集体主义精神；第三，对于资源合理分配的管理天赋。中国企业家独特的文化人格：第一，浓重的“家国”观念；第二，长期的封建社会形成的自卑心理；第三是独特的“仕商”文化。④

所谓企业人格化形象，就是以人为本的企业形象，指企业通过一系列制度创新的手段成为“人格化企业形象”的复杂过程。人各有人格特质，由人组成的企业也就必然具有群体人格特质，因此，企业也必然具有自己的精神体系，它支撑着企业的运转。美国经济学家熊彼特(Joseph A. Schumpeter)的企业家理论认为，企业家是创新者，能够改革生产方式。他指出，现代的资本市场能够使一个不具有资本但具有企业家才能的人，

---

① 张焕勇等：《企业家魅力的四维结构分析》，《商业时代》2006 年第 7 期。

②④ 陈晓红：《论企业家人格》，山东师范大学 2005 年硕士学位论文。

③ 黄希庭：《人格心理学》，浙江教育出版社 2002 年版。

去发现愿意为他承担风险的资本家。

企业运行机制的人格化。企业在从抽象的存在物转化为现实的存在物的过程中，起着至关重要的作用，而企业家在企业的运转中起着举足轻重的作用。可以说，企业的命运由企业的人格决定，而企业家或者高层决策者的人格特质是决定企业人格化特征的最重要因素。

企业家是企业形象的代言人。某种意义上讲，企业文化是企业家的文化。海尔张瑞敏曾说："我在企业的角色，第一是设计师，设计公司的发展战略；第二是牧师，像牧师布道一样，我不厌其烦地将公司的价值理念灌输到员工和干部心中。"因此，企业家往往是企业的总设计师。

3. 企业家价值。

浙商企业大多是家族企业，没有企业家个人的创业精神，就不会有浙商的成功和发展。万向集团、传化集团等无不包含着企业家个人的人格特质和创业精神。当前随着经济转型向纵深方向演进，大批具有高素质和更强能力的企业家将是关键所在。企业家的价值本位和追求是什么？企业家价值在于创造、德行、回报他人和社会。企业家从"自我价值"到"社会价值"的转变是企业家实现价值的必由路径。

企业家的价值在于创造。没有创造，就没有价值，只有真正的创造，才能产出巨大的价值。离开了创造，也就不存在"企业家"的称谓。因此，从这个意义上讲，企业家的一生首先是价值创造的一生。

企业家的价值，不仅在于个人价值，也在于社会价值。企业家之美，不仅是利益创造之美，更是塑造德行之美，即企业家的价值在于回报他人和社会，这是企业家从自我价值到社会价值的实现和升华。企业家因为有着特殊的能力和精神特质，所以应该获得比常人更多的价值回馈。同时，企业家的成功离不开员工和社会各界的支持，在实现自我价值的同时适度回馈他人和社会，也是企业家应承担的责任。

对于企业家而言，自然生命都是短暂的，只有精神生命和价值生命才是长久和永恒的。杭州三替集团的董事长陶晓莺女士，她有着"首先为他人排扰，为政府解难，然后才是为自己发展"的创业理念。其公司信念是"关爱他人，为他人带来快乐"，承诺只要是"孤寡老人、残疾人"，所有家政服务都免费；定价时首先考虑的是客户承受力和员工满意度，然后才是企业利润；三替公司为数以千计的下岗工人解决了就业问题，解决了数以万计家庭的生活琐事问题，从而实现了“员工、社会、企业”的多赢目标。

一个出色的企业家应该具有全新的思想观念、健康的身体、强健的心理、卓越的能力、丰富的知识经验、优秀的品质。企业家的品位决定企业的品位，也决定产品的品位。《中国企业家》杂志曾经做过一项企业家形象调查，结果显示，中外企业家在总体形象得分上差距较大，中国企业家的形象得分(66.3分)低于外国企业家(74.5分)，与国外企业家相比较，中国企业家较为缺乏的是公信力、气质和个人魅力。在中外企业家的专业能力对比上，中国企业家也在长远的战略目标、全新管理理念和开阔的视野上相对缺乏后劲。

一旦企业家从“自我本位”转向“社会本位”，企业发展的视野就会变得更加宽阔，企业员工的精神面貌也随之改变，正如浙江万事利原董事长沈爱琴女士所说：“如果仅仅考虑个人利益，我早就不需要干了。论物质财富，我和我的几代子孙恐怕也花不完。但我还要继续干，这是一种责任。过去别人为我打工，现在我为工人打工，为国家打工。”

二、企业家形象内涵

1.企业家形象。

宋代史学家司马光在《资治通鉴》中记载唐太宗处理公务时的形象：上神采英毅，群臣进见者，皆失举措；上知之，每见人奏事，必假以辞色，冀闻规谏。企业家形象是社会公众和企业职工根据企业家的知识、能力、魅力、品质、风格、穿着、言行、举止、修养、生活方式等内容，所体现出的经营管理企业所具备的素质和水平，以及解决各种问题的工作能力与工作方法的评价准则，给本企业职工、企业同行和社会公众留下的印象。[①] 企业家形象内涵很多，主要是指企业家的个性特征，是指企业员工和社会对企业家综合的客观评价与认同，它包括企业家的理念识别、素质识别和行为识别三个方面。其中企业家理念识别是企业家形象的核心，包括企业家的世界观、人生观、价值观等要素，它能保证企业家以战略的头脑，用正确的经营思想和方法，去制定和实施企业的经营战略和战术。

---

① 沈青：《基于企业家形象的浙商企业形象转变的探讨》，《江苏商论》2007年第4期。

企业家形象是企业品牌形象人格化的具体体现方式之一。研究表明企业家形象与企业品牌的声誉之间存在着极为明显的正相关性，尤其创业企业家形象对企业的整体认知与形象的贡献度更是成倍数增加。知名企业家犹如影视明星，发挥了企业形象代言人的作用，甚至远远超过明星效应。消费者往往依照该企业家形象来评判企业及其产品之优劣，当消费者感知的企业家形象良好时就会爱屋及乌，对企业品牌形象随之感觉良好，从而欣然购买该企业的产品；反之，当消费者感知到的企业家形象变糟的时候，就会“殃及池鱼”而拒绝购买该企业的产品。因此，企业家形象已经成为企业形象的重要组成部分，其影响力要远远超过企业花重金聘请的明星代言人。

企业家理念识别具体体现在决策、管理和创新素质等，特别是创新素质，它和能力至关重要。提升企业家整体素质是一项系统工程（见图6-1），要进行全面的培养和训练，并通过信息传播传达给公众，使大家得以认知。

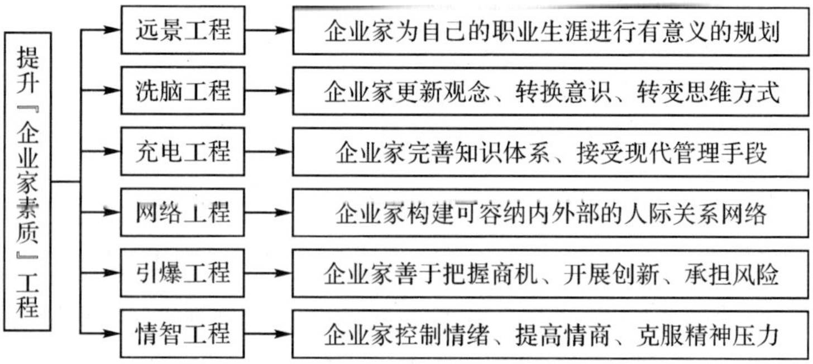

图 6-1　企业家素质提升工程模型

世界品牌实验室（brand. icxo. com）将企业家形象提升到个人品牌的高度，并分为四个层级、十个纬度的指标，对被研究的每个企业家各方面进行对比，从而找到问题并最终解决。它们分别是：Ⅰ：知名度、美誉度；Ⅱ：领导力、管理力、决策力；Ⅲ：文化力、创新力、学习力；Ⅳ：诚信力、亲和力。

近年来，美国工商界对企业家形象进行了尝试性的系统构建，对一些企业家进行了全方位的形象设计即企业家形象识别系统。主要包括三个方面内容：第一，EPMI（Enterpreneur Personal Mind Identity，理念识别）

塑造，包括人生观、价值观、世界观、社会观、工作观、座右铭等要素。第二，EPBI(Enterpreneur Personal Behavior Identity，行为识别)塑造，包括社交活动、出入场所、演讲风格等要素。第三，EPVI(Enterpreneur Personal View Identity 视觉识别)塑造，包括仪表着装、办公环境、个人喜好(艺术修养、专业成就、独特情怀)等要素。第四，EPPI(Enterpreneur Personal Propagation Identity，企业家传达识别)即通过独特高效的信息传播，将外化的企业家形象传达给公众，使公众得以知晓。

2.企业家形象与企业形象。

企业家的责任在于引领企业前进，企业家的成长经历既是个人经验也是企业资本，企业家人格在很大程度上决定着企业的命运。企业家之于企业如影随形，宛如凡·高之于《向日葵》，曹雪芹之于《红楼梦》，贝聿铭之于巴黎的罗浮宫。企业家形象同企业和产品形象之间关系极为密切，可以说，企业家品牌已成为企业品牌的重要组成部分。尤其对于一个初创阶段的企业来说，企业家个人品牌的助推更有利于企业的发展。正如李书福之于吉利、宗庆后之于娃哈哈，他们本身就是企业形象最好的代言人。

企业家形象是一把双刃剑。从某种意义上说，企业形象是企业家形象的折射和放大，一个优秀的企业家在企业理念、信念的形成过程中具有他人不可替代的作用，尤其是自主创业把企业拉扯大的创业企业家们，从企业诞生起，其人生目标和价值观就被深深地融入企业的血脉中，而且伴随着企业的成长历程不断升华。

即使是非企业创始人的企业家，在经营企业的过程中，其精神气质、价值观等也必然潜移默化地影响甚至改变着企业的经营实践。可以说，企业理念就是企业家信念或人生观、价值观的具体化，是企业家精神人格化缩影，是企业家形象的核心。以企业经营理念为核心构建的企业形象体系也就不可避免地打上企业家个人品质的烙印。但不能过度依赖企业家形象来塑造企业形象，否则将蕴藏潜在风险。一旦企业家形象受损，企业的形象也会随之减分。而且如果具有高知名度和美誉度的企业家离职，企业声誉也可能会受影响，最明显的可能是使投资者信心动摇，如乔布斯的去世使苹果公司竞争力下降，这是一个不争的事实。因此，通过企业家形象来提升企业形象，要把握一个度，不能完全依赖企业家的形象来塑造企业形象，企业家形象必须服从和服务于企业的整体形象。

企业家形象是企业形象的基石，它直接影响甚至决定着企业形象的塑造。一个优秀的企业家在企业理念的形成过程中，具有他人不可替代的作用。企业经营理念是企业家精神的人格化缩影和企业家形象的核心，企业家作为企业的代表人物，在很大程度上代表着企业的形象。当然，良好的企业形象又会促进企业家形象的提升和完善。企业是企业家存在的环境，企业形象是企业家形象的信息平台，只有被企业员工认可的企业形象，该企业的企业家形象才能与企业形象相得益彰。

三、企业家形象价值

企业家形象是塑造企业形象的基础和保证，塑造企业形象，对提升企业的竞争力，促进企业经济效益的提高，十分必要和迫切。

1.提高企业的知名度。

优秀的企业，只是同时宣传企业和企业家形象，如娃哈哈宗庆后不仅很好地宣传了企业的品牌，更注重对自身形象品牌的包装和宣传。阿里巴巴马云之所以深受年轻人崇拜、敬仰和羡慕，甚至把他当作效仿的榜样和人生目标，就是因为人们看到成功企业家的形象——既富裕又不乏同情心，勤奋努力，富甲天下却不奢侈挥霍。他致富后懂得回报社会，热心慈善。这种企业家让公众敬佩万分。马云给阿里巴巴带来的并不仅仅是经济利益上的巨大效益，更多的是以他自己出色的人格魅力给阿里巴巴带来的社会价值和精神价值，阿里巴巴享誉全球的形象和马云所树立的成功企业家形象是分不开的。

2.企业形象建设的基础。

企业家作为企业的领导核心，其价值观、精神气质等必然潜移默化地影响甚至改变着企业的战略和管理。企业经营理念是企业家信念或企业家人生观价值观的具体化，是企业家精神的人格化缩影，从某种意义上说，企业形象就是外化的企业家人格。

而企业家的形象价值，对于创业阶段的企业而言，可以帮助企业吸引风险资金、招聘高素质人才，并促使媒体更多地做正面报道。对上市公司而言，企业家个人品牌甚至可以影响公司的股票价格走向。良好的企业家个人品牌，吸引着大众的眼球，给人以正面的认知与联想，这必然大大提升企业的知名度与美誉度，为企业形象的提升助力添彩。当然，通过企业家形象来提升企业形象的作用也是有限度的，并非是根本动力，它必须服从和服务于企业的整体形象。

3. 扩大企业的市场份额。

企业家形象的价值是企业无形资产的重要组成部分，从消费心理上看，消费者接受了一个产品，就有了了解这个企业及企业家的愿望，就如同人们对好莱坞的电影感兴趣，对好莱坞影星的生活也同样有兴趣一样。企业对产品、企业、企业家同时进行宣传，以扩大企业市场份额，这就是所谓名品、名企、名企业家的“三名效应”。当消费者想要购买质量相同的同类产品时，自然会选择自己所熟悉的和信赖的品牌。

4. 提升企业经济效益。

企业家形象与企业形象的整合，能扩大知名度、提高威望、产生品牌效应和经济效益。企业家形象与企业形象的有机结合，又会为企业创造一个宽松的环境，从而增强企业活力，提高企业效益。就企业内部而言，企业家形象与企业形象的整合能产生巨大的吸引力。

第二节　浙商企业家形象现状

2013 年 10 月美国《外交政策》杂志在一篇名为《来见见中国的“比弗利山人”》的文章中，这样向美国的读者介绍中国的“土豪”：“土”意味着土气或粗野，“豪”意味着显赫、华丽。他们拥有暴发户的艺术鉴赏力及新贵的花钱习惯，他们是中国的“比弗利山人”(Beverly Hillbillies，比弗山庄是洛杉矶顶级住宅区，被认为是上流社会的象征，而“山人”则是“土包子”的意思)。[①] “土豪”也是社会发展到一定阶段的必然产物，一方面是物质财富积累达到了可以“豪”的程度；另一方面是社会文明却不够成熟，富得不够范儿，表现出“土”的低微。大家一方面期盼能够成为富裕人群而进入“土豪”的圈子，表现出“求富”的心理；但同时又表现出对富裕人群的不满，不愿做有钱无脑的“土鳖”。

廖建文等在《看看你属于哪一类“土豪”》的表格中，[②] 将“土豪”划分

①② 廖建文、旗德俊：《你是“土豪”吗？》，《浙商》2014 年第 1 期。

为基本土豪、中级土豪、高级土豪和顶级土豪四等，并从外形、座驾、身价、参照人物、标志性事件几方面进行描述。世界上讲“土豪”大多泛指中国人，中国人讲“土豪”常指浙江人，浙江人讲“土豪”专指那些素质不高的“土财主”。从某种意义上说，浙商的“土豪”精神是“新时代的奋斗精神”，希望“土豪”们通过自己企业的转型升级变得更加“豪气”，但愿通过对浙商企业形象、浙商企业家形象的塑造和提升，让“土豪”们变得越来越像贵族，越来越绅士，未来能成为“士豪”！

由于浙商主要是个私所有、老板主导和家族经营管理，其更多从事的是传统产业。因浙商在创业之初都会有企业家个人英雄主义的影子，在企业中拥有绝对权威，企业家本人的思维方式和行为习惯已经根植入了企业的各个方面。而且在当前经济转型升级背景下，浙商企业继任者被赋予了更重大的责任和更重要的使命，他们既要顺利地完成代际传承，又要实现企业转型升级，这不仅是继任者个人价值充分显示和被承认的过程，也是家族企业所有者逐步摆脱落后的经营管理方式和低附加值产生的过程。这对企业家的理念、战略思维、自主创新能力和关系能力等诸方面都是一个极大的考验。

一、浙商企业家形象演化

浙江商人认为：“一个人贫穷，主要是脑袋穷。”如浙江商人第一个阶段是靠苦力，就是拼命干，和别人竞争，才分得一杯羹；第二个阶段靠的是毅力，因为坚持，所以避免了被淘汰和倒闭的厄运；第三个阶段的“思考与创新”，真正成就了浙商“中国第一商帮”的美誉，最终实现从地摊小贩到现代商人的关键蜕变。

人们通常把当代浙商企业家划分为三代：第一代企业家是改革开放以后、1992 年之前创业的企业家，代表人物有鲁冠球、徐文荣、宗庆后等，他们大多属于被迫创业，所设立的企业也大多戴着“红帽子”。第二代企业家是 1992 年邓小平南方谈话之后诞生的企业家，代表人物有谢宏等，他们具有较强的资源调动能力，有清晰的企业产权制度。第三代企业家则是诞生在 2000 年前后、伴随新经济的兴起，依靠风险投资、互联网经济迅速发展起来的企业家，代表人物是马云、孙德良等，其典型特征是高学历、高技术、年轻化，具有国际视野，熟悉国际规则，创始人或管理团队大多有“海归”背景。

浙商起源于一个卖方市场时代，在不少人的眼里，市场经济似乎就是埋头生产、简单重复。一些浙商把“睡地板”作为市场经济永恒的钥匙，认为只要挺得住、算得精，就能长盛不衰。无休止的扩张成为置业的方法论，贴牌生产成为进军世界的捷径，模仿取代了自主研发，价格拼杀取代了附加值实现。

浙江企业约有95%是民营企业，其中绝大多数是家族企业。从万向、传化、横店等大型民营企业到小型个私企业，其组织和管理方式大都具有典型的家族制管理特点。但是，当市场化和工业化发展到中后期，普遍的和大规模的模仿创业导致同类产品供给的大幅增加，短缺经济转变为过剩经济时，供过于求、利润微薄和资源浪费等问题频现，并带来了严重的环境污染问题。随着国内外经济形势和发展环境的变化，“浙商”的先发优势逐渐弱化，发展瓶颈凸显，曾经一度创造过辉煌的“浙商”，面临着严峻的挑战。

由于浙商大多从事劳动密集型的传统产业，对能源和原材料等资源的消耗过大，对环境的污染和影响较大，而且低成本战略和价格竞争也造成对员工工资的限制，产生劳资矛盾。如此种种，严重制约了浙商的进一步发展。

1. 浙商企业家深受“家文化”的影响。

家族文化，主要是以血缘关系和宗族关系为基础，以血缘关系的价值观为核心而形成的一个群体。家族文化管理有其优点：第一，在初创阶段，凭借成员之间特有的血缘关系，企业可以在很短的时期内获得竞争优势，完成原始资本积累。第二，反应迅速。家族利益的一致性，使管理成员对市场外部环境变化具有敏感性，公司决策速度快、执行力强、信息顺畅，成员之间容易达成共识，这足以帮助公司实现价值的最大化。第三，企业中信任度高，心理契约成本和监控成本低。

家族文化存在弊端：第一，信任内外有别，宁愿自己少赚点，也不会让外人多赚点，对外来人才不信任。第二，由于企业在创业时，老板养成了大小事亲自过问的习惯，这几乎成了家族成员的条件反射，就是不懂也装懂，外人去做，自己就是不放心！第三，家族成员一直抱着老本行的成功经验，躺在家族文化的“堡垒”里面，面对不断激烈的市场竞争，守株待兔。第四，管理起点低：管理不到位，外聘生产主管被本地老员工控制，企业管理措施实施不到位，管理没有突破性的创新，导致产品质量不理想。

温州挺宇集团高级管理人员均来自同一个家庭：父亲潘挺宇自任董事长，大女儿任总经理，儿子任副总经理，二女儿是财务经理，二女婿是销售经理，母亲为办公室主任。唯一没有在挺宇集团公司任职的是大女婿，因为他已经担任了吴家自己公司的总经理。[①] 类似挺宇这样的家族企业在温州很普遍，以家族为特色的中国经济加上人的不易合作性，这种方式成为普遍的现象。

2.浙商企业家与政府资源。

在浙江的私营企业主中，最接近从政标准的是徐冠巨。2003 年徐冠巨当选为浙江省政协副主席，跻身于省部级官员序列。考察浙江私营企业主从政的历史和现状，其从政心态大致有三种：第一，补偿性从政，浙江私营企业主当选人大代表和政协委员时，在从政之初，往往视委员和代表为政治荣誉或者政治资本，出发点在于显示自身的社会政治地位，以示得到官方和社会的承认。第二，功利性从政。那些贿选村干部的浙江私营企业主“从政”，就是此种心态的别样写照，这是较为普遍的一种从政心态。第三，公益性从政。随着市场经济和政治民主环境的完善，今后企业主对政治的热衷程度将会有所降低，而公益性的政治心态则将呈上升态势。浙江私营企业主的参政心态，正从第二种转向第三种。

在浙江商人中，杭州商人是最善于利用政府资源和社会舆论的大师级的商人。如冯根生、鲁冠球、宗庆后等人，就是非常善于整合政府和社会资源的大师。

3.代际传承产生的新生代企业家。

领袖更替(Leader Subrogation)是人类社会发展的常态，企业家按照程序更替，表面上更替的是人，实质上更替的是能力。企业家是异质型人力资本(在特定历史阶段中具有边际报酬递增生产力形态的人力资本)，而员工是同质型人力资本(即边际报酬递减生产力形态的人力资本)。如果企业家能力滞后、企业家更替不足、企业家更替滞位，会导致众多民营

---

① 胡喜盈：《中国最成功的商人群体——温州老板》，《新经济》2009 年第 3 期。

企业成长不足,或在严酷的市场竞争中被淘汰。那么,浙商企业家在以能力为基础的程序更替中,究竟应该在什么时候更替最合适?具体见下图(图 6-2)。

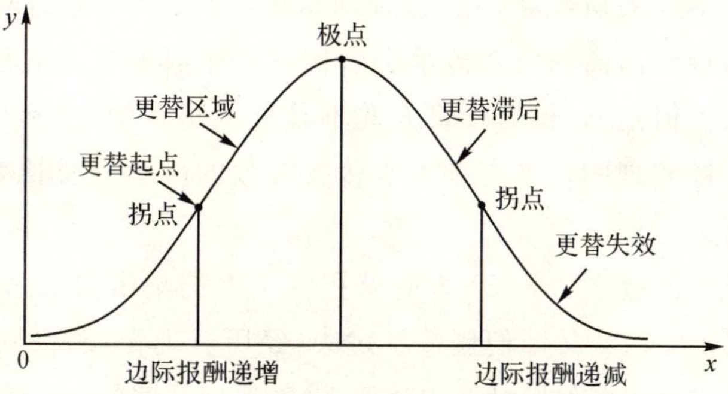

图 6-2　拐点与企业家更替的经济模型

企业家的人力资本由异质型资本转向同质型人力资本的拐点成为企业家更替的起点,而从这个拐点到报酬达到极大值的顶点(极点)之间的区域成为企业家理性更替的合理区域,而从极点之后到下一个拐点的区域是企业家更替的滞后区域,此后的企业家更替则呈现失效状态。浙商企业正值代际传承高峰,事实上,许多家族制企业早已越过拐点接近极点位置,有的甚至已经超过极点,即进入代际传承的滞后区域,极个别的也许进入失效位置。浙商企业能否顺利完成代际传承,已成为浙商企业再创业的难点和痛点。

浙商新生代企业家的主要特征是年纪轻、学历高、理念新、成长快等。年纪轻,如绍兴的新生代企业家年龄主要集中在 20—39 岁之间(约占 90%)。理想远,新生代企业家希望将自己的企业打造为国内行业“旗舰”,想要在更高层次上参与国际竞争。学历高,不乏 MBA、EMBA,硕士生、博士生。理念新,注重企业战略管理,发挥团队力量,依靠系统优势取胜,依靠群体的智慧和整个体系的力量。成长快,他们成长在市场经济环境下,擅长现代企业职业经理人的制度安排,快速地成长为公司的 CEO。

老一代浙商用的更多的是体力和抓机会来打江山,而新一代青年企业家更多的是用智慧和理性。作为娃哈哈的传承人,宗馥莉主导了企业的国际化战略和产业链整合战略,使娃哈哈从饮料生产向原料生产等产业链两端延伸。并向浙江大学教育基金会一举捐赠 7000 万元建立“浙大馥莉食品研究院”，意在为中国食品行业培养“食品营养与安全”专业人才。[①]

浙商80%以上面临传承问题，第一是传什么？浙商的成功不仅是浙商作为个体性格的成功，如敏锐与坚韧的个性与企业家精神，同时还依赖于其长期发展所积累的经营管理意识，以及所拥有的网络关系。[②]第二是传给谁？浙商的成功传承必然要有一个具有接班意愿和接班能力的继承人。但是，合格的接班人并不是凭空出现的，也不是通过简单的培养就能够实现的。第三是怎么传？有效的传承需要长期的规划和坚定的执行。

鲁伟鼎是鲁冠球之子，21岁时就担任了万向集团的副总裁，1994年转正为总裁。他说：“父辈们创造了过去，经历着现在，还将继续走下去；而我们这一代是踩着他们打下的基础，沿着他们开辟的大道前进，理应走得更好、更远。”

根据海盐县工商业联合会夏红平等人对全县非公有制经济传承与发展的调查和分析，企业接班人培养分为内部培养和外部培养两种。[③]内部培养又分为四种：第一，基层晋升模式，如新创制衣有限公司，现已成功传承给第二代，并进行了企业的转型，现任接班人从基层的修机器、熨衣服、包装、送货到销售，了解基层的各个生产环节。第二，轮岗培育模式，如嘉兴繁荣电器有限公司，沈舜尧从2003年日本求学归国开始到集团旗下的各个分公司轮岗，加快了产品研发和企业结构调整速度，虽尚未完成接班，但是新生代的能力在轮岗中得到了充分的锻炼与发挥。第三，“传帮带”模式，如嘉兴迈思物管件制造有限公司的接班人，2011年留学澳大利亚归国后进入公司任副总助理，2012年开始接管管理，负责外贸与公司中层管理，产品质量提升很快，现已可以生产出符合德国DIN标准的产品。第四，择优录取，即从子女、家族内部、朋友或者公司员工中择优录取，如中达集团潜在接班人进入企业以后，要在管理实践中证明自己的才干，得到董事会认可后才有可能成为接班人。外部培养模式又分为两种：第一，独立式培养，如浙江博远机械设备有限公司，陈一佳从

---

① 张伟斌、葛立成：《浙江蓝皮书：2013年浙江发展报告（浙商卷）》，杭州出版社2013年版。

② 窦军生、贾生华：《家业何以常青》，《管理世界》2008年第9期。

③ 项国鹏：《浙商研究2014》，2014年版。

2006—2009年，独自带着1000万元资金到河北承德投资铁矿石的生产线，所有的一切都要自己打理，虽然投资失败但却让他收获颇丰，打出一个品牌，创建一个市场，2013年创立嘉兴博远将军文化传媒有限公司。第二，职业化培训，通过培训为家族企业接班人提供一个互动平台，建立关系网络。

浙江大学城市学院开设“创业人才孵化班”。这个班超过一半的学生来自浙江的家族企业，因此也被称作“少帅班”。子承父业是中国的传统，出人意料的是，毕业的第一届“少帅班”29名同学，没有一个回到自己的家族企业任职。几乎所有人都在房地产、汽车、网络等行业自行谋职。事实上，在浙商中，未来一二十年将是财富接力棒从第一代创业者交接给第二代的高峰期。浙商大多是家族企业，他们正面临接班难的问题。

对于一些浙江领袖企业，接班的选择也许不难做出。如万向集团的鲁冠球鲁伟鼎父子，横店集团的徐文荣、徐永安父子等都实现了顺利交接。苏泊尔集团创始人苏增福的儿子苏显泽大学毕业后，先被分配到地区工商局工作，之后继承家业。茅忠群是方太创始人茅理翔的儿子，是从上海交通大学硕士毕业后直接进入方太的。

但对于那些资产数千万、数百万的中小企业，其家业传承要比大型企业难得多。这些家族企业规模小、产业层次较低、家族气氛较压抑，难以吸引那些80后子女。这些中小企业除资金积累不足外，产业层次、管理水平、品牌文化、人才团队等也相对处于较低水平，总的说来仍处于创业阶段，对子女的吸引力也较小。

浙商企业大多数是家族制企业，由于国家严格的计划生育政策，逼使家族企业继续生存繁衍的最基本要素——供挑选接班人的足够子女数量正在消失。而这一“资源约束”在未来将会更加突出。因此，传统家族企业将面临社会性变革的压力。

各类培训班均侧重于训练企业家二代能够顺利传承和接班的技能。可是接班并非是“一学就会”的。首先，是否有心接班的问题。一项“浙江商人培养继承人方式”的调查显示，37%的“富二代”希望自己创业，45%的人不愿接受父辈的事业。其次，是否有能力或者能够顺利交接班的问题，毕竟像鲁伟鼎、茅忠群、徐永安等二代精英只是极少数。浙江省民营企业协会对企业家做过一项调查：只有14.5%的受访者明确希望退休后由子女来掌管企业，有38%的企业主愿意聘请职业经理人来打理企业，另有近一半的人表示“还没想好”。

二、浙商企业家形象问题

1. 道德伦理形象问题。

有的浙商企业主缺乏雄心壮志，政治思想素质不高，没有社会责任感，认为自己创办和经营企业纯粹为了赚钱，全然不考虑为国家和社会做贡献，不考虑环境污染、职工权益、顾客利益。有些浙商企业主法律意识淡薄，抱着侥幸心理，千方百计钻法律空子，甚至违法经营。如东阳吴英特大金融诈骗案，在全国范围内引起极大反响，对浙商的负面影响很大。

2. 经营管理形象问题。

浙商大多是民营企业，董事长与总经理集于一身，决策和执行合于一体。决策过程不存在被干预或者博弈等情形，即决策主体独立，决策过程自由，因为决策人是所有者、经营者合一。决策比较随意，对风险估计不足；过分注重名头，不少浙商企业家都想成为龙头企业，麻木实施“多元化”扩张；缺乏长远的战略规划；管理缺乏创新，不善于总结经验教训。以“低学历高效率”为特征的浙商模式在短缺经济和市场经济早期特别有效，在市场竞争进入法制化、规范化的新阶段，浙商开始遭遇困难和挑战，其先发优势和先天优势开始削弱。

3. 文化涵养形象问题。

浙商企业家队伍的文化素质普遍低于本省国有、集体企业经营者，对浙商而言，其最大的挑战来自自身的素质和观念。文化素质偏低是制约民营企业家思想素质和经营管理素质提高的主要因素之一，企业家的个人素养直接影响着企业的发展。

浙商存在“低受教育水平”与“高经济增长”的严重反差现象。一份调查结果如下（见表6-1）。

表6-1　浙商的文化结构

文化程度	文盲	小学	初中	普高	职高	中专	大专	本科	研究生	合计
浙江省私营企业主	0	13.4	36.6	30.7	4.3	3.4	7.1	4.5	0	100.0
全国私营企业主	1.0	9.9	36.1	26.3	2.7	6.9	11.7	4.9	0.6	100.0

数据来源：1995年浙江省工商联非公经济人士调查。

钱江晚报《神秘象形文字电话本，记录着文盲企业家的创业路》，[①]报道了浙江振兴阿祥集团有限公司董事长潘阿祥的创业历程。阿祥没有读过一天书，电脑不会用，手机短信不会看，要签订销售合同，必须带上一个有文化的员工，为了能够记录联系电话，阿祥自创“象形文字”，如“烟囱”“稻草”“飞机”“汽车”和“猪”等图案，分别代表记录管工业、农业、招商、交通和姓朱的领导，女的电话号码旁边再添根辫子。第一代浙商多数出身草根，文化水平不高。首届风云浙商评选的10位资深贡献奖中只有施继兴具有大专学历，初中及以下学历的就有7位。阿祥就是许多草根浙商的缩影：白手起家，吃苦敬业，靠20万元借款，20年间打造了一个资产20多亿元的现代化企业集团。潘董说：“员工都是兄弟，用好人等于我识字。”“很多员工包括博士生愿意跟我干，秘诀很简单：我赚的钞票大家分，蛋糕越大大家分得越多。”阿祥是典型的“励志叔”，激励着他的下一代和更多“企二代”。

据调查显示：浙江省人口平均受教育年限排名全国第22位；浙江省专业技术人员比重排在全国第17位；浙江省人口文化程度综合指数和浙江每10万人中拥有大专以上文化程度人数均列全国第18位；而浙江省农村劳动力文化程度指数列全国第20位。然而就在这样的一个诞生全国最大商帮的省份，西方经济理论如卢卡斯的内生增长模型等人力资源模型并不能解释。根据杨轶清的研究成果，非编码知识在浙商知识存量中比重偏高，是浙商知识生产和传播的重要特征，也是浙商大面积生成的逻辑前提，而浙江社会经济历史文化环境又为之创造了社会土壤。重商的人文传统，敢于行动的行为倾向，生存压力大而进入工商业的机会成本低，以及集群式的浓厚创业氛围，这些因素促成早期大批浙商潜在企业家禀赋的外化和显化。[②] 事实上，这种隐性知识在特殊环境下被浙商创业者广泛地激活，无论是个体户、个体工商业、中小企业，还是大型的集团化民营企业，都可找到许多的实证案例，隐性知识成为企业家外化的知识和能力，成就了大批浙商及浙商企业。当然，非编码知识比重高，过于依赖经

---

① 杨晓轩：《神秘象形文字电话本，记录着文盲企业家的创业路》，《钱江晚报》2013年7月11日第2版。

② 杨轶清：《浙商通论》，浙江工商大学出版社2014年版。

验和私人信息也不好，同时“干中学”机制也有局限性，特别是在后危机时代的市场环境中已经出现不适应，需要与时俱进提升发展。从 20 世纪 80 年代开始一直到 21 世纪初的各个时期，尽管浙江省人口平均受教育程度的绝对值位次在提升，但直至目前浙江仍然属于文盲率比例高的省区之一。对于大多数浙商企业家而言，由于其自身意识、对环境及法律制度的担心等原因，往往显得比较低调。

三、浙商企业家形象创新

企业的生存与发展虽然需要一定的物质资本为依托，但更需要企业文化或企业精神，核心理念是统一企业上下共同意志的文化基础，只有全体成员拥有并认同核心理念才能获得企业的成功。

浙商企业家积极投身于市场经济的实践，具有比较丰富的实践经验和经验理性。经济全球化时代和瞬息万变的市场环境中，需要超越、培育和发展科学理性与哲学理性，从而完成浙商企业家形象的转型升级。

1. 浙商要从经济理性向社会理性转变。

浙商企业家主要依赖于“直感决策”，即以自身的经验为基础，在决策者认识模式、知识、情感、决策环境等因素的综合影响下，通过情境估计对决策问题进行整体把握，并通过逐步挖掘的过程寻找满意方案，最终做出决策。由于直感决策是民营企业家的个人行为，其决策过程具有随意性和盲目性，如浙江著名的安防监控企业——南望集团，2005 年在云南大理投资建设 2 万千瓦的水电站项目，董事长只凭电力工作经验就草率决策投资 8000 万元，结果因地质条件原因导致投入大半之后而无法实施。浙商过度自信导致决策失误的事件绝不是个案。由于过度自信放大了失败概率，权力和决策都高度集中而且没有限制，部分浙商往往高估自己的经营能力和投资效益，而低估经营企业或投资项目可能的风险，最终表现为过高估计对不确定性事件结果的控制能力。

美国企业家的调查显示，创业企业家们认为别人的企业能够成功的概率只有 59%，而认为自己创办企业能够成功的概率高达 81%。其中，只有 11%的人认为别人的成功概率为 100%，而相信自己成功的概率为 100%的高达 33%，但后续研究却发现，这些被调查企业中有 66%以失败告终，这说明创业企业家们普遍存在着自信心。[1] 浙商过度自信特征尤为显著，金融危机前的宏观经济长期繁荣现象加剧了这种决策的过度自信，也就是说，一些浙商缺乏应有的理性。在企业家决策的项目导致失败迹象出现的时候，虽然企业家难以避免后悔的心情，但为了避免痛苦，许多企业家仍然做出许多非理性的行为。在社会经济转型和浙商企业产业结构调整的背景下，浙商需要依赖大数据或云计算等技术工具，需要横向或纵向的决策参数或异质性信息，实现大脑有机联网，或加密错误检验过滤系统，以减少因为自然人有限理性和个人认识偏差导致的决策失误。

浙商草根农民，开始时都是为了生存才去做生意或经商，这是一种经济理性。在转型升级新阶段，浙商的经济理性需要发展和提升，需要超越经济理性，形成和发展社会理性，这是一个渐进的过程。当前，浙商企业家群体参差不齐，有的成为创业型企业家、事业型企业家，但更多的尚处于个体商户、老板阶层；有的已与国际接轨，有些尚停留在初级阶段。因此，许多企业家个人所具备的理性与企业的规模及社会影响的要求很不协调。多数浙商创办企业就是为了赚钱，其主要体现金钱价值理性，限制了实践理性和经验理性的形成与发展。浙商企业家形象转型，就是要求他们向创业型和事业型的企业家发展，拥有干一番事业的梦想，对事业前途的理想，对事业意义的追求，以及具有不断进取的精神等。

2.浙商要从家族利益向社会责任转变。

大多浙商创业者的价值本位就是实现自我价值，为自己获取更多物质财富的“小我”本位，有钱赚就做，对自己有用就做，浙商要在赚了钱后能够提升价值本位，确立为社会做贡献才是最大的价值的观念，关爱员工和顾客，注重生态环境保护，创新自主民族品牌，在实现自我的同时实现社会价值，在为他人和社会做贡献的同时，在更高层次上提升个人价值。温州正泰董事长南存辉连续三届被选举为全国人大代表，他发自内心地认为“只有顺应党和国家的发展形势，将企业的发展融入党和国家发展事业中，企业才能真正地做强做大”。

在十八大三中全会后的历史发展新阶段，企业家的经营智慧、道德良

---

① Coop A C, Woo C Y, Dunkelberg W C. Entrepreneurs perceived Chances for Success. Journal of Business Venturing, 1982(2).

知和社会责任，将被前所未有地提升为其所投身的事业与企业最终是否成功的重要决定因素。在改变观念、改革生产工艺和生产流程过程中，企业家在实践中也改变了自己，使自己成为经营家和慈善家，社会学家和环保学者，具有道德良心，承担社会责任。

3. 浙商要从创业者向事业家转变。

所谓事业家，那就是企业家要有一个超越眼前战略和利益的愿景。从创业者到企业家。松下幸之助从65岁才开始进入事业家的境界。从创业企业家向事业企业家转变，既是一种价值观转变，超越经济利益，也是一种世界观转变，同时还是一种伦理观转变，超越商业伦理，是超越理性而上升到了信仰。浙商向事业家转变并不是高不可攀，不少浙商如鲁冠球、徐传化、马云已经开始这一征程，卓有成效。

4. 浙商要从制造浙商向智慧浙商转型。

主张智慧是一种超越传统的现实，是在认识时空与境况上的一种超越。制造型浙商可以说为浙江经济的发展做出了巨大的贡献。浙商的模仿创业，即以低成本的生产经营方式和优势取得的巨大成功已经一去不返，由普遍和大量模仿而产生的困扰和陷阱已经显现，那些只关心生产的浙商们，已经不能适应新时期经济发展的要求，从制造向智慧浙商转型，是历史的必然要求。

浙商首先要从模仿型企业家向创新型企业家转变，即要变无意识的、本能的模仿为有意识的、科学的自主创新，克服机会主义、个人英雄主义倾向，摆脱和超越单纯的模仿路径，创造和拥有自主品牌，增强独立性和自主性，增强理性判断能力，将新思想、新思维引入新的生产方式，采取创新的手段，注入新的企业文化，在创业创新中实现制度、技术、管理创新。

复星集团郭广昌是智慧浙商的典型，人称“哲商”。学哲学出身的郭广昌，把“修身齐家助天下”作为复星集团的企业文化，认为只有产业报国、为社会做贡献才能更好地体现当今知识分子的自身和社会价值，他要让自己和复星同仁通过“吾日三省吾身”“老吾老以及人之老，幼吾幼以及人之幼”的修炼，提高自身的素质，培养社会责任感，共同推进复星事业，实现“助天下”的价值目标。

5. 浙商要从战术型企业家向战略型企业家转型。

浙商要实现战略型企业家的转变，必须培养自己和团队的战略企业家能力，包括理性分析动态的环境机会和威胁、企业自身的优势和劣势，及洞察竞争规则和变化的战略认知能力，以及对战略方案和战略形成方式等战略选择能力，建立和健全全面的反馈与控制机制、调动和组织战略资源并实现动态均衡、创新业务流程等的战略执行能力，有效管理引发变革的强制性诱因以催发企业成员产生创新行为的战略变革能力。

第三节 塑造浙商企业家品牌形象

企业家形象的塑造，其目的就是打造一个企业核心的权威，让企业家成为带领企业不断前进的领袖，具有强大的感召力。

一、企业家品牌形象塑造

企业家品牌形象的塑造，需要企业家不断认识自我、准确定位，并且通过各种不同的途径去提高自己在员工、企业乃至整个社会中的形象。当前浙商企业家在塑造形象时往往呈现共性特征明显、个性特征模糊的模式化倾向。企业家作为个人角色，其所传递的信息包含了强烈的个性色彩，这种个性色彩可以融为企业形象个性的一部分，也可能超越企业形象个性。

首先，企业家形象取决于内在的“道”。成功者之所以成功，在于做人的成功，失败者之所以失败，在于做人的失败。做人有做人的法则和技巧，做事有做事的规律和窍门。成功之道，在以德而不在以术，以道而不以谋，以礼而不以权。如果将企业家能力喻为“术”，则企业家精神应是“道”。道不通，则术不行。浙商企业家的精神价值长期被掩埋，常常因为“术”湮灭了“道”。

其次，企业家形象取决于“德”，也就是道德资本、德商修养。德商是企业家的道德能力，包括规范能力和责任能力，也就是内在地规范自己的行为，并且对各方面的反应保持一种敏感，积极承担自己责任的能力。企业家的德商是企业家的“内功”，也是其内在蕴含的力量，决定了整个企业的品质和内在竞争力。以道德为基础的企业家精神是社会文明进化杠杆的动力源泉(图 6-3)。

再次，企业家精神需要“能”的提升。企业家能力主要包括创造与创新、勇于冒险、善于把握机会、超前思维等，创新是企业家精神的本质。创

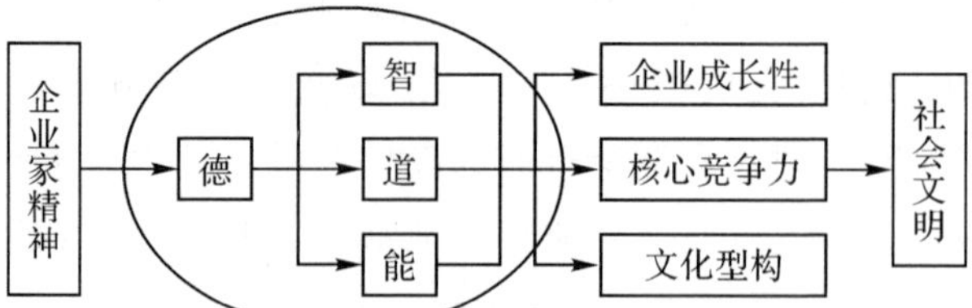

图 6-3　企业家精神的杠杆效应图

新作为企业家内在的能力，具有最为核心的本质规定性，相比于决策、领导、组织、控制、协调等能力，创新能力是最根本的、最核心的能力（图 6-4）。

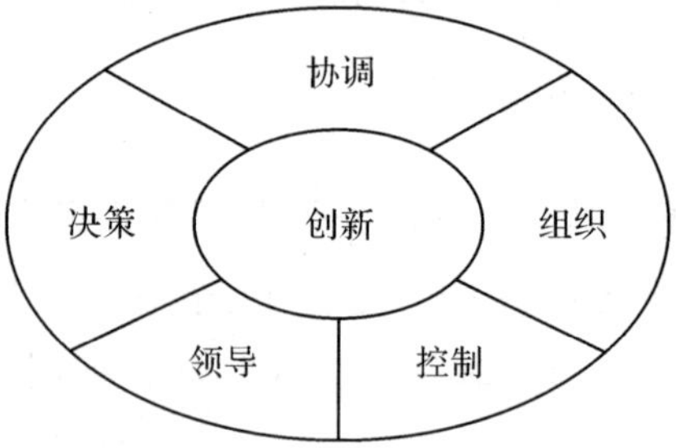

图 6-4　创新能力是企业家能力的核心

企业家创新能力要通过企业创新来提升企业的核心竞争力（见图 6-5）。技术创新是主导，如果没有技术创新，就无法提升企业的核心竞争力；商业创新是基础，没有商业模式的创新，企业技术创新常常会失败；管理创新是核心，如果没有管理创新，企业技术创新和商业创新就无法提供保障；制度创新是前提，为技术创新、模式创新和管理创新提供政策环境，是创新的深化、发展与保障。

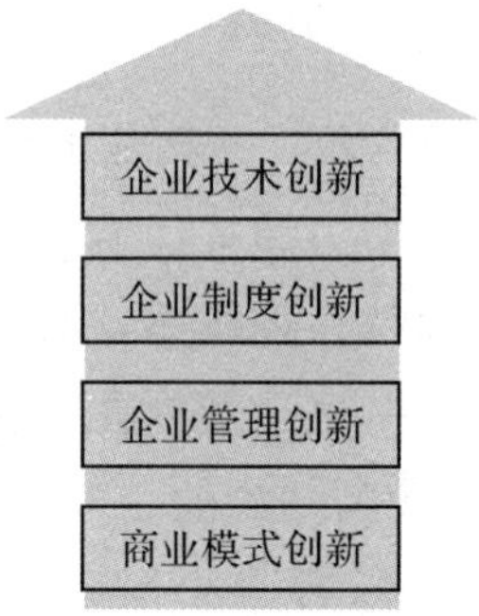

图 6-5　技术创新处于企业创新活动的最高层次

德鲁克指出："中国什么都可以引进，就是不能引进管理者！"企业发起人、经理人和投资人都可以成为企业家，但又不必然是企业家。成大事的人往往都有一颗谦虚谨慎的心，都是不把自己的真正实力暴露出来的人。

企业家精神本质是一门智慧科学，需要进行"智"的教育。曾任美国哈佛大学校长的内森·普西（Nathan Marsh Pusey，1907—2001；哈佛大学第 24 任校长：1953—1971）指出："教育的实质在于培养具有创造力的人才。一个人是否具有创造力，是一流人才和三流人才的分水岭。"根据个人素质层次图（图 6-6），教育的任务就在于把人的素质从底部向顶部的提升和推动。

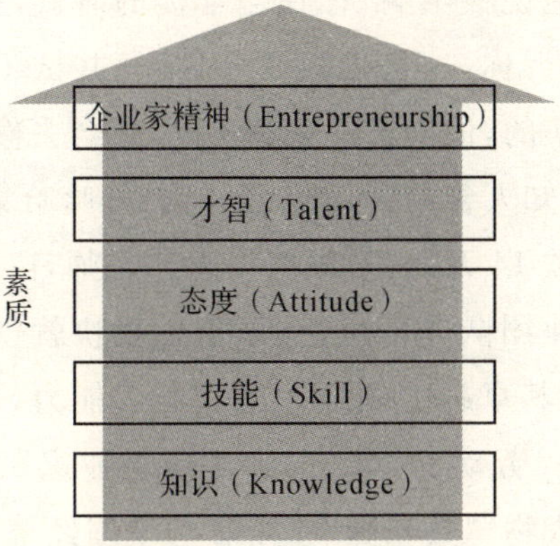

图 6-6 个人素质层次图

我们探讨企业家精神的真谛，研究成为企业家的条件，自然离不开企业家的教育和培养。企业家培养层次不同，其目标也不一样，具体见表 6-2。

表 6-2 企业家教育的层次与标的

教育内涵	教育对象	培养特质
精神	企业家	领导
能力	经理人	管理
知识	专业人员	技术

提升企业家自我管理智慧。管理自我意指在与工作相关的情境中具有的自我激励和自我组织的知识（如自我调节、克服自我弱点等）。家族

企业家对利润永不疲倦的渴望和追逐，以及对市场竞争对手永不枯竭的竞争欲望，成为家族企业成长的动因。但往往缺失道德、信仰、诚信等，存在着因循守旧、故步自封、排斥合作等传统思想。浙商企业家要走出“小农经济意识”，逐步稀释家族资本，建立现代公司治理结构，就必须提升自身素质，调整企业家价值期望，还原道德与社会责任的公民标准而非富豪标准；健全企业家的法治环境，杜绝财富特权；加强正面引导，构建和谐财富氛围，建立健全财富回馈机制。让家族企业与社会经济发展相融合，把科学发展观落实在包容性增长之中。

做事先学会做人，青春宝集团董事长冯根生在胡庆余堂当学徒的时候，扫地捡到钱，就放在抽屉里，第二天一早交给师傅。师傅快去世的时候，把他叫到床边，他说根生啊，你在当学徒的时候，扫地时捡到钱，你都交给我了，今天我告诉你，这是老板要考你，一共试了你 15 次，你每次都交。这个小孩是诚实的，他捡来的钱都不要，还会去偷吗？

提高管理艺术，知人善用。1987 年，杭州娃哈哈集团有限公司董事长兼总经理宗庆后借款 14 万元，带领两位退休教师，白手起家创办娃哈哈。他的自我管理和创业团队非常出色，以至于很快就创建了全国营销网络及管理营销团队，因其卓越的领导才能和经营能力，宗庆后荣获“全国劳动模范”“全国‘五一’劳动奖章”“全国优秀企业家”“中国十大民营企业家”“中国经济年度人物”“共和国 60 年影响中国经济 60 人”等荣誉，并光荣当选第十届、十一届全国人大代表。

知人善用，就是把部下的能力、气质、性格、特长，与各自的工作特点有机结合起来，通过合理安排，让其优势互补，形成一股联合起来的力量。浙商企业家，要处置各样的人与事物，就要学会管理艺术。对于管理团队，善于集权与分权，善于管理与约束，拥有高度的信任，勇于承担责任；对于员工：尊重员工，以人为本，给予合理的薪资和福利待遇；对于合作伙伴：诚信为本，实现双赢，利益共享；对于消费者：要具有敬业精神和服务意识，秉持“顾客第一”的观念；对于政府与社区：遵纪守法依法纳税，积极参与公益活动与社区事务；对于竞争对手：尊重对手，建立竞合关系；对于媒体：公开透明，具有传奇魅力和幽默的气质。

二、企业家形象最优定位

准确定位企业家形象，就是要努力塑造企业家个性化的品牌形象。每一位成功的企业家，都需要进行自我定位，规划你想让别人对你有的整体印象，并创造出自己与其他企业家之间的差异。塑造独特个人魅力、个性化的形象，如内涵与修养，社交与运动，仪表与风格，等等。

1.必须适应社会经济环境。

对企业和企业家个人应有全面、透彻的了解。打造企业家形象力，应能够考虑以下几个问题：首先，该企业家具有何种特质，个性、能力、兴趣、理念、价值观。其次，该企业具有何种特质，企业的产品服务性质、企业声誉、企业文化。再次，企业处在何种竞争环境之中，竞争对手具有怎样的企业形象和企业家形象。

2.必须符合企业家本人特质。

马云奇思幻想的大侠之风、徐文荣险中取胜的企业领袖风范各具特质。要完成企业家的品牌设计就应该对企业家自身情况仔细研究，认真分析，量体裁衣，形成企业家品牌的识别系统。识别系统的主要内容包括企业家的人生信念、形象设计、性格特点、兴趣爱好、能力特长、辉煌业绩、传奇经历、与员工及客户的沟通等等。“小胜凭智，大胜凭德”。企业家以社会责任为己任，会在公众中树立卓越的个人品牌形象，对促进企业树立信誉、获取商机、发展壮大意义非凡。

3.必须符合企业文化要求。

企业家形象必须符合企业的愿景，体现企业文化，尤其是其核心价值观，是定位的核心。企业的历任企业家形象打造都应当围绕这个核心，如此才能形成一个企业家形象的连续性，避免出现因企业领导人更替、企业家形象差异较大影响企业利益相关者对企业的认知。符合企业家自身的特质，并且应与企业形象以及消费者、股东等利益相关者的期望相一致。企业家形象一定要创造与其他企业家之间的个性化差异。比如阿里巴巴作为一家IT企业，创新进取是其企业形象的主要特征，正直诚实、充满热情、助人为乐、善于思考、勇于挑战、值得信赖是阿里巴巴的价值观，从媒体的报道中，公众可以看到马云的个人形象定位也基本与企业形象相吻合。

4.服务企业形象建设。

企业家个人形象的建设，应该为企业形象和品牌建设服务，与企业品牌、产品品牌形象定位、知名度、美誉度协调一致，不能喧宾夺主。鲁冠球作为浙商成功的代表，不仅创造了大量的金钱和财富，而且还身体力行地创造了一套具有丰富内涵的人生韬略和经商哲学。他多年来重视教育卫生事业，热心公益，不但公众形象好，而且道德修养、业绩表现、社会责任、企业信誉、竞争力都名列前茅，从而也有力地提升企业的知名度和美誉度。

企业家个人形象定位一旦确定就应坚持贯穿，切忌朝令夕改，应持续一致、始终如一、清晰明确地塑造企业家的形象品牌。

三、企业家理念形象塑造

企业家理念识别，包括企业家的人生观、世界观、价值观、座右铭等诸多要素。

1.培养高尚人格情操。

企业家要培养恪守职业道德承担社会责任的高尚人格，企业家的人格高尚与否直接关系到企业家的形象，关系到企业的向心力、凝聚力、内应力的强弱，关系到企业员工能不能众志成城、万众一心，把企业推向兴旺发达的境界。因此，浙江企业家应努力加强品格德行的修炼。严于律己，率先垂范；公私分明、自律自重；要体恤下属，增强企业内部的向心力，要激发员工的正义感，调动员工的奉献精神，真正使自己成为企业的核心。

2.注重学习提升素质。

提升企业家形象重在学习。无论经商还是管理团队，都要以人道为基础，探讨人生生存、相处及发展。眼下，商海浮沉，一些浙商违背商道，不是过于儒雅而行事拘谨，就是过于精明算计，不仁不义。

万物皆有其自身发展之道，谁能通晓发展之道，便可以顺应规律，进行科学决策，把握成功的机会，关键是浙商要注重学习。

掌握专业的知识体系。知识是能力的基础，如参加各种管理实践的经验总结，参加各种先进管理知识的培训等，完善自身在专业知识、管理知识和市场知识的知识体系。同时，不断地学习是获得知识和能力的根本方式，不断地学习更新，再学习再更新，只有这样，才能跟上社会快速发展的步伐，与本行业的最新发展动态、市场的发展方向和先进的管理理念、技术成果保持动态的平衡，免于被市场淘汰的命运。

鲁冠球之所以把一个铁匠铺发展成为实力雄厚的现代企业集团，被誉为企业界的“常青树”，与其不断学习不无关系，精神世界因此灿然升华。几十年来，他孜孜以求不倦学习，获香港理工大学荣誉博士学位和高级经济师的职称。同时，他撰写理论文章，先后在《人民日报》《求是》《光明日报》《经济日报》等报纸杂志上发表的就有 60 多篇，是名副其实的“农民理论家”。

德国哲学家康德(Immanuel Kant，1724—1804)认为：人乃理性、自由及自决的主体，不得加以物化和客体化。康德“把人当作最终目的”的人生观，为“人本教育”提供了一个很好的哲学基础。而且，对人性尊严的诠释影响深远：他以人类理性为本质，深化人性尊严，并以道德上的自律为重要准则，不把人看作只是一种工具或手段，人本身即是目的。传统的教育认为，企业家的教育培养是通过一系列科学的教育方法实现的，而企业家精神却似乎难以系统化、形式化，似乎不是一种可以通过传授的知识。捕捉利润机会、发现利润机会、利用利润机会的那种直觉、那种敏感、那种天赋，是没有人可以教授的。[①] 这东西是超乎理性之外的，研究发现，其实一个人拥有的机会在很大程度上是他在哪个国家决定的，一个人的机遇很大程度上是由教育的方法决定的。这也许就是“浙江人天生会做生意”(“财商”特别高)的原因之一，是重商地域文化影响的理论依据之一。

东西方教育理念有很大的差异。我国教育理念的源头就是“塑造”，事先设立一个样板，一开始就让孩子追求“像不像”，导致“千校一面”“万人一格”；西方教育不立模式，一开始就鼓励孩子创造——既然确定创新第一，势必舍弃规范。我国基础教育的“童子功”是多学、多练、多记、多考；注重学生掌握的“知识量”，培养学生吸收知识的学习行为和接受能力；美国基础教育的“童子功”是多看、多问、多想、多干，注重学生批判性思维的建立，注重独立思考、创造性、发现问题和解决问题的能力，学以致用，这也许就是众多浙商企业家把子女送到国外学习的原因之一。

---

① 丁栋虹：《企业家精神》，清华大学出版社 2010 年版。

3. 培养科学决策能力。

在浙商企业家以往的决策中，很多决策都是根据企业家自己的一些主观判断来进行的，因而缺乏科学的论证，一旦信息有误将造成重大损失。所以，浙商企业家们需要重新认识自己的决策水平，避免盲目决策，要引入一套科学合理的决策机制。方太集团董事长茅理翔，20 世纪 80 年代把一个濒临倒闭的镇办工厂发展成世界最大的点火枪生产基地，1996 年他又二次创业，仅用两年时间就把"方太"打造成为一个全国知名品牌，儿子茅忠群子承父业，并优于其父的思维方式，表现在：第一，摆脱事务工作的束缚，着重考虑企业发展的重大问题；第二，具有创新思维，使人觉其见解确实与众不同；第三，茅忠群重视企业传统文化，建立孔子学堂，提出"三不"原则——不上市、不兼并、不降价，一心一意把方太打造成一流的家电品牌。

4. 增强开拓进取精神。

对不少浙商企业家来说，最初的创业初衷仅仅出于生存需要，因此，一旦初期创业成功，在物质生活方面有了极大的改善后，就容易迷失发展方向，也极易使他们缺乏危机意识而安于现状，缺乏风险意识而畏首畏尾、无所作为。这对生活在一个逆水行舟不进则退环境里的中国企业家来说是致命的。所以，浙商企业家们必须不断地打破现状，超越自我，不断发展，以应对未来复杂的不稳定因素。

5. 提升企业管理艺术。

企业家一定要研究"人"，包括企业员工、顾客、供应商等。特别是要让员工了解企业，激发和调动员工的积极性和创造性。让顾客了解企业，顾客是给企业带来财富的"上帝"，顾客对企业的信任度和美誉度，关系到企业生存和发展的关键。

6. 确立社会责任意识。

企业经营哲学所寻找的便是宗教信仰中的大德与大善，从某种意义上讲，这才是真正的管理伦理道德。儒家讲仁义，什么是仁？"仁"字的上面一横是天，下面一横是地，旁边的部首则是一个人，这就是"天地人和，仁者爱人"的儒家哲学。同时，"二人为从，反从为比"。比不好就会比出两把匕首，互相残杀，你死我活。正如马克思讲的"资本原始积累的每一个毛孔都是血淋淋的"。企业要讲德行，老板要讲德行，员工也要讲德行，所谓“富润屋，德润身”。大家若都做儒商，市场环境则一定是充满人文精神的诚信经营。

浙商最深层次的管理思想莫过于“道”，即老子所谓的“大道自然”。“道”的哲学含义是用以说明世界的本原、本体、规律或原理。道家的核心理念是“大道自然”的人文精神。意即浙商企业家们不能违背自然规律、社会规律而选错道路，不能违背市场竞争中的伦理道德底线而败德经营。

四、企业家视觉形象塑造

企业家视觉形象包括企业家仪容仪表、礼仪服饰、签名、名片等。所谓企业家传达识别 EPPI(Enterpreneur Personal Propagation Identity)，即通过独特高效的信息传播，将外化的企业家形象传达给公众，使公众得以认知。企业家的形象包装犹如企业的品牌包装，是一个高度的专业领域。大家都知道产品做包装，可以让它在视觉上更注目、更有价值，在市场上独领风骚；同样，企业家更要把自己的形象当成一个品牌来经营，当成一个产品来包装，让自己“表里如一”，透过外在形象的塑造提升企业全方位的竞争力。企业家全方位竞争力＝专业＋魅力＋品位，目前，已有不少浙商请专业人士，采用国际形象操作技巧，搭配符合个人地位及风格的品位形象，找出个人魅力公式，建立个人识别系统，从而展现企业家形象魅力，提升企业软实力。

1. 重视企业家的“七秒钟效应”。

一个人对另一个人的价值和品位判断用时多长时间？不可能有太多的纠缠，事实上只有短短的 7 秒钟。企业家建立良好的个人形象和社会形象的要点是什么？在这个高效率的时代，人们不需要“馅文化”，每个人都应有一个认知度百分之百的整体形象。不要让外表背叛企业家们的内在，要完完全全展现在外面，让对方一看就知道自己想要找的是什么。外表提供给别人的是一条通往自身心灵的桥梁，无论衣着、色彩搭配、妆容，都是内心的写照。运用科学的形象管理增加自己的价值，找准自身定位，内外的平衡，才能更好地实现个人的价值。

也有不少浙商企业家不够注重自己外表，特别是在穿衣打扮中显得很随意，或者是认为只要随便穿上一件西服就可以了。其实，企业家的服装要严谨地分场合，如正装西服就是一定要搭配正式衬衣，休闲西装可以配卡其裤，牛仔裤要杜绝出现在职场中。常出现这样的状况：价格不菲、做工精良的衣服穿在某位企业家的身上，总给人一种不和谐的感觉，像借来的临时服装，那是因为款式和颜色搭配得不适合。企业家建立良好的个人形象和社会形象首先要抓住色彩风格。达到的效果是——衣服穿出来，对方看了就知道这是他的风格，真正展现整个企业家的形象和品质。

改变形象从正确着装开始。企业家不同于一般普通的人，代表的是企业。企业家最关心的是自己企业的品牌，品牌源于企业内在的文化理念，而企业家往往是作为企业的品牌代言人出现在公众以及合作伙伴的面前，品牌的力量犹如一个人的内涵，这时就出现了“馅文化”。什么叫“馅文化”？其实就是许多人认为的深厚内涵，希望自己慢慢去展现内涵，而往往忽视“闪亮登场”的那一刻。如同“馅”一样，企业文化是被包裹在内的，隐藏起来的。而在讲效率快速发展的时代，第一印象其实才是最鲜明、最牢固的，可许多企业家还在秉承着“馅文化”的理念。所以第一印象是至关重要的，而内涵只能随着交往次数的增加才会被发现和了解，第一印象的机会往往只有一次，并且决定着以后双方交往的过程。企业家如果不注重自己形象，损失最大的还是企业，接下来损失的就是企业的品牌、经营和效益，甚至还可能会影响职工收入和社会的稳定。

2.塑造视觉形象风格。

企业员工的仪容仪表、公司的办公环境等体现的是外表风格，着重于个人形象的外在表现。而为人处世、社交活动和演讲风格等，表现的是对社会态度。属于内在风格的李开复微博形象传播就是一个很好的例子。作为创新工场董事长，其微博内容主要包括 IT 业界动态及其深度思考，本企业的动态信息，偶尔穿插一些生活趣闻或哲理名言，其内容与他的本人形象定位、公司定位均相吻合，成功打造了一个睿智、创新、精通 IT 行业又不失风趣的企业家形象，人性化演绎了其公司形象，企业家形象和企业形象相得益彰。企业家的视觉形象应该具有鲜明的个性且能获得公众好感，如马云的小平头，其办公室“光明顶”，黄巧灵的“白宫”办公室等，皆体现了企业家鲜明的人格特征。

3.企业家也要摆谱。

商人是最注重利益的群体，也是摆谱的主力军。摆谱是自己给自己的定位，也是对别人的“广告”与“报价”。对于大多数仍在追求、进取的人来说，摆谱是一个迈向成功的加速器；对成功者来说，摆谱是巩固和维护身价不可缺少的护身符。[①]

即使像马云这样的人，其实也需要摆谱。虽然他不再需要向别人展示自己的财富和名声，但仍然有维护自己的领袖地位、显示自己的智慧与道德的需要，仍然希望社会给自己一个好评。马云虽然不承认自己是真的领袖，但面对众多企业家的“顶礼膜拜”，他仍然非常乐意传播自己的诚信观、分享商业理念，更乐意展示一个成功企业家对社会的责任。更重要的是，即使马云自己不需要再“装模作样”了，他的助手和形象顾问们绝对不愿让自己的老板低了价码。不够级别的人、不够分量的场合，是绝对不能让老板出面的。每一次露面、会谈的内容与形式，无不是精心准备的。

五、企业家行为形象塑造

企业家行为识别，包括企业家的社交活动、演讲风格、出入场所、工作作风等，最集中体现在生产性寻利行为，即在不确定的环境中，企业家通过对稀缺资源协调作用的判断性决策所表现出来的战略性和冒险性行为。[②] 企业家始终在寻求变革，对变革做出反应，并把变革作为机会予以利用，这就是企业家具有丰富的经验和敏锐的洞察力，以及所谓的“悟性”。企业家的主要任务就在于做出与众不同的事情，而不是把别人已经在做的事情做得更好。

1. 企业家自我营销行为。

企业家形象的塑造，其目的就是打造一个企业核心的权威，让企业家成为带领企业不断前进的领袖，具有强大的感召力。[③]

“网络英雄”张朝阳更可谓企业家明星，其搜狐公司的许多新闻曝光不是通过发布会，而是通过张朝阳。为了寻找搜狐手机时尚形象代言人，张朝阳亲自挂帅，全国路演，颇具明星做派。如 2003 年 4 月张朝阳加入了“2003 年中国搜狐登山队”，迈向珠穆朗玛峰，在 7000 米珠峰发短信、玩

---

① 翟昕：《从营销学的角度看身份的世态万象——〈摆谱——身份的潜规则〉读后》，《资源再生》2011 年第 6 期。

② 王龙峰等：《论企业形象与企业品牌管理》，《南昌大学学报(人文社会科学版)》2004 年第 6 期。

③ 薛莜凡：《现代企业的企业家品牌管理》，北京邮电大学 2008 年硕士学位论文。

网络游戏，推广搜狐的业务。张朝阳的路演、登山看似个人娱乐，实则是作为企业形象代言人为企业宣传，张朝阳的表演足以吸引公众的眼球。

不仅如此，企业家还应利用一切机会展示自己的形象宣传企业的形象。如史玉柱的自我营销方式是做评委、演讲、出版图书，演绎了从“首负”到“首富”的传奇故事，被称为神秘性企业家、中国商业实战代表人物等。江南春的自我营销方式：代言人、拍广告、“首富”营销、图书出版、演讲、做嘉宾等。浙商企业家在自我营销方面，做得出众的主要有徐传化、鲁冠球、宗庆后、马云等。马云在哈佛讲课就是最好的形象传播过程，站在世界级最高学府的讲台，马云侃侃而谈，对阿里巴巴经验进行了精辟的解说。方太创始人茅理翔到处演讲做报告，推广他的经营理念，扩大企业影响。

2. 重视社会责任意识和公关行为。

广泛的沟通联系是塑造浙商企业家良好形象的重要手段，所以浙商企业家们需要与公众进行广泛的沟通和联系活动。具体而言，主要是企业家加强与消费者的沟通联系，顾客是企业最直接、最大量、最主要的公众，在他们心目中树立良好的企业家形象，能够长期影响和占有顾客，扩大企业的市场，企业家要多方与顾客进行沟通，使自己成为顾客可以信赖的朋友。同时，浙江企业家们要充分认识到新闻媒介的特点和作用，尊重新闻工作者的工作，主动与新闻媒介沟通，主动、积极地参与各种公益活动，不断提高企业的知名度与美誉度。这既有利于企业经营发展，又有利于塑造和树立企业家良好形象。

3. 重视企业家形象的日常监测。

将企业家形象的日常监测纳入企业危机预警体系中，一方面，企业家身上吸聚大量公众注意力可以提高企业知名度，另一方面也增加了企业家因言行不当等问题而引发企业公关危机的可能。然而危机并非无可避免，日常监测的目的便是及时发现危机苗头，并尽可能将危机扑灭于萌芽状态。有调查显示，汶川地震期间，王石与马云都发出了关于捐款的不当言论，之所以两者影响差别甚大，一个重要原因在于阿里巴巴作为一家互联网公司，对于论坛舆情给予高度重视，及时发现了论坛中对马云的不利言论，迅速做出回应。而万科则是在事态影响扩大后才有所察觉，错过了处理危机的最佳时机。国外专门有微博监控软件，用于监测与本企业有关的信息，在遇到负面言论时及时采取恰当的应对措施。所谓“叶落知秋”，微信、微博和论坛上的风吹草动很可能会是一场危机的开始，因此，在企业家形象的日常监测中要时刻注意各大微信、微博和论坛关于本企业和领导人的言论，对正面言论因势利导，予以肯定并加强；对负面言论及时进行登记，并有针对性地采取应对策略，同时回顾检查企业家形象规划中是否存在纰漏，不断地总结完善。

六、企业家品牌形象传播

企业家品牌传播就是在塑造企业家个人品牌的基础上，建立企业家与企业、品牌一对一的联想，从而深化并优化公众对企业、品牌的认知。企业家的个人品牌是企业形象和品牌形象的感性体现，不仅满足个人职业生涯的需要，而且将企业家个性形象恰当地传播出去，与企业形象、品牌形象形成合力，以争取公众的认同与理解。①

越是大企业、大品牌的企业家，所面临挑战也越大，一个不慎甚至会将一个备受瞩目的著名品牌毁于一旦。

1. 企业家形象传播历史。

企业家形象传播发展经历四个阶段：第一阶段自 20 世纪 70 年代末到 80 年代中，企业家们是具有一定负面社会含义的角色。第二阶段：80 年代中到 90 年代初，企业家们有初级的形象曝光意识，但包装手法低劣，如当时不少企业家大多是“坐在办公桌前手持电话”的典型形象。企业家们开始做慈善，如野风集团董事长俞国生，在企业获利很少的情况下，给东阳家乡孤寡老人、残疾人等送温暖，春节前为他们每个人发放 30 元补助，这在当时相当于教师一个月的工资收入。第三阶段：90 年代初到 90 年代末，出现了真正意义上的以事业、理念、形象综合曝光的企业家，出现了一大批具有知名度的创业企业家，企业家开始重视利用个人品牌形象塑造企业家形象的手段去开拓市场。当前知名的大部分企业家都源于这个阶段。这个阶段企业家形象的不足主要表现在形象定位缺乏系统管理上。第四阶段：21 世纪至今，企业家们对于自身形象与企业形象的牵连性有足够估计，对于企业家个人与企业组织间的行为边际有清楚界定，对于

① 王唤明：《企业家——你营销你自己了吗?》，《中外企业家》2005 年第 3 期。

所要形成的影响力效果与方式有明确认识。同时企业形象传播的针对性与有效性应该透过有效的形象营销计划加以规范和发展。①

在企业领导人形象管理中，受众主导原则极为重要。企业家们需要按照本人特质加以表现，但更重要的是根据自己所面对的目标受众来调整与完善自己。例如，同样是对知名企业家的形象评价，普通公众评价与业内评价之间的差距比较明显，除了张瑞敏、刘永好之外，某些具有公众知名度的企业家在业内人士评价中认同率极低，同样某些有业内高认同度的人物如李书福，其公众知名度却很有限。李书福的形象给人的正面认知是成功带领企业度过创业期；成功进行资本运作，完成企业上市；创新能力强，树立自主品牌；收购豪华品牌沃尔沃。而他给人的负面认知是：语言上口无遮拦，行为上、个人形象和礼仪形象没成系统，团队不稳定等。

2. 强化企业家自我营销。

企业家一定要在业界经常保持有自己的声音，树立自己的观点旗帜。观点应鲜明，需要新、奇、特，要有理论支撑；事件要具有针对性、焦点性和争议性；要寻找影响扩散面宽、快的媒体和场合发布，以获得知名度。②

早在100年前，美国工商巨头洛克菲勒深受"血汗资本家""该死的垄断者"等舆论恶评困扰，聘请著名的公关专家艾维·李进行危机形象管理。艾维·李给洛克菲勒的建议是放下高高在上的领导权威，走进矿区与工厂，与一线工人进行交流和慰问，让他们感受到一个实实在在的洛克菲勒，而不是想象中拥有巨大财富但冷酷无情的企业主。从而成功促使工人们对洛克菲勒形成正确认识。

成功自我营销的企业家大都善于推广，如经常出席社交公关活动、写博客、出书、演讲等，不断推广自己，因为在注意力缺失的环境下，"好酒还需要吆喝"，通过参加行业会议、演讲、出席高规格的论坛、路演等方式不断推广，通过多出镜、多互动、多参与来提升企业家品牌形象，当然，策划推广不是单纯的作秀。正如王石所言，他现在之所以如此风光，是因为背后有经营业绩支持，如果万科不成功，他不可能成为这个行业的代言人。

---

① 谢平楼：《企业管理新目标——企业家形象管理初探》，《管理研究》2003年第14期。

② 王唤明：《企业家——你营销你自己了吗?》，《中外企业家》2005年第3期。

如果企业家过度依赖宣传，务虚重于务实，热衷于炒作、策划，而疏于以产业和产品经营为主要内容的实业发展、制度建设和内部管理，那么，结果将会适得其反。

马云是自我营销成功的案例。阿里巴巴无疑是中国互联网史上的一次奇迹，但是自阿里巴巴创业开始，由18个人东拼西凑凑起来的50万元是他们全部的家底。在中国互联网刚刚兴起时，马云高调说服企业把资料放在网上，而被骂为“骗子”；2001年他喊出“要做全中国最好的企业”，这时被人骂为“疯子”；与全球网络巨鳄eBay过招，被人骂为“狂人”。而如今阿里巴巴是中国最大的网络公司和世界第二大网络公司。而且马云曾多次应邀为全球著名高等学府麻省理工学院、沃顿商学院、哈佛大学讲学。美国权威商业杂志《商业周刊》评选出24位对世界未来商业、财政和经济有着重大影响力的2008风云人物，马云是中国首次也是唯一同时获得两项殊荣的中国企业家。马云的贡献在于让阿里巴巴改变了人们的生活方式，而他本人的创业经历给人很多启示：没钱，同样可以创业，同样可以创出一番伟大的事业。

3.运作事件营销。

企业家需要善于把握商机，抓住每一个事件营销的机会，以此来实现“惊险一跳”，因为在信息社会里，企业家对于商机和信息、情报的把握能力成为衡量企业家领导能力的一个标准。无论是创业还是经营，企业家既要有谋还要有勇，抓住每一个可能的机会进行营销。尤其在危机时刻，一般人六神无主、束手无策。只有真正的企业家有足够的信心和胆量，挺身而出，临危受命，这是企业家树立个人品牌影响力和威信的关键时刻。如在欧盟反倾销案件的中国企业中，只有奥康等少数企业敢于和欧盟打官司。奥康打了4年官司，经过3次应诉和抗辩，直至获得胜诉。如今“外国同行提到奥康，往往会和两件事联系在一起，一个是奥康敢于和欧盟打官司；另一个就是奥康和奥运的合作”。奥康集团总裁王振滔因此成为业界领袖，不但提升了自己的个人形象而且提升了企业形象，成功地走上国际舞台。

总之，无论哪一种企业或品牌，其后面都有一位或一群企业家，或强势张扬或温文尔雅，性格各异。企业形象是外化的企业家人格，企业家的人格特质是决定企业形象人格化的最重要因素。

对浙商企业家而言，经济要转型，形象更要转型，要提升企业家公众形象，根本的途径就是创造价值、分享价值。也就是说，要以产品本身为基础，同时改善公司治理结构，增进客户、员工和其他利益相关者的利益，减少经营活动对资源的依赖及对环境的影响，从而使企业家的品牌形象得到全面提升。

第七章　浙商企业理念形象创新

一个伟大的组织能够长期生存下来，最主要的条件并非结构、形式和管理技能，而是我们称之为信念的那种精神力量以及信念对组织全体成员所具有的感召力。

——托马斯·彼得（美国）

我认为真正的竞争还是和自己，所以我们不去研究竞争对手。只有研究明天，研究自己，研究用户，才是根本，才是往前看。研究对手只会伤害了你，因为你把你自己的强项丢掉了。

——马　云

理念决定制度，制度决定技术，技术决定产品。现代企业竞争已从产品平台的表层竞争转向深层次的发展理念的竞争。企业理念是企业形象设计的灵魂，只有树立正确的企业发展理念，才具有强大的市场竞争力。

——作　者

企业理念形象是由企业哲学、企业宗旨、企业精神、发展目标、经营战略、企业道德、企业风气等精神因素构成的企业形象子系统。

企业理念是企业个性形象的语言表达和规定，企业的个性形象是企业理念的体现和外化。企业形象是现代企业的无形财富和宝贵资源，树立个性化的企业形象和维护良好的企业形象，是提升企业实力的重要措施。

理念是什么？对个人而言，理念是一种信念、一种志向、一种根本性的思想价值观念，是人们判断是非、进行选择的根本标准。理念的重要性远远超过技术经济资源、组织结构、创新和时效。企业的品格主要体现在企业理念上，决定性地影响着企业发展的目标。可以说，企业理念是一个企业发展的出发点、动力源。

不少企业之所以成功，往往是因为企业员工对企业理念的认可和奉行。任何一个组织都有自己的信念，作为制订制度和行动的基本准则，因为企业的成败跟它的基本哲学、精神和激励机制直接相关联。

第一节　企业理念内涵与特征

一个人有什么样的理念就有什么样的行为，有什么样的行为就会有什么样的结果。一个放浪江湖的人不会在意衣服上的那点灰尘，一个谨小慎微的人必定言谈严谨。人的理念和志向不同，他实现人生的价值也就不同。一个人如此，一个企业同样如此。

企业理念决定和统摄企业形象，企业形象提升和增强企业实力，企业竞争从局部的产品竞争、价值竞争、资金竞争、人才竞争、信息竞争，发展到企业的整体性竞争，即企业形象竞争。①

美国著名管理学者托马斯·彼得认为："一个伟大的组织能够长期生

① 秦启文：《企业理念的理性反思与实证研究》，西南师范大学2002年博士学位论文。

存下来，最主要的条件并非结构、形式和管理技能，而是我们称之为信念的那种精神力量以及信念对组织全体成员所具有的感召力。"松下幸之助（松下电器的创始人）认为：对于公司为什么而存在？应该本着什么目的？用怎样的方法去经营？这些问题，必须有一个坚定不移的基本想法。对于自己的成功之道，松下幸之助认为最重要的是确立经营思想，即明确企业的使命。①

一、企业理念内涵

企业与企业家、企业精神与企业家精神，好像是一枚硬币的两面，共生共荣。企业精神（或公司精神，Corporate Spirit）既是企业家精神实践的载体，也是企业家精神诞生的温床。对于企业来说，企业家精神是一种管理和领导的方式。企业的"企"是"人"字头，它代表企业家；企业的基础是"止"字底，"止"的书面含义是静止，"止，而后能观"，它代表合约。"企业家"和"合约"是企业的两个核心要素。市场经济是法治经济，具体体现在各种"合约"之中。

1. 企业理念概念。

"理"主要是指道理、事理、梳理、管理、办理；以中国古代著名大哲学家朱熹的理学而论，理是一种思想或精神。"念"更多是指想念、惦念、念想；延伸为时刻挂念的人、事情或经常想念的某种事物与行为。将"理"和"念"的内涵合并而论，理念是指在我们的思想与意识中时刻挂念及经常念想的东西或事物。

理念的概念源自宗教，本意是指信念的设立与目标的追求。将这一概念引入到现实的生活与生产中，理念更多是指特定群体——企业或个人思想与信念的建立，以及受这种思想与信念的支撑所产生的、在从事特定工作时的目标设定，方式、方法选择和一贯遵循的行为准则。

从理念的本意上说，首先，理念是一种思想与精神形态的体系，是非物质化的，但这种体系对物质的产生与发展有着巨大的推动作用，有时甚至起决定性的作用。其次，理念是一种思想与精神的体系，是非直观行为化的，但这一体系对行为又有着极大的支配与制约作用。

① 秦启文：《企业理念的理性反思与实证研究》，西南师范大学 2002 年博士学位论文。

企业理念是指企业在从事生产经营活动中所追寻的信念和目标，以及由此产生的、在生产经营活动中所体现的工作方法、风格和行为准则。企业理念是企业思想与信念的一种综合反映，是通过企业各种形象要素来直观表达及综合体现的。

企业理念是将企业行为人格化的过程，同时也是将企业活动化的过程，是直接将企业信念、精神、思想和追求融入企业的产品和行为中的过程。这种过程将企业的基本行为与人的行为同质化，通过对人基本行为产生的理念追求与体现，来研究企业运行中理念要素的建立与体现问题。

自古以来中国在企业经营上就有"小富于智，大富于德"的理念。其含义是指超强的智商只能给你带来一些小富和小贵，而要使事业发达和财富丰裕就必须在具有智略的基础上，具有高尚的品德，这里所谓的品德更多是强调企业要诚信经营，为民服务，关爱他人，报效国家。所以，在这一理念的影响下，中国历史上的成功企业及其经营者，都非常看重企业公益性的民生关注，看重企业利益与民族复兴的结合，非常重视企业对国家所肩负的使命。正是得益于这一理念基础上的行为表现，使得浙商企业快速成长。与此同时，受到东方文化体系中"内敛做人"和中庸文化理念的深度影响，浙商一直把修炼内功置以首位或核心位置，而对企业的外部形态，尤其是形象塑造和宣传相对忽视，这就在一定程度上制约了浙江民营企业的壮大与竞争力的提高。

2. 企业理念的基本内容。

企业理念的内在结构可分为三个层面，即哲理层、表面层、辐射层。企业理念哲理层是对企业实践活动本质和规律的揭示，是经营经验和管理理论的总结与概括，它是企业理念的核心。企业理念表面层表达的是企业理念的基本含义，是对哲理层意义的具体化。对外部而言，企业要服务于消费者，只有消费者需求获得满足，企业才能得到回报。对企业内部而言，企业要满足员工的需求，员工才会给企业回报，努力提升产品质量创建名牌。企业理念辐射层是对企业理念内涵的延展和展示，可辐射到企业生产经营各环节、辐射到员工中去、辐射到社会大众，产生积极影响。

3. 企业理念的学科审视。

不同学科对企业理念及其价值具有不同的论述。

第一，从经济学视角分析企业理念，主要可从三个方面进行论述。首先,从投入—产出的关系来审视,经济学认为企业经营和管理过程,是一个以较少的投入获得较多产出的效益运筹过程,既是物质的投入又是精神的投入,它是用精神的“投入—产出”过程去控制物质的“投入—产出”过程,是以企业人为主体的物质和精神双重“投入—产出”的过程。那么,企业理念的塑造及构建过程,也是一种精神投入,成功的企业无不是善于运用企业理念去塑造和统一员工的精神,从而用员工的最佳精神状态驾驭并保证物质“投入—产出”的良性运行。从经济学意义分析,企业对企业理念为核心的企业文化需求动力,就来自利润最大化的企业追求,期盼通过投资于企业文化获得更多的边际效益,否则就失去创建企业理念的动力和意义。其次,从资产的视角审视企业理念,现代企业劳动生产率的提高越来越取决于企业的无形资产,取决于人力资源的合理配置和有效利用,取决于企业整体的凝聚力。因此,以共同价值观为核心,以实现企业目标与员工行为准则一致性为目的的企业理念文化就成了增强企业发展原动力的重要措施。企业理念作为一种特殊的经济资源,在生产过程中具有效益性、增值性和再生性的作用。企业理念不仅可以转化为巨大的经济效益,而且具有增值作用,企业理念作为无形资源投入使用,不仅会转移价值而且会产生和积累价值,企业理念一旦被广泛认同,就会充分发挥出它的指导功能、凝聚功能、辐射功能,从而激发出全体员工更旺的精神、更大的热情、更强的意志、更诚的信念,为企业做出更多的贡献。从重新构建企业的视角分析,拥有无形资产的企业理念哪怕在失去有形资产的时候,也有可能依靠其巨大优势让企业起死回生。再次,从经济基础与上层建筑关系审视企业理念,它正是对企业意识形态的一种描述和概括,从根本信念上、价值观上为企业行为和员工行为提供指导;企业理念是智慧的结晶,通过传播和沟通可以开发智力、陶冶情操、振奋精神、培养人才,提升企业员工的整体素质;企业理念作为经营思想,从根本上规定了企业行为的价值取向和经营目标,是企业规章制度建立的依据和理论基础。

第二,从管理学视角分析企业理念。管理学的发展经历了古典管理理论阶段、行为科学管理阶段、管理丛林阶段、企业文化阶段。以企业理念为核心的企业文化的兴起,形成了管理科学的大综合,它更加突出企业信念、企业精神、企业价值等对企业发展的制胜作用。企业文化既是一种管理理论，也是一门管理艺术，企业管理通过企业文化实现对人的指挥、协调与控制，企业文化的核心就是企业理念。正如一个人应该有自己的信仰、信念、意志和价值观一样，企业作为一个经济法人，也应该有自己的信仰、信念、意志和价值观，即自己的企业理念。企业领导者的思想在企业理念的形成和贯彻中起着重要作用，企业文化实质上是企业家思想的反映。因此，研究企业理念，帮助企业家提炼、提升和贯彻企业理念，对企业发展有着重要的价值和意义。

第三，从文化学视角分析企业理念。企业文化是企业借助文化力推动自身发展的强大武器，在管理人的过程中，要求把人看作有思想、有感情、有需求的人，努力使员工与企业真正地融为一体。企业的成功来自成功的企业理念，它统驭企业的行为、经营方向及企业与外界的联系。企业文化包括物质文化、制度文化和精神文化三个层面，企业物质文化是器物文化，常常表现为生产环境、企业建筑、企业广告、产品包装与设计等；企业制度文化主要是指对企业组织和企业员工行为的要求，具有约束性；企业精神文化包括企业精神、企业经营哲学、企业道德、企业价值观念、企业风貌等内容，是企业意识形成的总和。

第四，从系统科学视角分析企业理念。企业理念作为一种管理方式，根据系统科学的管理熵、管理耗散结构论等理论，在一定的条件下，其运行规律遵循系统熵值增加效应的趋势，即管理表现出从有序到无序的演变；另一方面，作为远离平衡态的开放系统的管理组织，在另一条件下会形成系统的耗散结构，即表现出管理系统从无序到有序的演变。[①] 企业理念符合管理熵定律的客观规律，它要求重塑或再造企业理念文化；管理耗散理念又为我们提供重塑企业理念文化的方法，如企业理念文化应该建立在一个远离平衡态的、动态的开放组织系统之上；应该使企业理念文化的载体——企业全体员工能以现代化的意识积极参与到企业文化的再造中来；在保持企业优秀文化的基础上进行创新。

第五，企业理念也是企业信仰。企业理念在精神层面往往表现为一种观念、一种思想、一种主义；在行为层面表现为一定的态度和准则。从本质上说，就是一种企业信仰，是企业对自身存在价值的宣告，为企业提

① 李森：《企业形象策划》，清华大学出版社 2013 年版。

供追求自身价值的动力和目标。如果企业缺乏信仰,就如同人的信仰缺失一样,很难成就大事业、取得持续成功。浙江是全国首个转变发展方式的试验区,转型升级表面上是技术、产业的进步和发展,在深层次则是发展理念、发展模式的深刻转变,这与企业信仰的确立或转型相关,企业的升级根本上是文化信仰的升级。企业家不仅是创造商业奇迹的主导者,更是打造企业信仰的第一责任人,很多企业信仰其实就是企业家本人思想的升级。企业大学或培训基地是企业家开展企业信仰布道的重要场所,企业家在此可以集中地对中高级管理干部进行宣讲。

二、企业理念特征

企业靠什么安身立命?《基业长青》作者吉姆·柯林斯说过,每个企业隔一段时间都要问自己:现在做的事情是我们企业最擅长的吗?能够让企业安身立命吗?能够让企业越做越起劲吗?如果答案都是否定的,那么就要当机立断地放弃先前的思想和观念。如何才能确定自己公司的企业理念呢?应该从企业理念的以下三个特点来衡量。

1.超越利润。

从经济学的角度分析,企业是生产经营单位,必须以较少投入较多产出获得经济效益。商业伦理、商业道德与企业理念密不可分,对真正成熟并追求卓越的企业来说,诚信的商业道德是企业生存和发展的基础,企业要把经营道德变为市场竞争力,要把节约能源、减少污染作为承担社会责任的本分,要把自主创新、创建品牌作为转型升级的突破口,积极倡导商业道德比企业利润更为重要的企业发展理念。如果一味追求商业利润而缺乏社会责任的企业,注定是不能走得长远的。

企业家们都认为企业首先是一个营利的组织,"有钱才体面"是众多浙商人秉承的一个观念。因为大家都明白,金钱是人类文化历史性的一个重要缩影,金钱也是一种文化的存在;金钱在一定程度上可以衡量、标志和代表所有利益;金钱也是一种强大的力量。现代人都想发财,可是有一个真想发财和假想发财的微妙区别。"真"想发财的人才能发财。因此说,浙商企业家在金钱上"不虚伪""不遮掩"。正是由于浙商企业家决策都是围绕着经济利益和价值目标而进行的。[①] 其合作都是以经济纽带为基础而形成的利益共同体，因此，浙商的崛起是符合社会经济发展的客观规律，“一有雨水就发芽，一有阳光就灿烂”，具有生命力和竞争力的。

浙商是全国影响最大的投资者和经营者群体，甚至外省人到了浙江，就会发现这里“连空气里都飘着金钱味”。当今世界制造业流行着两句话：千万不要让中国人知道怎么做，中国人在做的千万不要再去做。中国企业争强好胜的精神和日益强大的竞争实力，当前在全球企业界赢得了前所未有的尊重。以家电产业为例，空调、冰箱、洗衣机、彩电等，已经牢牢占据国际市场前 5 位的全都是中国品牌。并且这种骄人的地位，全都是从打破洋品牌垄断开始，从洋人手中把市场抢夺过来的。而浙商的表现显得尤其醒目：浙商产品占据了全球领带市场的 50%、玩具市场的 50%、打火机市场的 70%。因而又有这样一句话：千万不要让浙江人知道怎么做，浙江人在做的千万不要再去做。现在，不少浙商企业和企业家们认为企业应该有追求超越利润之上的理念，如企业价值观、使命感及对社会承担的责任等。树立良好的企业形象，不断提升对本企业忠诚的客户群体，提高他们的信赖度。良好的企业形象依赖于优秀的企业文化，需要企业管理者树立超越利润的管理理念。

阿里巴巴创始人马云说：“帮助别人发财，我们才能发财。”他把自己的利益放在第二位，反而使自己获得了巨大的成功，这是一种难得的智慧。解读马云的成功密码，能够帮助我们找到一条别出心裁的创富之路，而这条密码，便是简单的一句话：“帮助别人从而帮助自己。”马云总是说：“真的想赚钱的人要把钱看轻，如果你脑子里只有钱，你会很累的，钱应该是一个副产品，你事业成功的话一定会有钱的。”按照“经营之神”松下幸之助的观点：利润不是企业的最终目的，企业最基本使命就是把物美价廉的产品充分地供应给社会。因此，企业的经营方针必须考虑到企业对社会产生的影响力。

2. 超越企业。

企业是作为社会组成的重要部分，必须要处理好外部各种关系，包括

---

① 邓怡等：《论企业文化在提高企业核心竞争力中的作用》，《商场现代化》2006 年第 2 期。

消费者、供应商、竞争对手、政府和社区等利益相关者的关系。企业理念的制定与完善，要超越企业本身，特别是利润指标。企业在获取利润的同时，必然要承担由此而产生的各种各样的义务或责任：对消费者而言，主要是满足顾客需求的产品或服务；对供应商而言，企业要公平交易、共享信息、履行合同等；对竞争者而言，企业必须尊重对方的公平竞争；对政府而言，企业必须遵纪守法、按规纳税、提供就业机会；对社区而言，主要是尊重风俗习惯和价值观念、支持社区发展、资助文化和体育事业发展；对自然环境而言，主要是保护和改善环境、减少资源浪费，提升自然增长力等。

超越企业，对企业家而言，首先必须超越自我。鲁冠球的成功带给人们的启发是：在瞬息万变的商海中，市场机遇来得快消失也快，消费者需求变化快，竞争对手崛起快，只有更快获得信息，高效地做出决策，努力提高效率，才能抓住市场机遇，掌握商战中的主动权。鲁冠球常说，改革是无止境的，老的问题解决了，新的问题又会出来；表层问题解决了，深层问题又会暴露。只有与时俱进，常改常新，才能永远站在时代前列，永不落伍。在这方面，鲁冠球可以说是中国企业界做得最好的企业家之一。他不仅善于发现并通过不断的、持续的改革来解决企业体制上存在的问题，而且也善于发现自身存在的不足，并通过不断地学习予以弥补。用他自己的话来说，这叫超越自我。正是因为有了这种自我超越的精神和干劲，才使他成为中国企业家的"常青树"，使企业成为不断改革、不断创新的翘楚。

3.超越现实。

人们常说"艺术来源于生活，又高于生活"，理论产生于具体的实践，又高于具体的实践，企业理念也源于实践又高于企业经营管理活动。在现实上说，企业以追求利润最大化赢得更多收益为目的无可非议，这也是创建企业理念的需求动力；从理论上说，大家都在寻求经济效益与社会效益的最佳契合点，企业在履行社会责任和现实利益的矛盾中选择经营活动和寻找平衡。无数事实已经证明：商业道德是企业生存与发展的前提，企业只有认真履行义务或承担责任，才能赢得顾客并实现企业利益，这是企业生存之道，是企业经营管理的灵魂，是企业竞争的内在要求。对个人和企业，都存在道德和诚信的问题。如果不能自觉遵守法律，发生法律经济纠纷，对被告企业来说，损害了企业社会形象，折损了企业最为重要的资源——社会形象资源。显然，诚信既是做人的基本要求，也是经商的基本准则。

浙商能发展到今天，离不开“诚信”二字。做生意看起来是卖，实质上是“买”，通过诚信经营，取得顾客的信任，就“买”下了顾客的心，“买”下了忠实的顾客。很多浙商之间非常信任、经常合作，有时候企业间借钱只需要在烟盒上写借条就可以了。现在，不少浙商因其过硬的诚信品质，无须担保，也不用抵押，仅凭自己的一个签名就能得到银行数以千万的贷款。正如老浙商冯根生所说，如今整个浙商的精神就是将戒欺、诚信、拼搏、苦干加在一起。

当理论和现实发生冲突时，企业应该具有超越现实的长远目标，并为此努力奋斗。消费者是水，企业是舟，水可载舟，亦可覆舟。要实现企业与消费者双赢，企业就必须把消费者当作衣食父母。“赢”字由五个字根组成，“亡”代表着牺牲，商家要把客户利益放在自身利益之上；“口”代表着沟通，商家与客户间要建立沟通机制；“月”代表着机会，要用敏锐的眼光捕捉商机；“贝”代表着商家的资源，包括钱财、信息、人才、时间、空间、网络等众多资源的整合；“凡”代表着商家要有平和的心态。做到这些才可能“双赢”。

三、企业理念作用

理念是思想与精神层面的概念，企业的生产经营活动更多是物质层面及有形活动的体系，为什么要在这一体系中注入更多思想与精神层面的内容，因为它对企业物质生产和经营活动产生重大作用和影响。理念揭示了企业发展必须要有完整的思想体系和明确的目标体系，强调了企业发展必须要具有明确的经营思想、经营意识、经营方针及行为准则。理念为企业形象机体确定了发展的核心或中心，为企业形象塑造确立了目标、制定了准则，在为企业运行及形象建立规范和准则的基础上，使企业的各种有形活动具有更为明确的行动纲领，以此提升企业的管理水平，并且带动社会文化的进步与社会文明的提高。

1. 发挥导向作用。

企业理念具有导向性，能指明企业和员工共同奋斗的目标及努力方向。企业理念是一个方向盘。所谓“天上众星皆拱北，地上无水不朝东”。

企业理念的功能：一是直接引导员工的性格、心理、行为；二是通过整体的价值认同来引导员工。后者是更为重要的一方面。良好的企业理念文化使员工潜移默化地接受本企业共同的价值观，人们在文化层面上结成一体，朝一致的目标而奋斗。

企业肩负促进人类社会精神文明发展的责任，企业文化要健康向上，例如“参与、奉献、协作”的企业精神、“以市场为导向”的企业经营哲学以及“以人为本”的企业价值观，已成为一种广泛的群体意识并为大众所接受。将现代意识与企业个性相结合，从整体上提高企业素质，丰富企业文化的同时塑造良好的企业形象，并将这种美好形象传播给社会和公众，从而推动社会精神文明的进步与发展。

企业理念决定着一个企业的行动方向，能对企业每个员工的思想行为发挥导向作用，直接引导着员工的思想、性格、心理和行为的取向，企业提倡什么，崇尚什么，员工就追求什么。例如，万向集团非常重视人本化管理。其企业宗旨包含“为员工创造前途”“奋斗十年添个零”，把企业发展目标和员工收入目标并重。特别是其“两袋投入”非常有特色，不仅要让员工的钱袋满，还要让员工的脑袋满，确保员工的前途。

2.竞争动力源泉。

IT帝国微软最初的营销信念很朴实：让每个人的桌子上都有一台电脑。比尔·盖茨正是靠着它的指引，将windows操作系统的大旗插到了世界的每一个角落，迄今尚无人可以匹敌，在此我们就可以看出，企业理念是追求卓越的巨大动力来源。

任何企业，其产品质量和服务水平都是企业竞争力的直接体现，而产品竞争力等又是以技术、设备竞争力为前提的，这些都需有制度保障，制度是物化了的理念存在形式。由此可见，理念高于制度，理念才是真正的第一竞争力。

3.创造企业效益。

企业理念好像是虚无缥缈的东西，其实不然，它是一个具体的、形象的、向所有员工及公众表明企业经营管理目的和企业目标的设想。当代经济学研究成果用事实证明，企业效益的提升越来越依靠企业人力资源的有效配置，依靠企业员工的工作主动性和创造性，依靠企业内部凝聚力。所有这些，取决于企业的无形资产，取决于以理念为核心的企业文化的内在推力，从企业根本信念、价值取向上为企业行为和员工提供动力源泉。物是基础，人是根本，理念是灵魂。灵魂影响人，通过人再去影响物，共同构筑企业形象。企业理念对内增强企业凝聚力、对外提升核心竞争力，达到资源整合，推进企业健康、快速发展的目的。要在所有员工身上强化并实践这种理念，真正发挥企业理念给企业所带来的巨大效益。

第二节　企业理念设计

企业理念要回答三个哲学命题，第一是核心价值观——企业的定位是什么；第二是使命——我们要做什么；第三是愿景——我们的目标是什么。

一、企业理念设计内涵

1.企业理念设计与策划。

第一，根据企业发展目标、行业特点、品牌内涵、市场消费群体和形象特征等要素，确定企业理念的主导内容。第二，在确定主体要素与基本框架的基础上，用精炼的文字及语言，浓缩企业理念的实质，表达企业理念的精髓。第三，将理论贯彻并渗透到企业的各项具体行为和工作中，让全体员工清楚理念、理解理念、自觉奉行并贯彻理念，以及以理念为指导开展工作。第四，依据理念的主旨内容及关键信息设计并形成企业的主体视觉要素，形成企业理念视觉化、丰富化和广泛化表达。

2.企业理念设计结构。

企业理念设计绝非一个简单和一蹴而就的过程。在此，要考虑众多相关因素，要兼顾到企业内外更为广泛的关系。由此引出了企业理念设计中的结构与层次理论。必须明确，企业理念要为企业服务，要指引企业发展方向。在企业理念设计中，还会涉及一些更为广泛的层面，如社会价值观导向、心理趋势、传统习惯等。

3.企业理念设计定位。

理念定位是一个极为关键的问题，定位是否合理、准确、适用，不仅关系到理念识别体系的科学性及对企业发展的指导性，而且对形成鲜明企业形象有着极为重要的影响。

理念定位也是设计与策划的核心工作，理念定位的过程实质上就是企业理念由抽象到具体、由模糊到清晰、由一般认可到广泛接受的过程。要想使企业理念真正做到科学、合理、有效，在理念定位中就要认真做好各种具体的工作。第一，企业理念设计获得成功以及理念定位合理有效的关键环节，就是做好理念形成中各相关要素的调查，并针对调查结果予以科学和理性的分析。第二，在由理念定位而形成企业理念体系中，有两种运作模式。个性化定位模式(又称主观形态定位)，是以企业领导者的主观意愿为主，从企业主要领导者对企业期望的发展目标作为切入点，再到企业全体员工认可和接受。市场化定位模式(又称客观形态定位)，是由企业领导者首先提出一些具体的企业发展目标及方向，由企业员工共同商议，在反复征求意见的基础上，最终形成一个大多数人认可的企业理念。第三，理念定位要尽可能体现企业的个性与行业特征。尽管企业的个性和行业特征不仅是企业理念定位中要考虑的重要问题，而且也是市场与消费群体迅速认识企业、了解企业目标和价值观、评判与接受企业文化的重要手段。在形成企业理念的个性化与行业特征定位时，必须明确由企业理念对企业予以说明的三个问题：我们是什么企业？我们将来会是什么企业？我们应该是什么企业？明确了这三点，在理念定位时要从企业个性和行业特征上进行设计和策划。第四，理念定位中要尽可能地符合国情、民情和企业实际情况。企业理念设定既是为企业建立思想和目标体系，又是为企业凝聚精神和文化体系。而作为一种企业精神和文化的核心内容，就是要为企业注入更多的情感要素，使企业和社会有情感的联系，使企业与市场有情感的交流，使企业与职工有情感的互通。有了以上这些情感的支撑，企业就能获得更多的发展机会。

二、企业理念设计原则

1. 个性化原则。

企业理念定位必须把突出企业的个性摆在首要地位，展示出企业独特的精神风貌和经营思想，才能鲜明地把本企业与其他企业区别开来。如 H&M 之所以能横扫欧洲街头，得力于公司兼顾流行、品质及价格的三合一哲学，以及积极扩张的政策。其使命表达富于个性化：以时尚、潮流、平价并结合顶级服装大师设计为主要品牌特点，并且提供舒适自在的购物体验。百家好时装有限公司主攻生活休闲类服饰方向。无论是上学、上班时穿着，还是运动或郊外野游所需，生活的每一瞬间，百家好都有适合的得体着装产品。创建了仓储量贩的航母店模式。其成功利益于 basic house 个性化的理念，它推崇“简约品位、舒适自如”的生活方式，强调从现代喧闹社会中回归生活核心价值，回归本源及自然生活情趣。

2. 创新性原则。

要设计出具有个性化的企业理念，企业必须遵循创新原则，如果没有创新就不可能设计出个性化的企业理念。如娃哈哈自创办以来，一直秉持“艰苦奋斗、勇于开拓、自强不息”的企业精神，依靠科技，小步快跑，平均每年以超过 60%的速度增长。企业优势主要有两点，第一个是技术创新，每年均推出新产品，每年都有新的增长点，这是企业立足市场并且多年来保持领先地位的根本。第二个是营销网络，在全国各地拥有 6000 多家经销商和 3 万多个二级批发商，快速的铺货能力和强大的辐射能力是一般企业无法比拟的。

企业理念设计时，必须对本企业的经营宗旨、方针及目标等进行深入的调查，对内外部环境进行分析，确定发展思路，找出展现企业个性的闪光点，通过整理和提炼，总结出独具个性和切实可行的企业理念。设计者要有敏锐的洞察力、丰富的想象力、活跃的灵感、求异的心理和逆向思维意识。按照正常的思维逻辑，往往实现不了创新，因为要受各种旧思维惯性力的影响，而且大多数人都是传统思维，这样也就产生不了新想法、新理念。企业进行理念设计必须有想他人所未想、云他人所未云的气魄和能力，因为这样才会有真正的创新，而只有创新，才会产生富有特色的理念设计。

自主创新担风险，风险背后是金钱。古语云：“月盈则亏，水满则溢，人满则败。”世间万物的发展都难以逃脱这个规律。因此必须主动出击，改善当前可以改变的状况。在科技不断取得更大成果的时候，商业化模式也逐渐走向规范，产业链的更新换代周期也随之缩短。企业间的竞争更加激烈。浙江天正集团董事长高天乐认为：“创新其实是一种变化，这种变化也许是一点点的变化，也许是非常小的变化，但创新一旦停止了，这个企业就不能够继续发展了。”所以做企业的，不能简单认为今天的成功就代表明天的辉煌，它就像一棵小树需要不断灌溉、施肥，然后才能回馈你曾付出的劳动。

温州人理念自有独特之处。例如，参茸的原产地在东北，全国最大参茸市场却在浙江温州，这是理念创新的结果。浙商在市场经济中是讲信用、重信誉、守规则的群体之一。诚信不仅是一种品行，更是一种责任；不仅是一种道义，更是一种准则；不仅是一种声誉，更是一种资源。就个人而言，诚信是高尚的人格魅力；就企业而言，诚信是宝贵的无形资产；就社会而言，诚信使正常的生产生活秩序得以保障。东北与温州相隔千里，同一等级的人参，东北原产地的价格约 2000 元/公斤，而在温州只卖 1900 元/公斤。明眼人一看就明白，这是赔本的买卖。但是，精明的温州人怎么会做赔本的买卖呢？这实在是令人费解。事实上，这正是温州人的精明所在。温州人跟东北人做参茸生意时非常讲信誉，他们在第一次向东北人订货时，开口就要 10 吨，一手交钱，一手交货。这往往让东北商人觉得非常可信，而正是利用这点诚信，温州人打起了赊销的主意。几次生意下来，温州人就利用攒下的信誉，先付 20%—30%的定金，销完再付货款。在每次生意中，温州人总是按事先约定付款，绝不拖欠。这让东北人感觉非常踏实。后来，温州人要货时就可以不用交定金，来年卖完货再付款。聪明的温州人正是利用自己的信誉来获得参茸，而参茸在温州人眼里已经不仅仅是参茸了，它们更是可以周转的资金。温州人拿到大量的参茸后，迅速地在市场上销售，甚至低于进价销售；这在外人眼里是不可思议的事，而在温州人眼里，参茸变现后的资金，在一年当中可以周转好几次，做好几回生意。年终结算时，尽管参茸生意赔本了，但是，其他买卖赚了不少钱，总体来看，利润还是相当可观，这时的参茸就相当于银行里的贷款了。

3. 行业性原则。

所谓行业性原则，是指在进行企业理念导入时，要充分考虑企业所在行业的特点，要明确自己的经营领域和事业领域的独特个性，必须体现其行业性特点。

企业家如果专注地做一件事情，一定能成为行业专家。盛大陈天桥说："你专注地做一件事情，而且这件事情是你喜欢做的，我觉得你不成功都难。如果你是在做你不喜欢的事情，而且你不认真地去做，你不可能得到真正的成功。"宗庆后被称为"商业超人"，因为他对市场有着罕见的判断力，以及极强的商业敏感，而他的判断力除了来自天性之外，还在于他一直坚持"用脚量市场"。宗庆后曾戏称自己是决策管理的"感觉派",因为他一年有一半的时间在外面跑市场,相信自己的市场感觉,这种感觉其实就是娃哈哈市场发展的核心竞争力。宗庆后对市场和竞争对手的一举一动了如指掌。业界对娃哈哈敏捷的市场反应称奇。宗庆后的每一次正确决策都主要是凭他的"企业家直觉",这种在实践中长期积累逐渐形成的直觉,常常成为他在市场中的"探雷器",且很少有失灵失误的时候。

当然,宗庆后并不是从不犯错,恰恰相反,他承认自己有过多次判断失误。如推出"关帝酒"、电解质饮品"康有利",皆因市场表现平平而撤退。

4.开放性原则。

开放性原则包含三个方面的内容。第一,体现出开放性的精神,具备走向世界的战略眼光,要有赶超世界的先进水平、成为世界一流企业的志向。走向世界,要加强科技创新,改进技术和工艺流程,创建品牌。走向世界要有全球化的市场观念,善于捕捉世界市场的信息,进行正确的市场预测,并做出科学决策,跻身于世界先进企业之列。第二,借鉴世界先进的企业理念文化。借鉴先进的管理思想,增强创新精神、竞争意识、质量观念和环保意识等,必须结合本企业具体情况取其精华,有选择地加以吸收、消化和融合。第三,构建开放的企业理念体系。企业理念要根据时代的进步和企业的发展而做出新的解读和演绎。企业理念体系需要随着时代、市场和企业的变化进行补充和完善,才能永葆活力。

浙商是一个实行经济远征和以天下为家的商人群体,又以专业市场和产业集群为依托,这极大地推动浙江的外向型经济发展,到境外投资经商的浙商有100多万人,形成了实力强大的"浙商经济"。

万向的国际化战略目标都是在集团整体目标确定的前提下建立的,是服务和服从于集团整体的战略目标的。万向在1994年开始构筑"走出去"海外经营战略的实施平台,以万向美国公司作为海外经营战略实施的核心,在把产品行销全球的同时,先后在8个国家建立了20多家公司,并与国际接轨进行公司运作,实施本土化经营策略,做到了人员、管理、资本和技术等方面的本土化。通过海外经营战略的实施,通过对全球资源的合理配置,万向的国际化经营水平获得提高,提升了自主创新能力,更重要的是树立了良好的企业形象和国际社会效应。

汪力成领导的华立集团，不仅与国际知名企业合作，还收购了飞利浦在美国的CDMA全球研发中心，在美国、法国、俄罗斯、阿根廷、印度、泰国、菲律宾等国设有制造基地、分支机构，在非洲十多个国家也设立了业务机构。当然，在全球化的背景下，产品、设备和技术等硬实力越来越容易趋于一致，而品牌、文化和价值理念等软实力产生的效益差距越来越大。浙商未来的国际化战略是要学习借鉴国际一流企业的运作思维，通过学人之长来补己之短，博采众长，不断增强软实力，特别是品牌价值的培育和经营。浙商未来的目标不仅要让更多的浙商产品成为世界名牌，更要让浙商企业成为世界名牌。

5.时代性原则。

企业理念设计要体现人们所需要的、偏好的和追求的东西，顺应时代浪潮，符合社会发展要求，绝不能脱离时代，更不能背离时代。

信息时代，商业信息的出现几乎是没有规律可循的，成功的人就在于能留意身边的每一个信息。一位浙商说："纷乱复杂的生活中，机会到处都是，善于捕捉商业信息，深入思考，就能孕育出成功的灵感。"2004年，国家出台政策允许民间资本购买开发无人荒岛的政策，浙江商人便从中看到了商机。宁波银都建筑有限公司董事长郑嘉丰在与一个朋友的闲聊中听到了这个消息后，立刻买断舟山假日岛50年的经营权，决定投入5000万元，分三期建假日岛，计划把假日岛建设成一个休闲旅游度假的好去处。2008年，该岛的建设工程全部完工。目前，假日岛已成为舟山新的经济增长点。

敏锐的洞察力，摸准顾客需要。一个成功的商人，必须要有敏锐的市场洞察力，这样才能准确地把握目标和方向，从而引领市场潮流并抢先占据有利地位，使自己立于不败之地。历史上每次经济环境出现波动时，浙商往往能做到"春江水暖鸭先知"，因为浙商企业家们洞察力强，能准确判断宏观形势。欧元的启用，让浙江长虹皮件公司获得了巨大的经济效益，该公司生产的40多款价值230多万元的欧元专用票夹一销而空，并且大批订单又接踵而来，究其原因，原来欧洲各种货币尺寸都小于欧元尺寸。他们抓紧开发欧元专用票夹，并且及时投放到欧洲市场，结果大赚了一笔。

现在是经济全球化的时代，对于真正意义上的商人来说，经营上是没有疆域的。浙商的舞台不只是在中国，其足迹遍布世界的各个角落，成为中国商人的最重要代表。

6. 激励性原则。

在企业理念导入时，要能够激励员工、公众。企业集体理想要融合到员工的个人理想之中，成为其精神支柱，让全体员工为企业的目标而奋斗。企业理念设计时，要让员工积极参与，通过参与的过程才能将企业理念内化为员工的信念和行为准则，收到实际效果。充分调动广大员工的积极性和主动性，虚心听取大家的意见，深入了解员工的思想和工作状态，把员工的个人追求与企业目标结合起来。

7. 系统性原则。

企业理念是由多层次、多要素构成的一个系统。在企业理念导入时，必须把握系统内部结构的层次性、各要素的统一性，同时，要把企业的理念识别系统、行为识别系统和视觉识别系统协调、统一。首先，企业理念系统分为核心理念、一般理念和具体理念三个层次（见图7-1），理念体系的三个层面是缺一不可的，具有内在的统一性。其次，企业理念系统的生产理念、销售理念、管理理念、服务理念等各理念间要协调统一。再次，企业理念识别系统、行为识别系统和视觉识别系统要协调统一。行为识别系统和视觉识别系统的设计，必须充分体现企业理念的实质和内涵，才能塑造具有企业个性形象特征的企业理念。

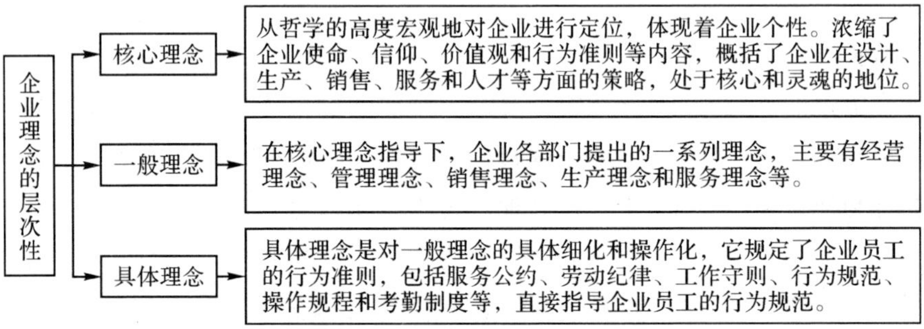

图 7-1　企业理念系统层次分布图

8. 抽象性原则。

抽象性原则表现为：一是要善于从企业实践中提炼出具有哲理性的语言；二是企业理念应具有高度的概括性。首先，对企业经营活动进行总结，揭示企业运作规律，通过提炼并升华为企业理念，是 MI 设计的重要环节。其次，企业理念应具有高度的概括性。企业理念设计时，必须进行归纳总结，提炼出极精练的语言，表达出丰富的内涵。如果难以用几个词或一句话来表达，要将其浓缩为一条或几条理念标语进行宣传，促进理念的形成。

9.民族性和世界性原则。

中华民族的精神、文化、价值观等使中国人产生凝聚力、认同感、感召力，所以，理念设计时要考虑民族特色，以得到社会公众的认同与支持，吸引人才，赢得消费者。日本企业在理念设计中非常重视"和谐"理念；英美企业在理念设计中充分考虑西方民族特性，强调人的个性展示。深圳光联实业发展有限公司，提出"儒为本，法为用"的企业理念体系。儒为本——人、仁、礼、信、忠，人是企业之根本、仁是企业之氛围、礼是企业之规范、信是企业之生命、忠是企业之精神；法为用——法家思想的现代化，其理念深具中国传统文化内涵。

三、设定企业使命

企业理念识别的内容包括企业使命、企业目标、企业精神、企业价值观、企业文化、企业性格、企业座右铭及企业经营战略等多个领域，其中企业使命、价值观尤为重要。崇高、明确、富有感召力的企业使命不仅为企业指明了方向，而且使企业的每一位成员明确了工作的真正意义，激发内心深处的动力。如迪斯尼的使命是"让世界更加欢乐"，这使命使得多少迪斯尼的员工对企业、对顾客、对社会倾注更多的热情和心血！

1.企业使命的内涵。

企业使命，是指企业依据什么样的社会责任和使命从事各种具体的活动，它是构筑企业理念的基本出发点，也是企业基本行为形成的原动力。企业只有树立起明确的使命感和时代责任感，明确自身存在的意义，才能使企业保持稳定及长久的发展。在此，企业还要特别处理好自身发展使命与社会发展及进步使命的关系，要努力实现社会与企业共同发展，不断进步。

企业使命的内涵。企业使命是企业行动的原动力，它含有两层意思：功利性和社会性。任何企业都将追求最大限度的利润作为其最基本的使命之一；同时它作为社会构成中的细胞，必然对社会承担责任，为社会的繁荣和发展履行应尽的义务。在实际中，功利和社会责任，企业要兼顾，舍去任何一个，企业都将无法生存。因而，明确企业使命，就明确了企业自身存在的意义，找到了企业存在的位置。

企业使命是企业经营者确定的企业生产经营的总方向、总目标和总的指导思想。企业使命是构成企业理念识别系统的最基础性的要素。如松下公司的企业使命观是为社会服务。认为任何工作都是因为社会需要而成立的，社会没有无意义的工作，企业使命要通过员工来认同与实施。我们必须重视人的工作，重视引进和培育各类优秀人才，尊重他们，善待他们，给他们提供大显身手的舞台，并将之视为企业最宝贵的财富！

2. 企业使命的定位。

企业使命是企业在生产和经营活动中的哲学定位，是企业经营的指导思想和基本原则，它包含着企业经营定位、价值观念以及形象定位。企业使命作为企业的形象定位，反映了企业将为自己树立理想的形象目标，企业使命是企业存在的目的和理由。明确企业使命，就是要确定企业实现远景目标必须承担的责任或义务。

3. 企业使命的表述。

企业使命表述包括以下内容：对组织最重要意图的总体陈述，愿景，主要意图和追求，主要活动和期望获取的地位，顾客、股东、员工和社会价值定位，能力和资源。如娃哈哈集团宗旨："健康你我他，欢乐千万家。"娃哈哈提供的是满足千万家庭日常所需的大众化产品，经营的是"健康、欢乐"的事业。必胜客的企业使命是要将中国百胜餐饮建设成为全中国乃至全世界最成功的餐饮企业，并且作为中国社会的一分子，秉承回报社会的企业宗旨。

四、企业核心价值观

企业价值观是指企业依据何种思想和思维形态来开展经营活动，并以此思想和思维来制定企业的基本经营方针和各种经营政策、构筑企业的基本价值观。从思想和思维形态上分析，存在着企业本位和社会本位两种基本形态，前一种以企业利益最大化为经营出发点，为此有时甚至不惜损害社会和国家利益；后一种以谋求社会和企业利益共同发展为基点，有时为了国家和社会利益甚至不惜牺牲企业利益。两种思维形态必将导致不同的企业经营哲学,形成不同的企业价值观;同时也必将直接表现出个性鲜明的企业行为,从而产生使企业得到腾飞或覆灭两种不同的结果。

1. 企业价值观内涵。

企业价值观是指企业在追求经营成功过程中所推崇的基本信念和奉行的目标,是企业全体或多数员工一致赞同的关于企业意义的终极判断。它是长期积淀的产物,是有意识培育的结果,而不是自发产生的。

菲利浦·塞尔日利克认为:一个组织的建立,是靠决策者对价值观念的执着,也就是决策者在决定企业的性质、特殊目标、经营方式和角色时所做的选择。① 组织的生存,其实就是价值观的维系,以及大家对价值观的认同。企业文化是以价值观为核心的,价值观是把所有员工联系到一起的精神纽带;价值观是企业生存、发展的内在动力,价值观是企业行为规范制度的基础。② 企业价值观是企业精神的灵魂,确保员工向统一目标前进。

2. 企业价值观。

建立员工认同、公众接受的企业价值观。价值观是企业认同的对人、对事、对物的价值标准,而核心价值观则是企业在发展过程中形成的中心信念或员工普遍接受的约定俗成的准则,如 IBM 有三条核心价值观:第一,尊重个人;第二,顾客至上;第三,追求卓越。众多浙商企业之所以成为著名品牌,其核心价值观是其企业品牌定位的坐标原点,也是引导品牌经营与管理及企业一切行为的无形资产。③

3. 建立诚信体系。

彼得·德鲁克认为,如果企业这种"组织就是一个人"的话,他就应该有自己的"道德品质",就应该以诚信、自觉遵守社会道德规范和商业伦理的企业公民为己任,成为自觉承担社会责任的全民品牌,尽量维护社会的可持续发展。④ 第一,提升员工个人价值,赢得员工认同。关心员工不仅

---

① 徐春鹏:《企业变革期间的人力资源策略》,合肥工业大学 2008 年硕士学位论文。

② 张勇:《浅议大煤炭集团重组中的企业文化冲突与整合》,2008 年中国煤炭学会经济管理专业委员会年会论文。

③ 张建华等:《试论企业品牌形象的文化塑造》,《中国外资》2008 年第 12 期。

④ 龚基云:《基于文化的企业品牌形象塑造》,《安徽师范大学学报(人文社会科学版)》2008 年第 6 期。

是薪酬和劳动保险等直接的物质利益，更主要的是职业晋升通道等发展前景。员工关心价值的提升，企业就应提供更多的培训、指导和发展空间，使员工心理上获得满足。第二，建立和谐的员工关系，有利于提升员工的凝聚力和感召力、归属感和认同感，要与员工建立以劳动契约和心理契约为双重纽带的战略合作伙伴关系，在企业和员工之间建立信任关系，实现企业与员工双赢的伙伴关系。企业应将价值观的建立视为一个系统的工程，将其融入与员工息息相关的行为体系中去，从内心激发，才能实现理念与行为的统一，最终为企业与社会创造更多价值。因而，建立认同的价值观不在于结果而在于过程。

中天集团实施人本管理，集聚行业精英。集团班子一直秉承“人是中天最宝贵资源”的人本理念，认为“人是生产力之根本，也是价值之源泉”，实施“财散人聚”的管理策略。在实践中越来越感到人才集聚的真谛，事在人为，业靠人筑，如果缺乏人才，最好的资源也难以高效地利用。因此，中天愿花大代价引进优秀的管理人才和职业经理，吸引高科技人才进行技术创新，培养大量专业技能人才，努力提升产品质量和服务水平。中天以建筑业起家，职工队伍必然以民工为主。每年的在建项目 1000 多个，几万人分散在国内外，如何让常年在外的民工感受公司的温暖？主要是保障每位员工的基本生活。通过加强员工工资支付管理，确保能够将工资按时发放到每一位员工手中，为此，集团公司专门设立拖欠工资的投诉电话；避免和防范安全事故的发生，强调公司要对员工的生命负百分之百的责任，对务工人员的经济安全负责，对务工人员的健康负责；把“为职工办实事”作为日常工作来抓，从茶水供应、宿舍卫生、冷饮费、劳保用品、食堂管理、厕所浴室等小事着手，切实改善生活环境；开办民工学校，把技术教育、安全教育、文化学习搬进课堂。公司对员工的尊重和基本保障，不但体现在员工本身，也体现在最大限度地解决他们的后顾之忧上。中天集团在东阳创办的高级中学——中天中学，现在已经成为浙江省重点中学、全国优秀民办学校。[①] 而当初创办这所学校的目的，就是为了解决常年在外的员工子女就学问题。

① 中于集团第五建筑公司:《从“文明工地”到“中天品牌”》,《建筑安全》2006 年第 1 期。

第三节　企业理念形象表达

一、企业理念识别

企业理念识别表现在三大层面：目标层面、精神层面和文化层面。

第一，目标层面。这是企业建立理念体系的首要或基本层面，企业通过理念体系将发展方向和发展目标予以明确，并置入员工的思想意识中，以此规范员工基本行为，保证企业生产经营活动有效并高质完成。企业理念不仅是打下市场基础的保证，更是在消费者心智模式中建立起一种独特概念的前提，这种概念直接确立了企业在市场中的差异化形象体系。主体内容由企业经营目标、企业经营方向、企业经营方针和企业经营战略等构成。

第二，精神层面。以理念识别为基础形成企业精神，这既是一种对理念要素应用的升华，又是众多企业的期盼。这种精神要素是企业稳健发展、抵御风险和抗击困难的强有力保证。企业精神的形成，有赖于企业理念的贯彻以及员工对理念内涵的认知、认可和接受。如果仅仅将企业理念识别定位或停留在目标层面，未提升或扩展到精神层面，对企业理念的认识和应用显然是不够深刻和全面的。主体内容有企业经营思想、企业经营作风、企业经营宗旨。

第三，文化层面。企业理念识别的最高层面是由理念而形成企业独特的文化。文化是一种巨大的驱动力，文化对行为有着直接的约束力和深刻的影响力，文化又有着巨大的感召力和聚合力。一种文化的形成，特别是适应时代发展的先进企业文化，不仅能够直接带动企业各种生产经营活动的提高，而且还可通过企业文化的发展使社会文化和文明程度不断提升。主体内容包括企业经营道德、企业经营风格和企业经营艺术。

企业理念识别三大层面的主要内容构成了完整的企业理念识别体系。企业理念识别是企业确定发展方向、提炼企业精神、营造企业文化的坚实基础，是企业稳定发展的根基。

二、企业理念表达

企业理念形象化表达，顾名思义就是以特定方式、具体物体或行为，进行有目的及针对性地表达企业理念。理念体系本身不能直观表现，必须借助其他的表现方式及形态给予恰当表达。针对企业理念而言，表达方式主要是通过企业的产品体系、基本行为体系，以及视觉要素体系，这三个体系由此构成了企业理念形象化表达的主体。企业的产品与基本行为体系尽管在表达企业理念上具有很高的表现与说服力，但由于企业与产品间的差异性较大，所以在这两个体系中找到共性及规律性的内容相对比较困难，这也使得理念的形象化表达在此层面的策划空间比较小。而理念的视觉化表达则具有很多共性，用图形表达理念内涵具有较大的策划与创意空间，所以，企业理念的形象化表达主要是指理念的视觉化表达。

企业理念的文字与语言式表达设计。所谓企业理念的文字与语言式表达，就是将理念浓缩到一句精练的语句中，或几个生动、激情和特制的词汇，准确并生动地描述企业的理念内容及追求。理念文字要素的确立，是指在理念定位的基础上，在汇集各方面意见与要求的前提下，把可能构成企业理念的相关要素加以明确和界定，在明确理念要表达的主旨与特定含义的基础上，需经过进一步的文字加工和整理，确定企业理念所要表达的最主要内容，最终用精辟而准确的文字或语言形式，浓缩与概括企业理念的具体内容。企业理念文字表达要求准确、精练和有亲和力。企业理念的图形化表达及创意设计是企业理念形象化表达的重点，它是在文字与语言化表达的基础上，应用直观、简洁、生动、有冲击力的视觉图形，直接并综合地传递理念的主体内容及企业追求。它又称为企业理念的文字与语言的符号化创意设计，或理念内容的图形化转换。

三、企业理念传播

1.企业理念传播与渗透。

它主要是指将企业理念最大化、最有效地传播给企业最直接的关注群体，并获得市场群体的关注与认可，最终由对企业理念的认可达到对企业形象的接受和偏爱。从理论上讲，企业理念应传播与扩散到整个市场中，应该让全部市场群体了解与认识企业的理念体系，并由此深刻掌握企业的发展目标与形象特征。企业理念传播的主要原则，是指企业将理念对内和对外传播时，在具体手段应用和方式采用上，可借鉴的形式及遵守的规则形态，主要包括喜闻乐见原则、形式多样原则、循序渐进原则和手段互助原则等。

2. 企业理念传播的形式。

企业理念的传播方式多种多样，主要有标语、口号、故事表达、会议、条例、手册、广告、公关活动等。

第一，标语、口号形式。企业理念有着丰富的内涵，但是为了公司内外便于了解、传播和执行，往往把企业理念的核心内容提炼概括为一句言简意赅、凝练的口号。标语用于横幅、墙体、标牌上，陈列于各处，四下张贴使员工随时可见，形成一种舆论气氛和精神氛围。口号是用生动有力、简洁明了的句子来振奋人心，一呼百应。例如宁波雅戈尔：装点人生，还看今朝；三九企业集团：敢于探索，不怕失败。珂兰钻石是国内首批从事电子商务钻石销售的专业珠宝品牌，其理念是：让每个人轻松实现自己的钻石梦。浙商企业比较著名的是宋城广告：给我一天，还你千年。企业理念口号概括的原则是简明扼要，一般不超过12字，太长不容易记住；确实体现企业理念，不可任意杜撰；要有公司自己的个性，不可雷同。

第二，故事表达。很多组织都有一些广为流传的故事，而且通常与组织创始人打破规定、从无到有的成功及组织挣扎努力有关。这些故事不仅把组织的过去及现在连接起来，还可以让人明了目前事态的来龙去脉。① 大多数的故事是因为自然发生而被广泛流传的，但有些却是企业刻意地将其纳入管理，如浙商钱金波和他的“红蜻蜓”也有一个美丽的故事。红蜻蜓店内的背景图，是一个小孩在放着风筝。那是因为他小时候家境贫困，没有太多的文化生活，只有在楠溪江的绿草地上和红蜻蜓玩耍，这一美好的记忆就成了如今的品牌，这幅带着钱金波情结的画叫“放飞梦想，放飞美丽”。钱金波认为：虽然现在红蜻蜓的价格是300—700元，但是绝不影响它对于奢侈品牌的认识，以及它所具有的奢侈品牌的基因和气质。他的理念是：奢侈和奢华不等于昂贵，时尚也不等于昂贵。消费者现在越来越成熟，对时尚和奢华的理解也越来越透彻。

第三，会议与条例。通过企业员工大会、厂长经理办公会、车间及班组会议，对内传播企业理念，能够让到会人员进行思想感情的沟通和交

---

① 刘威等：《执行力是永远的痛》，《中国高校科技与产业化》2004年第11期。

流，并对企业理念达成共识。它具有目的性明确、可控制性强和影响面大的特点。条例和手册是传播企业理念的重要形式，将企业理念转化为员工的行为规范，产生约束作用。

第四，广告与公关活动。广告对传播商品信息、调节产供销关系、倡导消费方式等起着重要作用，它也是企业理念对外传播的重要形式，听众通过广告认识企业产品形象，从而熟悉和认同企业理念。公关活动：企业组织举行的公益活动和联谊会等，是企业向公众传播企业理念的形式，通过与社会公众沟通和交流，达到企业理念的共识。

3. 企业理念传播媒体。

企业理念传播媒体有电视、广播、报刊、互联网、宣传品等。自制宣传品主要是对内传播，具有灵活简便和制作成本较低等优点。电视信息覆盖面广，在我国普及率极高，它图文并茂、影响力强，具有极大的感染力。广播是依靠声音进行传播，具有对象广泛、传播迅速、制作成本低廉等特点，但生动性和感染力远不如电视，其作用、效果和影响力呈下降趋势。报纸是企业理念对外传播的一种媒体形式，其作用、影响仅次于电视。其不足之处在于报纸要求受传者具有一定的文化水平，传播信息速度上不如广播、电视迅速及时，而且与一些电子媒介相比，显得不够生动形象。杂志是一种介于报纸与图书之间的印刷媒介。杂志除了具有报纸的一些特点外，其传播的信息较有深度性和持久性，且具有一定专门化功能。特别是专业性杂志也是企业理念对外传播的重要媒体形式，但其作用和影响不如电视、报纸、互联网。互联网具有信息传播迅速，覆盖面广，影响力大，受众参与性强和传播效果好等特点，现在越来越受到重视。

总之，知先行后，理念是支撑一个人或一个组织持久行为的根本原因。它是企业形象中最核心和最本质的东西，堪称灵魂。那些真正有创意、有特色的企业理念，不仅能使企业别具一格，而且能够潜移默化地培养一支卓尔不群的企业队伍。一流企业人格化理念具有共同特征，例如遵守道德，符合人性，科学发展，并且有其共有的基础价值观，诸如遵守法律法规，承担社会责任，尊重伦理道德等。而失衡的价值观，如一些浙商企业采用利益导向，轻视员工等，最后导致企业的惨败。因此，企业理念对企业的成长和发展具有重要意义。

第三篇

浙商企业形象设计人性化探术

[篇首语]

企业形象的人性化管理，实质是将人性学理论应用于管理。企业形象的人性化设计，是科学和艺术、技术与人性的结合，科学技术给设计以坚实的结构和良好的功能，而艺术和人性使设计富于美感，充满情趣和活力。人性化设计是把人作为管理的主体，强调人的未来创造能力、重视人心灵的潜移默化、培养人前瞻开阔思维的手段，通过激发员工工作中的生命意义来达到实现组织共同愿望的最终目的。

本篇《浙商企业形象设计人性化探术》是企业形象中的品牌、行为、视觉等的设计、策划和实践，行为识别如同个人的行为举止和作风；视觉识别等同于个人的穿着、化妆和服饰；而品牌形象则是企业形象塑造之集成。本篇由三章组成，第八章"浙商企业品牌形象个性化设计"，针对浙商企业自身独特的个性，通过设计创建品牌形象，确立个性化理念和产品特质。第九章"浙商企业行为形象性格化设计"，企业行为识别系统表现为一系列的经营管理活动，是动态的企业表现形式，由人构成的企业行为必然具有鲜明的性格化特征。第十章"浙商企业视觉形象人情化设计"，它是将难以捕捉的抽象理念和动态行为，转化为可观察、可感知的具象传达形式，通过视觉上的具体化和形象化，提升传播力和感染力，因而必须打人情牌，使企业视觉设计具有丰富的人情内涵，最大限度地让社会大众接受。

第八章　浙商企业品牌形象个性化设计

品牌是一个企业技术能力、管理水平和文化层次乃至整体素质的综合体现。从一定意义上说，品牌就是效益，就是竞争力，就是附加值。①

——习近平

品牌是企业长远发展的关键，缺乏自己的品牌，就只能为他人做嫁衣裳；拥有自己的品牌，企业才能获得长远的发展，真正成为百年老店。

——南存辉

品牌魅力，源自产品质量，及其历史积淀和文化内涵。创建品牌是提升企业形象的主要载体和保持基业长青的制胜法宝。

——作　者

① 习近平：《之江新语》，浙江人民出版社 2007 年版。

品牌承载形象，形象决定命运。企业的独特性通过隐含在产品、标识背后的企业品牌形象来保持，因为每个企业品牌都是其历史、战略、价值观、影响力的独一无二的复合体，因为它无法被模仿和复制，从而赋予该企业独特的个性，拥有其他企业无法替代的持久竞争力。

品牌是形象的符号，是使用价值、交换价值和符号价值的统一，品牌把企业形象浓缩和凝聚在一起，它代表着企业的主体形象。品牌是企业生存历史和生存意义的集中展示，是被市场和消费者认可并肯定的企业标识，是企业价值创造能力的肯定性表达。

浙商企业形象塑造成功与否的标志就是是否形成企业品牌。品牌成为连接企业与消费者的纽带和桥梁，如以娃哈哈品牌为中心的关系网，将杭州娃哈哈集团与供应商、消费者连接起来，构成相互交织、纵横交错的社会组织。

物质决定意识，企业形象的物质基础是产品形象，它综合体现了企业形象特征的主体个性原则。现在人们想购买的是一种日益个性化的、完美的服务。除了有用性之外，人们还在寻求安全感、乐趣、创造性以及一种与人互动的感觉，等等。

第一节　企业品牌形象个性化概述

品牌形象个性化，是通过企业产品、企业品牌等的个性化设计，将消费者对产品或服务各种特性的理解看法转化为个性化的特征。于是，识别现有品牌和人性之间的关系，并将新产品与人的个性特点相联系就成了营销者的重要工作。

管理学家菲利普·科特勒曾认为：“品牌形象也许是世界上最持久的资产，比特定的产品和设备更持久。”“品牌形象是必须精心发展和管理的强有力的资产。”阿基米德曾经说过：“如果给我一个支点，我就能撬起地球。”品牌形象恰好就是这个支点，它能撑起整个企业的产品。在现今商品同质化现象日益严重的情况下，品牌形象正好给了消费者选择商品的有利条件。消费者会倾向于选择品牌形象的核心价值观与自己的世界观、价值观和人生观相似的品牌形象。

在市场经济条件下，企业最终是通过高质量的产品占领市场、取得信誉的。每个品牌中至少有一个产品，但不是所有产品都可成为品牌。一件普通的白T恤，没有任何标志，它有实用价值，它是产品；同样一件白T恤，上面有耐克的LOGO，让人联想运动、文化和成功等个性或情感的内涵，它是品牌。品牌就是“形象标签”（brand literally means a “stamp of identity”），“品牌”在当今社会，就是通过市场传播介绍给客户的产品。产品可以毫无特色被竞争者模仿，但品牌则是独一无二的。一般产品极易迅速过时，但成功的品牌却能持久不衰。

真正的品牌是极具个性的，就像人的个性一样，例如广告、公关活动等赋予品牌的一种心理特征，是品牌形象的内核，它创造了品牌的形象识别，使我们可以把一种品牌当作“人”看待，使品牌具有个性化、性格化和人情化。研究表明，每个人都有与众不同的个性，品牌形象的个性就如同人的灵魂一样，一个没有灵魂的行尸走肉怎么可能获得人们的青睐呢？

20世纪60年代，美国的Grey公司总结出了自己的一套“品牌形象个性”论，简称BC。这一理论认为个性可以造成崇拜，品牌形象应该具有个性化。如今这些大量展现在消费者面前的产品，很多是在技术和商业手段上雷同的产品。如果要想在这些产品中脱颖而出，唯一的途径就是向消费者提供最大限度的可能、使他们最大限度地得以满足。

品牌形象是品牌在倡导或消费过程中所形成的理念，是关于品牌功能、符号或经验的集合体，并能为消费者识别、感知。① 每个品牌都有其形象，有的很有个性，有的显得平庸，有的通过企业倡导而被公众接受，有的完全由公众去感受获得。

一、品牌与企业形象关系

早在2005年，时任浙江省委书记习近平同志就指出：“我们要坚定不

---

① 龚基云：《基于文化的企业品牌形象塑造》，《安徽师范大学学报（人文社会科学版）》2008年第11期。

移地走品牌发展之路，引导企业确立品牌意识，培育品牌、提升品牌、经营品牌、延伸品牌，做到无牌贴牌变有牌，有牌变名牌，培育更多的中国驰名商标和名牌产品，努力创造若干世界名牌，努力打造‘品牌大省’。”①那么，何谓品牌？品牌与企业形象有何辩证关系？

1. 品牌的概念。

著名品牌学专家韩光军认为，品牌是商品的脸谱，它体现商品（或服务）的个性和消费者的认同感，象征生产者的信誉、包装等符号的组合；它由品牌名称、品牌标志、品牌色彩、品牌认知、品牌联想、品牌包装及商标等要素构成。

从品牌特征来看，品牌具有不可替代性、持续性和非偶然性，品牌具有使企业持续盈利的能力、延展力、构建竞争壁垒的能力等。只要是品牌就具有如下共性：第一，品牌是企业利用名称、标记、符号的设计或组合，将企业产品与竞争对手的产品区分开来；第二，以消费者为中心，品牌的价值体现在消费者对品牌的情感认知中，体现在品牌为消费者所带来的新价值和利益上；第三，品牌具有独特的个性，象征着特定的文化范畴，品牌能给消费者带来特定的属性，并通过属性和文化传递给消费者某种利益和价值，从而使消费者的个性在品牌个性中得到认同或彰显。

2. 品牌的内涵。

品牌既是产品形态的表达，又是企业形态的体现；既是产品使用功能的反应，又是产品生产者实力的象征；既是满足消费者鉴别物品的手段，又是体现物品拥有者地位、身份的方式；既是实现产品消费的介质，又是传播产品的有效途径。所以品牌拥有更为深层的内涵。在这种深层内涵中，品牌成为一种物质形态的产品自然概念和精神形态的社会概念的叠加体。

品牌所具有的这种重叠的自然与社会概念直接促使了品牌本身的价值化，以及品牌拥有者的资本化，同时也极大地催生了现代企业的品牌化经营意识。中国的品牌价值与世界水平相比尚有较大差距。中国企业的品牌塑造之路任重而道远。

3. 品牌的价值。

品牌作为形象资产具有各种相应的价值，主要有功能型价值、情感型

---

① 习近平：《之江新语》，浙江人民出版社 2007 年版。

价值、表现型价值、文化型价值等。第一，功能型价值，我们将产品或者服务本身的功能特点作为品牌的核心价值来定位，这是最基本的价值。第二，情感型价值，功能型价值满足顾客的物质和生理需求，而情感型价值则是满足顾客的精神需求，如爱情、友谊、孝心、责任心等，情感需求体现在消费者的消费感受，其情感内涵依附于品牌的产品之中。第三，表现型价值，消费者使用品牌具有自我表现的价值和功能，品牌表达一个人的价值观、财富和地位，品牌成为个人成就、身份地位及自我价值的载体。第四，文化型价值，品牌代表着企业的核心文化价值观，消费者接受一种品牌也就等于接受其文化价值观。

4.企业品牌形象塑造的阶段性。

企业品牌形象的形成和建立，需要经过长期的经营与积累，是一个自发演变和人为塑造相结合的产物。一个企业品牌塑造一般要经过三个阶段:产品品牌阶段—企业品牌阶段—社会品牌阶段。第一阶段是产品品牌阶段。该阶段立足于产品的功能、特点和用途。由于浙商企业大多是轻工业、加工业、外贸出口导向的传统产业，产品品牌只是一个名称、术语、标记、符号、图案，或者是它们的组合，只是用来识别产品的制造企业和销售企业。这种单向度的品牌塑造难以成为企业的知名品牌。第二阶段是企业品牌阶段。许多浙商企业充分利用广告和促销等公关方式，传播企业的经营理念和价值观念，利用文化和技术等传播给受众，以建立和提升品牌的知晓率、知名度和美誉度。特别是一些企业家，想通过对自身形象的塑造和宣传，起到提升企业品牌的效应。第三阶段是社会品牌阶段。当今社会把企业的社会责任作为评价企业成绩和品牌形象的重要指标，浙商要向“责商”形象转型，就必须担当起社会的责任，注重食品安全、保护生态环境等成为塑造企业社会品牌的基本职业道德。

5.品牌与企业形象的关系。

品牌与企业形象之间表现为一种互为支撑、相互渗透的关系，你中有我，我中有你，彼此替代与互换。如方太、娃哈哈、苏泊尔，它们既是一种品牌的概念又是一种优质形象的直接体现。企业的品牌化经营是一种追求企业整体化推进的经营方式与运营模式，它更多是用一种与企业或产品相关的市场概念整体化与全方位地传递着企业的各种信息，并以这一概念为依托来表现产品特点，表达企业目标与追求，突出企业形象与实力，彰显企业个性。企业品牌化经营本身也在不断地完成着形象塑造，所以企业品牌化的过程，在很大程度上也就是企业形象“设计—塑造—提升”的过程。

从形象理论上来看，品牌与形象的内涵所指的根本不同。主要有两方面的区别，第一，从范围上说，形象是一种整体所指，形象非常强调整体性，无论是塑造还是传达，形象更多的是指国家、地区、团队、企业等的整体形象。品牌一般是个体(局部)所指，主要强调差异化，同时品牌还强调突出某一领域的特定概念，如质量、服务、身份、性格、时尚等，因此，品牌更多是指具体的产品或服务。有品牌就一定有形象力，作为某种品牌概念的认同载体。第二，从认知过程来说，形象强调由视觉认知再到概念接受的认知程序，更多是通过视觉要素来建立与传播的，这种认知首先建立图形概念，形成图形识别和图形辩解，如“有运动感的钩子”图形是运动品牌耐克，而富有飘逸感的图形是运动品牌李宁。品牌的认知程序恰好相反。品牌更多强调从概念接受到图形认知的过程，即由概念建立再到图形辩解，首先强调品牌名称，再去对应视觉图形，最终实现由概念和图形的共同认知来强化品牌概念，品牌的认知程序是“概念＋视觉”，概念在前，视觉在后。

企业在由形象设计推进品牌化建设中采取三种基本战略。第一，以突出企业形象力为主打的品牌化经营战略，即在品牌化经营战略中以突出形象力为主，在市场中企业形象力大于品牌知名度，如横店集团下属有东磁、康裕等几十个品牌，但对公众而言，人们不认识下属品牌，但知晓横店集团的整体形象，这种战略着重对企业形象不断充实和放大，通过企业形象力的提升来带动品牌影响力，用企业形象进行市场扩展。第二，以突出品牌实力为主的品牌化经营战略，即突出品牌知名度和特定概念的经营主导战略。在这种战略下，品牌知名度及市场影响力会大大高于企业形象力，如红牛饮料、黑妹牙膏等。第三，以形象力与品牌力并重的品牌化经营战略，既强调品牌特点与实力，又突显企业形象特征与追求。此时形象与品牌几乎完全共融、合为一体，形成一种彼此替代、相互表现、相辅相成的关系，如杉杉公司与杉杉西服、方太公司与方太油烟机、洁丽雅公司与洁丽雅毛巾、红蜻蜓公司与红蜻蜓皮鞋等。犹如人间恩爱夫妻，形影不离，你中有我，我中有你。在这种战略中，品牌与形象任何一方的变化都会致使另一方升降，其改变将会直接影响到企业的竞争实力。

品牌与企业形象互为表现、相互替代。品牌与企业形象之间另一深度关系就是彼此互为表现和相互替代。品牌可作为具有优质形象的说明，形象更可作为品牌实力感的表现。所以，在品牌化经营时代，企业形象设计是构建品牌力的保证，企业形象设计在很大程度上就是品牌的塑造过程。品牌与形象这种彼此替代关系的结果，可使企业获得更广泛的市场及更大的市场收益。

品牌与形象之间的这种替代关系，不仅为企业通过形象设计提升品牌概念奠定了基础，更形成了品牌市场扩展效应。从消费者心智来看，好的视觉形象可产生对企业及产品的关注与认可；好的概念（品牌力）可形成对企业及产品的更大关注；好的形象加好的概念将形成消费者对企业的认可、关注和追随形态。这种追随形态的终极结果将是：固定的消费加不断扩大的市场。所以，企业形象设计是企业品牌化经营的必然要求。

二、品牌形象设计意义

现代企业的市场竞争是品牌形象的竞争，谁能在品牌形象竞争中取得优势，谁就能在商业竞争中成为赢家。想要取得成功，就必须针对自己的产品品牌形象制定周密系统的品牌形象策略，品牌形象个性化设计就是围绕着以人为本这一宗旨展开的产品品牌形象设计。它相对于其他的产品品牌形象设计，在实施品牌形象个性化设计的过程中，能给产品甚至企业带来独到的效果。在进行品牌形象活动时，品牌形象个性化设计具有重要作用。

1.品牌形象个性化设计能更好地体现企业理念。

企业理念是组织群体的理想、信念、价值观、道德标准等意识形态方面的表现，代表了企业的价值观，每一个企业在成长过程中都会形成独特的企业理念。所以，企业理念是在长期的企业和产品成长过程中形成的，反过来又指导着企业进行着后续的一系列活动。如同企业信条一样，它融合了企业信念、组织使命、价值观等意识形态的信仰，犹如宗教的教义，引起人们广泛的共鸣，赢得人们的尊重、信赖等美好的感情。

品牌形象个性化设计从满足人的需求出发，其所进行的一系列品牌形象活动都能够更好更直接地体现出企业理念。如联想公司致力于为客户提供信息技术、工具和服务，使人们的生活和工作更加简便、高效、丰富多彩；为员工创造发展空间，提升员工价值，提高工作生活质量；为股东回报长远利益；为社会服务，促进文明进步。无论是企业理念还是品牌形象设计，联想公司体现的都是相同的文化理念。

品牌形象个性化设计，本质上体现出的就是和企业理念呼应的企业信念、价值观、文化等意识形态方面的内容。在进行品牌形象活动的每一个环节都时刻为人着想，这是企业理念所要求做到的事情。品牌形象个性化设计能够更好地体现企业的核心价值观和人文关怀。而且为了更好地突出企业理念，以人为本的品牌形象设计所进行的每一个步骤都会紧紧围绕着企业理念来展开。

2.品牌形象个性化设计能满足人的精神需求和情感需求。

“以人为本”的品牌形象设计，能够将产品与所有的关系利益人联系起来，致力于挖掘人类本性里最富有煽动力的方面，立足于让所有关系利益人超越物质满足、体验到情感圆满的理想得以实现。当今人类已经不能满足于产品带来的物质享受，更渴望能够带来超越产品本身之外的更高层次的享受。实施以人为本的产品品牌形象设计，不仅要考虑到产品的目标受众、员工或者经销商的利益，同时要考虑到政府、社会公众等方面的利益，因此也不能只是单纯地在产品功能上满足他们的基本物质需求，而是要上升到精神和情感层面。品牌形象个性化设计擅长通过人性化的手段，刺激关系利益人的感性思维，从而通过具体设计来使所有利益关系人得到满足，因此，个性化的产品品牌形象设计能够更好地体现人的情感精神需求，深刻剖析人的情感需要和精神需求，从而使人们的需求得到最大化的满足。如同星巴克咖啡，它很少做广告来宣传自己，但却成为国际知名品牌。星巴克成功的秘诀是什么呢？就是他为所有人创造了一个非常舒适的“人文环境”。星巴克卖的不仅仅是咖啡，更是一种在喝咖啡的时候能够让情感得到极大满足的体验。当你在星巴克喝咖啡时，你体验到的是一种随心所欲的畅快，所以有人说，星巴克卖的不是咖啡，而是一种特殊的体验。

3.品牌形象个性化设计能增强产品品牌形象的亲和力。

以人为本的产品品牌形象设计把所有的关系利益人放在首要位置上考虑，绝不会把追求产品和企业的利益放在第一位。品牌形象个性化设计能淡化企业商业化氛围，凸显人文关怀和文化理念，从而提升企业或产品品牌的形象，使目标受众更倾向于选择该产品，其亲和力和感召力大大增强。

近年来，浙江服装企业涌现出了一大批全国性的知名品牌，如雅戈尔、杉杉、罗蒙、报喜鸟、洛兹、太平鸟、法派、森马、庄吉、步森等，它们之所为成为中国服装界最为响亮的名牌，就是因为其在产品品牌中注入深切的人文关怀和文化理念，当目标受众在面对能够探究到自己内心世界的渴求的产品品牌形象时，就会产生强烈好感，进而提升对该品牌形象的关注度。品牌形象是连接产品与其所有利益相关者的关键纽带。品牌形象首先要能够让所有的利益关系人值得信任，否则便失去大量的人脉。品牌形象个性化设计由于其独特的人文关怀，增强了品牌形象的亲和力和感召力，从而更快地建立起产品品牌形象。

三、浙商品牌形象现状

品牌形象是企业能力和企业为社会创造价值方式的体现，是企业和消费者共同完成的对企业的肯定，消费者的信任和忠诚仍然是建立在企业产品技术优良的基础上。①

1. 浙商品牌意识的觉醒。

浙商的品牌建设呈现出“重地区品牌建设，轻产品品牌建设”的局面。② 浙江省企业的产品品牌意识普遍不高。

浙商在品牌建设中是最有切身体会的、最有发言权的，因为浙商经历了一个“知耻而后勇”的过程。改革开放初期，一些浙商企业质量事故频发。如温州鞋穿一个星期或过条马路就坏了，被人们称为“星期鞋”“过街鞋”，最终砸了牌子。在 1987 年 8 月 8 日，这个看似吉祥的日子里，杭州武林门广场上，工商局的干部们和愤怒的杭州市民把 5000 双劣质皮鞋扔进了火海。这些主要产自温州的假冒伪劣皮鞋，不仅让温州人丢尽了脸面，而且整个浙江都因为这个伤口疼痛很久。德力西集团主席胡成中说：“商

① 朱建中：《企业形象及其创新探究》，东北大学 2006 年博士学位论文。

② 计东亚：《浙商人文精神：浙商成功与失败的人文精神内涵》，中国发展出版社 2008 年版。

人不讲诚信迟早是要吃亏的。假冒产品盛行时，我们的业务员到外地推销产品都不敢说自己是浙江人，而要冒充上海人、南京人。连自己的家乡都不要了，这哪里是企业发展的长久之计？”痛定思痛，在总结经验教训的基础上，浙商倡导“质量浙商，品牌浙商”和“信用浙商”。南存辉说：“我们要干，就要讲究质量，有信誉，要实实在在，不能赚昧良心的钱。”最终坚守商德的浙商受到世人的尊重，浙江的产品从而得以遍布全国及世界各地。

浙商在创建品牌中，涌现出地区乃至全国著名的品牌。例如奥康集团，在其发展的初期就确立了“以质优取信于顾客，以价廉竞争于对手”“人品决定产品，产品体现人品”的经营方针。董事长王振滔从狠抓产品质量入手，一举赢得消费者的信赖，率先实行先进的连锁专卖营销模式，进而实施多品牌经营策略，先后成功推出第二品牌——康龙休闲鞋，第三品牌——美丽佳人高级时尚女鞋等。奥康每跨出成功的一步，都折射出奥康人脚踏实地、诚信经营的精神，也正是这种诚信实干的精神，支撑着奥康不断攻破发展道路上的一个又一个堡垒。

在奥康，对于违反质量规定的，无论职务高低，一律严惩。如果管理人员放松了对质量的要求，就会解除其职务，并销毁不合格的皮鞋。王振滔说：“我最害怕的就是员工的质量意识淡薄。现在奥康有10000多人，质量没有保障，大家就要丢饭碗。谁让我们丢饭碗，我们就先砸谁的饭碗。”王振滔“创民族品牌，当世界鞋王”的品牌意识，不但成了中国民营企业可资借鉴的宝贵经验，而且还为中外经济学家提供了研究样板。

2.浙商品牌建设之路。

浙江商人很快认识到要走品牌之路，从浙江制造到浙江创造，产品有了脱胎换骨的变化，创造品牌效益是企业追求的最高境界。

第一，先贴牌后创牌。出于制造成本、运输方便、节省开发时间等方面的考虑，知名品牌企业一般愿意找其他较小的厂商进行贴牌加工。而对于刚刚开始投资的中小企业而言，贴牌是一个创业的好办法，可以让企业一心一意地做产品，同时还能借鉴供牌方的先进技术和管理手段，积累资金。贴牌降低了中小企业发展初期的经营风险和经营成本，可以说是一种比较理想的经营方式。因此，70%以上的浙江企业都有过贴牌生产的历史。

第二，创建自主品牌。名牌产品是企业参与市场竞争的法宝，谁拥有知名的品牌，谁就能在竞争中立于不败之地，牢牢地占领市场，赢得可观的经济效益。

如浙商郑永刚接手宁波甬港服装厂后，把原本为国外企业做加工的生产方式改变为自主生产方式为主。首先注册“杉杉”品牌，然后在全国媒体上做广告，提出无形资产经营的理念，构建起了当时全国最大的服装市场销售体系。接着全面导入企业形象识别系统，并成为中国服装业第一家上市公司，拥有21个服装品牌，总资产近50亿元。又如方太厨具品牌，坚持“专业化、高档化、精品化”的战略定位，品牌实力得以提升。“人品、企品、产品”三品合一，是方太品牌文化的真正含义，自始至终以“品牌兴厂、文化兴牌”为战略指导思想。人品就是企业家与员工的人品，特别是企业家的人品；企品包括社会责任、卓越品质、一流业绩；产品主要包括领先设计、卓越品质、超值服务。同时，“专业、专一、专注”三专结合成就辉煌，这是方太品牌战略的重要保障；“技术、管理、文化”的三大创新，持续推进方太品牌的提升和发展。

第三，提高品牌的含金量。浙商把维护企业信誉视若生命。宗庆后在商品还没有走入市场时就为娃哈哈进行了商标注册，他还考虑到，商标面积小，如果有人将其他商标的产品采用相同的包装，仍然可能对消费者构成误导。于是，便将包装上的主要图案一起进行注册，使他人难以仿制。为巩固娃哈哈品牌的地位，先后推出娃哈哈果奶、娃哈哈清凉饮料和娃哈哈酸梅饮料等，成为市场上的热门产品。

四、品牌形象个性化设计内涵

品牌形象设计，包括一系列能够产生品牌形象积累的企业管理与市场营销方法，包括4P与品牌形象识别在内的所有要素。主要有品牌形象化决策、品牌形象定位决策、品牌形象战略决策、品牌形象使用者决策、品牌形象名称决策、品牌形象延伸设计以及品牌形象更新设计等等。完成这一系列的行动之后，品牌形象信息才能更好地传播推广到目标受众那里。品牌形象设计是在整合产品的优势资源之后来提炼和凝缩品牌形象核心价值的。它通过整合产品各种行为、标识、活动等来确立自己在同行业中和市场上的位置。产品品牌形象设计也叫个别品牌形象设计，指的是给每一个产品或者每一类产品都冠上一个或一个以上的独立品牌形象，其表现形式有一品一牌和一品多牌两种。一品一牌是指企业经营的所有产品（包括不同种类的产品）都使用同一品牌形象。这种架构模式往往是品牌形象对应所有的产品，所有的产品都采用和企业相同的品牌形象名称。一品多牌架构是指企业在同类产品中，使用两种或两种以上的品牌形象名称的架构。一个品牌形象只用于一种产品、一种市场定位，这样的品牌形象推广传播有助于最大限度地形成产品品牌形象在同行业中的差别化与个性化，从而在消费者心中形成鲜明的印象，以提高产品和企业品牌形象的知名度。实行这种品牌形象设计的企业通常有一个类似于产品组合的品牌形象组合，企业以品牌形象为单位组织开展营销活动，每个产品品牌形象同属于一家企业，但是在营销传播推广的时候又像个体一样独立代表本品牌形象的特色。一品多牌中，又分为羊群品牌和联合品牌。所谓羊群品牌，就是指一个主品牌带动其他副品牌，又称母子品牌模型，如横店集团是主品牌，带动东磁、康裕等副品牌。而联合品牌模型又称并列式模型，品牌之间彼此间相互独立，谁也不依赖谁。如宝洁公司的一品多牌策略，在国际市场竞争中纵横捭阖尽显"多子多福"的风流。图 8-1 为母子式和并列式两种模式。

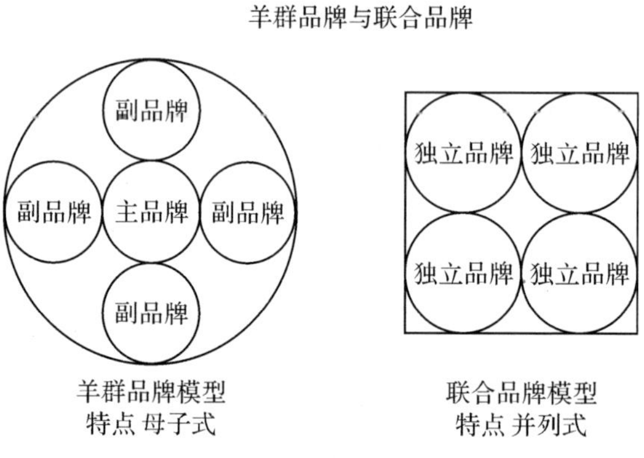

图 8-1　母子式和并列式两种模式

实施品牌形象个性化传播设计所要考虑的因素不仅仅包括消费者，还应该包括政府、供应商、内部员工、客户、公共媒体以及社会公众等，与产品品牌形象发生关系的各个群体。因此，品牌形象个性化的传播，要特别注意产品品牌形象与各种利益相关者的关系，从而建立起消费者心中的优秀品牌形象，然后在此基础上带动企业赢利。

五、品牌形象个性化设计特征

在实施产品品牌形象设计中，品牌形象设计活动会体现产品品牌形象设计的普通特征，同时又会有品牌形象个性化设计的独到之处。

1. 品牌形象个性化设计最显著的特征就是人性化。

品牌形象人性化设计，强调的是"人"在品牌形象活动中的中心地位。这一策略要求企业在进行与产品品牌形象有关的所有活动时，都要把"人"放在最根本的位置，要关注人的世界观、价值观、消费观等，要充分考虑人的心理和情感世界的需求，通过品牌形象与人的沟通交流，形成优秀的产品品牌形象。人性化贯穿品牌形象设计的整个过程：产品品牌形象设计时，要充分考虑人的因素；在实施品牌形象的任何一个环节也都必须把人的因素考虑在内，无论是品牌形象定位还是品牌形象决策、品牌形象组合、品牌形象延伸、品牌形象传播，等等。品牌形象人性化设计会最大限度地给人们以人文关怀，让人得到情感或者精神上的满足，在使用产品或者服务的时候能够带来愉悦的享受，这样才能促进企业、产品和人的和谐发展。

2. 品牌形象个性化设计具有鲜明的价值倾向性。

价值倾向性表明的是每个人对事物不同的喜恶态度。而品牌形象个性化设计则会根据人们对不同事物的看法态度，以及这个社会所具有的基本价值观等来选择实施品牌形象设计。品牌形象个性化设计的本质就是围绕着人的世界观、价值观、人生观所进行的一系列的品牌形象活动。

以往的人本思想，注重企业如何优化自己的人力资源，发挥人的主观能动性，充分利用本企业的人才，使每个员工都可以各尽其职，共同把企业做得更好。但是全新的人本思想应该在企业中有很广阔的发展空间，个性化不应只是停留在企业文化和企业人员管理上面，个性化也同样适用于品牌形象建设和维护。通过个性化的品牌形象设计，给予品牌形象利益人的人文关怀，充分考虑利益相关者的需求，并在一定程度上尽可能为所有的关系利益人创造价值，从而达到为产品品牌形象创造价值的目的。

浙江太平鸟品牌一直以"让每个人享受时尚的乐趣"为发展使命。在服装设计上，太平鸟一直遵循"食物保鲜"原则，即第一时间把最新、最时尚的产品传递到消费者手中。在品牌营销上，太平鸟坚持走差异化的营销策略,以提供完善、人性化、体贴化的服务来增强品牌的综合市场竞争力,同时充分利用商业街区的特点,进行品牌推广和营销。其独特的经营模式被冠名为"太平鸟模式"。2007 年以来,以网络购物为主要业务的新兴 B2C 电子商务公司——太平鸟魔法风尚服饰有限公司成立,太平鸟魔法风尚网购社区开始引领"新逛街时代"。

3. 品牌形象个性化设计是稳定与动态的结合体。

从宏观上来说,主流社会的世界观、价值观和人生观在一定时期内不会发生太大的变化,具有相对的稳定性,因此品牌形象个性化设计也会相对较稳定;但是从微观角度来说,世界总是不断变化的,而人的思想也在不断地发生变化,在对世界对人生的看法上也是时刻变化的,因而又是不稳定的。而品牌形象个性化设计能把这些宏观的和微观的事物都体现出来,因而品牌形象个性化设计既体现稳定性,又在某些方面具有动态变化。如我们熟知的众多化妆品品牌,兰蔻、雅诗兰黛、欧莱雅等,每个产品都有自己的品牌形象定位和品牌形象传播设计。

品牌形象个性化设计是企业在保持品牌形象与产品、股东或者投资人、客户、员工、社会公众、公共媒体以及政府等各种以人为基础的关系和谐一致的条件下,追求产品的合理利润。从消费者角度而言,品牌形象最重要的功能,是简化消费者的认知方式。在当代信息爆炸的社会,消费者不会对产品和服务所具有的一切特点和属性都能够有详细的了解,然而,他们却清楚地知道他们喜欢某些产品胜过其他产品,这种品牌形象的喜恶源自人的情感需求。品牌形象的独到之处就在于品牌形象能借助无形的利益,给产品或服务增加价值,特别是心理上和情感上的价值,这些无形的利益是消费者与品牌形象联系在一起的情感联想、价值观和感情,等等。正是产品和服务的这一特点和属性,才能够在消费者的心目中形成一个强有力的品牌形象及与另外一个品牌形象的差异。在当代社会,一个成功的品牌形象不仅需要满足人的各种需求,更要具有社会责任感,从人所生活的社会大环境出发考虑问题,这也是个性化品牌形象设计对科学发展观的一种体现。

第二节　品牌形象个性化设计策略

品牌是企业长远发展的关键,缺乏自主品牌,就永远只能为他人作嫁衣，拥有自己的品牌，企业才能获得长远的发展，真正成为百年老店，这是企业经营成功的定理。中国企业要发展长大，就必须打造国际品牌。

一、个性化品牌形象定位

品牌形象定位是企业以消费者、竞争对手和企业自身特点为主要维度，以行业和市场等要素为辅助维度，从产品、价格、渠道、服务、广告促销等方面寻找差异化特点，塑造品牌形象核心价值、品牌形象个性，从而在目标消费者心中占据有利位置。品牌形象定位以企业定位为前提，且建立在产品定位之上，因此其品牌形象定位必须考虑企业定位和产品定位的关系。品牌形象定位以满足消费者的某种需要为参照系，目的是抢占目标消费者的心智资源。品牌形象定位是进行品牌形象设计活动的基础，因此，只有给产品确立了正确的品牌形象定位，推向市场和系列传播设计才会有正确方向。在产品同质化现象严重的今天，如果不能给产品确立一个正确的定位，那么产品势必会淹没在同质化的商品中间。品牌形象定位是进行品牌形象传播推广的基础，它指导着品牌形象传播，同时也是广告定位的前提和基础。

定位理论产生于20世纪50年代，先后经历了USP理论、品牌形象论和品牌形象个性论等理论，而后才是里斯和特劳特提出的系统定位理论。但是，其定位理论主要针对的是广告传播，因此未能很好地概括品牌形象定位的理论特征。

品牌形象个性化设计中的品牌形象定位，不仅要抢占消费者的心智资源，更重要的是使品牌形象在所有的利益关系人心中占据有利的位置，从而树立良好的品牌形象。这样的品牌形象定位不仅要遵循品牌形象定位规律，而且要在普通的品牌形象定位基础上提升一步，从所有利益关系人出发，确定产品品牌形象的定位。如“此产品能够彰显我的身份地位”或“这个产品说出了我内心的想法、这个产品体现了我的个性、买了这个产品让我感觉心情非常愉悦”等，这些都是现代消费者在购买产品时的附加欲望。现在的购物不是一种单纯的购买行为，而是一种对品牌形象的体验、一种购买的艺术。品牌形象定位主要的是抢占消费者的心智资源，而情感是能够进入人内心世界的最好方式。品牌形象个性化设计，要从最能够打动人的情感方面入手，借由情感的交流走进所有利益关系人的生活，与他们建立一种深层次的持久关联。产品品牌形象设计只有和所有的利益关系人进行沟通和交流，才能达到企业和所有利益关系人共赢的局面，大家各取所需。情感的力量将赋予任何伟大的品牌形象对人的吸引力和感召力，没有企业能够创造出全新的情感，卓越的企业只是因为比较善于利用人的情感。其品牌形象定位能善于挖掘已经存在于人们内心深处的情感动力，而且持续不断地为着满足人的情感而努力不懈。如在口味上和可口可乐无法分得特别清晰的时候，百事可乐就是通过情感化的定位来凸显自己的品牌形象的。谁不想保持一颗年轻的心呢？百事可乐把“年轻一代”的思想渲染到了极致，充分调动了人们渴望自己一直保持年轻活力的心灵渴求。品牌形象个性化定位具有强烈的情感方面的感染力，能够给人带来极强的心灵震撼，进而产生产品品牌形象好感等一系列行为。

1. 个性化的文化定位。

因为品牌形象个性化设计针对的是与产品有关的所有利益关系人，因此要考虑到所有利益关系人的需求，就不能只是单纯从消费者的需求出发，而应该考虑的是产品所面对的市场这个宏观环境，那么，从主体的人在长期社会生活中形成的文化入手，才是明智的选择。

以商业零售企业为例，不仅要保证销售产品的品牌质量，更要注重服务创建服务品牌。因为消费者不再单纯地关注商品价格高低和质量好坏，而更加关注商品核心功能以外的富有文化内涵的附加值，如购物环境、商品品牌、服务水平、心理感受等。可以说谁能培育以顾客满意为核心的服务文化，塑造为顾客创造价值的企业品牌，谁就能吸引更多的国内外知名品牌商品入驻和更多的顾客前来购物，进而扩大市场份额并在竞争中取胜。例如，杭州大厦购物中心的目标市场锁定高端消费群体——中高收入的成功人士。以顾客满意为核心的服务文化，为目标顾客提供舒适的购物环境。营造“生活、购物、享受”的经营理念，坚持“宾客至上，服务第一，热情礼貌，勤勉高效”的原则，形成包括售前、售中、售后比较完整的服务体系，能快速地处理顾客的各种要求，使顾客能够享受到无障碍的服务。顾客购买的商品出了问题，只要拨打顾客投诉处理中心电话，就能得到满意的处理结果。同时，杭州大厦根据市场的变化不断在经营管理、服务和文化方面创新，推引新的消费时尚，传递新的商业文化价值，通过构建以顾客满意为创造价值的企业品牌，成为浙江省著名购物场所。

品牌形象定位体现出的文化性，能让受众在接收品牌形象传播的信息时，迅速联想和回忆起品牌形象，形成长时间的记忆，日积月累就会逐渐认同品牌形象定位所传递的文化和价值观。

文化就是生产力：品牌＝文化＋生产力＋关爱。红蜻蜓集团董事长钱金波拿着红蜻蜓的皮鞋专程赴意大利请著名皮鞋设计师 Marlogce 鉴定，他说："我对你的皮鞋的质量、款式很满意，但我只能给你打 90 分，那 10 分是文化附加值，你没有。"从此钱金波寻求商品与文化的交融，设立了中国第一家鞋文化研究机构，创建了中国第一家鞋文化展馆，推出了中国第一套鞋履文化个性化邮票，编辑出版了中国第一本鞋履文化辞典，并编制了中国鞋业第一本企业文化手册。根据胡润研究院《2012 中国民营企业品牌排行榜》，红蜻蜓以 18 亿元品牌价值位居"中国最有价值的民族品牌榜"第 64 位。[①] 红蜻蜓商标一字价值几亿元，红蜻蜓商标的含金量越来越高。所以文化就像美人脸上的一颗痣，让人看一眼就记在心里。可以说，红蜻蜓除了文化之外，与别人没有两样。正因文化的"美人痣"，才使红蜻蜓显得有与众不同气质独特。图 8-2 是红蜻蜓的形象广告。

图 8-2　红蜻蜓形象广告

① 孙亚洲：《红蜻蜓居中国最有价值的民营品牌榜第 64 位》，《温州商报》2012 年 9 月 14 日。

2.个性化的价值观定位。

品牌形象个性化设计要求品牌形象定位要从所有关系利益人出发，而不只是浅显地满足某些人的某些功利性和功能性需要，品牌形象定位应该从产品品牌形象所处的所有关系利益人群体的整体价值观、世界观和人生观等方面出发，把品牌形象定位上升到系统的价值体系上来，而且要充分体现出个性化的特色，要给予所有的利益关系人充分的人性化关怀。

奥康的崛起源于其清晰的品牌价值观定位。当20世纪80年代，“温州鞋”成了“瘟鞋”代名词时，当时在武汉推销温州鞋的王振滔也难逃厄运，柜台惨被查封，20万元的货品全部被没收。但王振滔清楚自己经营的并非劣质鞋，勇敢与武汉工商部门打官司并获胜，它成为王振滔事业的第一个转折点。王振滔决定用“产品体现人品、人品决定产品”的质量观念组织生产，彻底洗刷劣质鞋给温州人带来的耻辱，用事实改变温州人在世人眼中的形象，跳出温州众多鞋厂靠仿“名牌”起步的圈圄，走自主名牌的路线，最终奥康优质的皮鞋为温州鞋正了名。后来，奥康鞋取代“上海鞋”“广州鞋”，反而成了别人竞相仿冒的对象，各地相继出现了很多假冒奥康鞋。奥康公司迅速联合有关部门，没收了2000多双假冒奥康鞋，并将其全部烧毁。

奥康发出品牌宣言：“打造世界名牌，冲浪国际市场。”随着国际化脚步的迈进，2005年10月，欧盟成员国通过了欧盟历史上对中国最大一起倾销案，决定对中国皮鞋征收16.5%的反倾销税。在众多企业选择集体沉默的时候，奥康正式聘请律师向欧盟法院提起诉讼，由此，奥康成为首家状告欧盟的中国制造企业。

浙商企业家赵章光发明“101毛发再生精”并正式通过了国家技术鉴定，被日本媒体誉为“来自中国的神水”，一瓶“毛发再生精”引起了国际社会的广泛关注，在巴黎、日内瓦、纽约，他获得无数的奖章和金牌。但在这一系列耀眼夺目的荣誉中，让赵章光觉得最美的是中国天文馆为表彰他为社会所做出的巨大贡献，将一颗新发现的小行星命名为“赵章光”。

如今一些产品在进行品牌形象定位的时候，在属性定位和利益定位上皆有清晰的体现，但却忽略了价值定位，从而因经受不起市场长时间的考验而在竞争中处于不利的位置。比如说婷美内衣，刚上市的时候由于其抓住了女性减肥和丰胸的心理，将保健的概念植入了女性内衣而受到了消费者的追捧。但因婷美并没有跟进对市场的调查，更没有为婷美的品牌形象确立一个清晰的价值定位，而最终迷失在茫茫的商业大潮中，被别的产品品牌形象所超越。如果婷美在刚刚进入市场的时候就准确定位，比如像给女性更好的关怀之类的价值定位，及时更新产品的相关信息，紧紧抓住市场动向，在技术上创新和改善，相信其就能经受住市场的考验，从而成为消费者可信赖的朋友。

3.品牌形象的情感化定位。

随着物质世界的发展，人的主观能动性越来越强，人们希望可以通过消费满足精神方面的非物质需求。消费者的购买行为越来越成熟，不再仅仅只是为了功利性需要而购物，更多的是为了获得精神层面的满足。当消费者根据自己的需要、价值观以及生活方式来选择与之相适应的品牌形象时，此时品牌形象会使消费者产生一种感觉：这个品牌形象代表了我，真适合我！那么这一品牌形象就会很快得到消费者的认同，从而促使其快速产生购买欲望以及行为。现代营销理论已经从 4P 发展到 4C，又从 4C 到了 4R，企业已经开始从“以物为本”进化到“以人为本”考虑问题了，品牌形象活动越来越注重产品与人的互动关系。社会需求、市场需求和人的需求是品牌形象得以持续发展的动力，而这三种需求中最关键的是人的需求。把握人的需求是品牌设计的关键性要素。因此在确定品牌形象个性化之前，必须了解与我们的产品品牌形象有关的所有利益关系人到底在想些什么。在一个竞争日趋激烈的世界中，人是在经过比较之后，根据某一个给定产品所能提供的相对方便性或实用性而做出选择的。简易性与方便性的结合，将越来越符合消费者的期望，人们常因某些产品的过分复杂而感到有些紧张，因为人根本没有那么多时间去详细了解它们，化繁为简这样的事情最好能留给企业或者厂商，全自动洗衣机受欢迎就是一个明证。消费者不必花太多精力就可以把想做的事情做好，这是他们需要的。

在科技高速发展的今天，几乎没有人类做不到的事情，只有人类还没有想到的事情。在人的物质需求得到充分满足的条件下，人们就会感觉到对情感或精神世界的需求。人们不再只是去购买满足自己物质需要的产品，而是希望购物能够满足自己心灵深处的精神需求。

个性化定位源于新的生活方式。一般的市场调查总会经常去调查消费者新的生活方式，以及其所构成的社会和文化潮流。以女性为例，现代女性比过去接受了更多的教育，她们向往自己成功的事业，能够在经济上独立，也希望可以很好地享受生活，奢侈品的出现正好满足了女性的这一愿望，这就是一个很大的转变。例如人口老龄化的问题，不断延长的寿命和日益下降的出生率，使老龄化问题加重成为不可避免的结果。这样，有些产品设计就需要修改，比如说产品要轻便，使老年人使用起来比较方便；年老的一代人喜欢文字阅读，读的材料要符合他们的视力情况，老年人比较喜欢听广播，等等。新的生活方式有诸多因素，影响着一个特定家庭对产品与服务的选择。

个性化定位也需要考虑低碳环保问题。随着环境恶化和各种环保组织的出现，低碳环保已成为一种时尚和生活方式。而且最近几年频发的自然灾难如地震和海啸，也在时刻警醒着人们要重视对自然环境的保护，这也是小排量车和电动环保车大受欢迎的重要原因。

二、彰显品牌形象个性化

品牌形象个性化，是一个品牌形象所具有的差异化的品牌形象特征，那么个性化的品牌形象就应该从人出发为品牌形象创建独特个性。

1. 将主流价值融入品牌形象个性。

品牌形象个性必须表现出独特的地方，但是因为品牌形象个性化所要考虑的是所有的关系利益人，因此在表现它品牌形象个性的时候又必须考虑到品牌形象个性必须符合社会大众主流的价值取向，因此要在品牌形象个性中增添符合社会主流价值取向的因素，如杉杉西服为了与一般的西服宣扬成功与高贵等个性相区别，但又不能与主流价值观相悖，选择了“立马沧海，挑战未来”的宣传语，这不仅体现了一般男人希望成功的心理，又提升了男人的形象，表现出男人宽广的胸怀和不畏艰险的气魄。

宁波杉杉公司董事长郑永刚认为，市场是宝塔形的，产量越大意味着档次越低，而自己的产品要成为走向国际的知名品牌，就要不断提升自己的设计、品质和品位。他认为杉杉要提升品牌，就不能以量作为扩张的目标，而是要以产品为核心，以国际著名品牌集团的经营模式为样板。而这种多品牌集团式经营是一个资本运作的概念，它的品牌都是独立的，是在集团控制下的独立经营体。如今杉杉已经不再是一个单一的品牌概念了，而是一个拥有 21 个品牌的团队。

品牌形象个性化不可以走极端，可以宣扬年轻有活力的青春，但是不能极度宣扬青春期的叛逆；可以表现性感美丽，但是不能走极端而烙下色俗的印记；可以宣扬成就和地位，但是不能造成“金钱至上”的感觉。这个社会的主流意识形态是不会变的，因此品牌形象个性化设计在定位品牌形象的时候，既要体现个性又不能偏离主流价值轨道。

现在全世界正在进行一场商业战、贸易战，它的关键就是品牌和质量。“金杯银杯不如顾客的口碑”是新浙商经营者的信条。雅戈尔、杉杉、报喜鸟、博洋、康奈、奥康、方太、苏泊尔等越来越多的浙商之所以能跻身于名牌产品之中，就是因为它们的产品品牌形象既有个性，同时又不偏离主流价值观。

2. 与时俱进调整品牌个性化形象。

品牌形象个性化定位要与时俱进，因为社会的主流价值观基本上是稳定的，但是随着经济的发展和进步，社会的主流价值观也会慢慢演变直至发展完善。品牌形象设计要求我们在保持核心价值基本不变的前提下，注重和反映品牌形象个性的演变。

正泰集团在“变”与“不变”中求生存发展。坚持了“四个不动摇”：坚持主业发展不动摇，体现了产业链竞争优势；坚持品牌营销不动摇，彰显了盈利模式的创新优势；坚持科技创新不动摇，凸显差异化竞争优势；坚持价值分享理念不动摇，形成了正泰机制和文化上的优势。“正泰”商标因此被认定为中国驰名商标。

三、创建区域品牌形象

对于大多数浙商而言，企业创牌的成本高、难度大、时间长。而区域品牌是某地区企业、市场、社会和政府行为的综合反映，可形成较高的知名度和影响力。与企业品牌相比，区域品牌可以放大企业品牌的价值，因而也就可以放大企业产品生产、销售规模及范围的价值。

1. 放大区域经济和地方政府的价值。

区域品牌是指浙商在商业活动中所形成的以产业集群为名称、以地理为标志的区域品牌，这种区域品牌有利于扩大整个地区产业集群的市场影响力。

区域品牌往往直接以某一特定区位为载体，带有很强的地域特色，直接放大区域经济和地方政府的价值，而且也可能放大与这一主导产业相关的其他产业的价值，还可能放大形成新产业的价值。与此同时，区域品牌也可以增加财政收入，放大政府效能和形象价值。例如永康五金、义乌小商品、嵊州领带、余姚模具、大唐袜业等，这些打着“一县一业”“一乡一品”烙印的区域特色品牌，提高了这些县市的知名度和影响力，很大程度上可以使经济、社会、政治和文化得到更好的发展。

2. 区域品牌价值放大模式的机理。

第一，区域品牌价值的聚合效应。例如温州鞋业由4000多家制鞋企业组成，形成了皮革、皮件、皮鞋三个主体产业和皮革化工、鞋用材料等配套完整的鞋革产业链，这种聚合效应是任何单个浙商企业无法比拟的。

第二，“羊群效应”。所谓“羊群效应”，是指通过“领头羊”的引领，可以带动整个产业集群的创牌行动，从而形成强大的品牌梯队。如通过“领头羊”(奥康、康奈等一批龙头企业)的带动，温州制鞋业建立起以中国名牌和中国驰名商标为标志的国家级品牌梯队，并且分级培育第二、三梯队品牌，建立较完善的品牌金字塔体系，全面支持和提高区域品牌价值，“羊群效应”与聚合效应高度相关，与区域品牌价值之间形成正反馈机制。

第三，“搭载效应”。区域品牌价值的聚合效应，又会产生“搭载效应”。所谓“搭载效应”，是指区域内企业通过“搭便车”的方式分享品牌价值，并有助于建立各自的企业品牌，而这又可能增加“聚合效应”。

第四，广泛性和持久性效应。区域品牌价值的广泛性效应，表现为区域品牌并非单个企业所有，而是区域内所有生产相同产品的相互关联的企业共享的无形资产。区域品牌价值的可持续性效应，则表现为区域内众多企业产品质量和信誉等的浓缩与提炼，一旦区域品牌形成之后，就具有自我增强和自我维持的机能。只要还有企业在从事这类产品的生产经营，则区域品牌就能继续存在和起作用。

3. 浙商合力打造区域品牌和企业品牌。

区域品牌与企业品牌的关系是相辅相成的。没有企业品牌，区域品牌就都成了无源之水。所以，首先要鼓励、维护企业打造自主品牌，尤其是浙商龙头企业更应该重视和加强自己企业的品牌建设，关键是要有更多的龙头企业重视和加强企业品牌建设。这样，也就从根本上推动和促使区域品牌建设。同时，浙商也要合力维护区域品牌和企业品牌。浙商既要维护自己企业的品牌，也要维护其他企业的品牌，这样也就起到共同维护区域品牌的作用和效果。

4.政府与社会互动推进区域品牌建设。

区域品牌价值的创新，政府转变职能和方式是关键。从直接参与经济活动和提供个别特殊服务，转变为制定和执行规则、营造环境和维护秩序等公共性职能。政府必须承担区域品牌建设的主体责任，充分运用公共职能来打造公共性的区域品牌。同时政府应对区域品牌建设进行必要的规划，并制定相应的政策。严防损害区域品牌及其价值的行为，并对该类行为予以有力的打击。

区域品牌建设是政府与社会的互动行为。要全面和客观地反映区域经济的现实基础和条件，以及发展的方向和可能的未来，鼓励专业化分工和社会化合作，形成和发展各个行业的区域品牌。同时要充分尊重浙商的首创精神和企业的自主行为。广泛地与商会和行业协会等对接，肯定商会和行业协会等的自主权，反映商会和行业协会等的要求，支持商会和行业协会等的执行规则，以及进行共享性的技术、信息和销售网络平台建设，协调各个行业之间的关系。充分调动各种社会力量，推进区域品牌建设。

四、产品设计与品牌形象联想

品牌形象的构成要素有显性和隐性之分。隐性要素主要是指品牌形象定位和个性等，显性因素又称为品牌形象认知，是指那些用以标记和区分品牌形象的商标设计，它是品牌形象外在的、具象的东西，直接给予消费者强烈的视觉冲击。

品牌形象个性是品牌形象给人带来的感觉，而品牌形象的显性要素却可以从视觉上强化公众对品牌形象的记忆。品牌形象个性化并不是需要品牌形象的显性要素带给公众多大的视觉冲击力，但是它们必须具有自己的视觉特色，体现出品牌形象设计的人文关怀，给人以亲和力和感召力，使自己的品牌形象在众多品牌形象中独立出来，从而加深品牌形象印象，提升产品和企业的品牌形象。

1. 人性化设计。

无论是品牌形象命名、商标的设计，还是产品包装设计等，都要充分体现出人性化特点。例如每个女性在生理期的时候都容易产生烦躁易怒的情绪，所以女生节上，有位大学男生突发奇想竟用红玫瑰组成卫生巾以表祝福。当护舒宝卫生巾广告在电视上热播，年轻人最时髦的话题便围绕着护舒宝，很多人都会模仿护舒宝卫生巾的电视广告"每个月，都有几天有这种感觉，幸好我有护舒宝"。如果能够在每天清晨醒来和每晚入睡前收到这样的祝福，谁都会感觉心里特别舒坦。近年来出现了一个后来居上的成功品牌，那就是佛山景兴商务公司的 ABC 卫生巾，2013 年销售额约为 30 亿元，成功跻身行业前三名。其成功秘诀就是 ABC 差异化的顾客体验营销，并充分利用消费者的口碑传播效应，最重要的是非常人性化的设计，利用了卫生巾最里层的包装空间，给所有的女性朋友最私密的关怀。

美国苹果公司的标志，一个苹果被人咬掉一口，这样一个生活中非常普通的小细节，运用到品牌形象的标志就易于贴近人们的生活，给人以亲切感，说明了人与电脑之间可以进行非常亲密的交流和沟通，以增强品牌形象感召力。很多产品为了让自己的品牌形象更加有亲和力，会采用极具亲和力的产品品牌形象象征物，如麦当劳叔叔、肯德基老爷爷，都是小朋友们非常喜欢的朋友。而多乐士油漆的那只大大的白色小狗，配上极富可爱感和亲和力的广告，获得了许多家庭的钟爱。

2. 丰富的品牌形象联想。

品牌形象联想，是指人们的记忆中与品牌形象相连的各种事物。有的人提到一个牌子，可能只是想到了产品和品牌形象而已，但是有的产品品牌形象一提到名字，马上令人产生很多遐想，浮想联翩。个性化的品牌形象一定会有丰富的内涵和亲和力，能够让人们产生舒适、自然和亲切的感觉。

如宝洁公司的洗发产品潘婷，乍一听感觉很普通没有任何新意，但是仔细回味，感觉潘婷就应该是一个亭亭玉立的温婉的女孩的名字，如同邻家女孩一样亲切。再仔细想想，这个女孩应该有一头乌黑靓丽的头发，晚风中长发飘飘，十分婉约和美丽；这样的女孩肯定有一定的修养，懂得品味生活。又如红豆内衣，"红豆生南国，春来发几枝。愿君多采撷，此物最相思。”人们可以把红豆当成爱情的种子，也可以把它当成联结两地思念的种子。这样的感情太浓烈太复杂，却又紧紧贴合了我们的生活。爱屋及乌，人们因喜欢红豆而对红豆衬衣多几分亲切和关注。品牌形象就这样，“随风潜入夜，润物细无声”，悄悄地潜入消费者的心中。中国文化之博大精深，中国文字之寓意深刻，正好给品牌设计者们提供了极有利的条件，可以运用文化大做文章，打一场漂亮的品牌形象攻坚战。

吉百利品牌令人联想到什么？其LOGO永远都是一杯满满的牛奶和一杯倒下来的半杯牛奶。这一杯半的牛奶带给你的是什么呢？此时丰富的联想就会产生了。其实吉百利卖的不仅仅是一块巧克力，它更想带给我们的是一种幸福、快乐的感觉。而宝洁公司旗下产品伊卡璐设计重在突出其特殊的“持久芳香”这一理念，但众多年轻女性一提起伊卡璐品牌，心中有幸福甜美的感觉，是因为伊卡璐品牌传播深得女性消费者的欢心，其童话般的意境，唯美的画面，新奇的设计，如同一个美艳高贵的“公主”，给广大女性消费者强烈的心理暗示：用伊卡璐的每个女性都是最美的公主！

品牌形象个性化必须能够引起人们的独特联想，不仅要准确定义出独特的产品品牌形象，更要能够带给人心灵上强烈的撞击和震撼，从而树立起良好的品牌形象。品牌形象个性化就是要把所有感官感受到的东西全部通入人的心灵，然后再由内而外，转化为对品牌形象实际的行动。个性化的产品品牌形象，充分了解和探究人们的情感需求，然后转化到品牌形象建设上，才能在品牌形象竞争中取得战略性成功。

第三节　品牌形象个性化传播设计

品牌形象的形成过程实际上是品牌形象在人们中间传播的过程，所谓品牌形象传播，其实质是品牌形象机构运用多种传播方式，通过一定的媒介或者直接向品牌形象利益相关者传播有关品牌形象信息的过程。

品牌形象的传播就是为了在产品、企业与所有的利益关系人之间架起一座沟通的桥梁，能够让双方建立起牢固的关系。个性化的产品品牌形象设计在向利益关系人传播推广的时候，要注重品牌形象沟通信息的一致性，加强企业与所有利益关系人的积极对话，培养企业和所有利益关系人的良好关系，从而树立良好的品牌形象。

一、品牌形象广告传播设计

广告学大师大卫·奥格威认为，每一则广告的投资都应为品牌形象的积累服务。广告是自品牌形象诞生后就使用的传统主流传播推广工具，也是能够带来最直接传播效果的手段之一。广告是人们获取产品品牌形象的主要渠道，是提高产品品牌形象知名度、美誉度、忠诚度和品牌形象的强有力工具。品牌形象在进行广告传播推广的时候会遵循广告原则，但是在具体的操作中又会体现出自己独有的特色。品牌形象的广告传播主要是通过更加人性化、情感化的表现方式来打动所有关系利益人，进而树立良好的品牌形象。

1. 品牌形象广告主题分析。

传播一词来源于英语 communication，是沟通、交流的意思。一则好广告的成功不仅因为它有好的创意和表现力，其实更重要的是它做到了和所有利益相关者的良好沟通。品牌形象是经过时间累积和沉淀的。因为人的想法会变，思想也会随之改变，这就要求企业进行品牌形象传播时，注意广告沟通艺术的掌握，注意在广告中与人进行心与心之间的对话，让公众产生强烈的情感共鸣。但是这种沟通又不是普通意义上的沟通，不是说了解了产品信息就可以了，而是要能给人带来心灵的触动和震撼，让产品与人产生心与心的碰撞。

真诚是品牌形象的广告最主要的主题。雪佛兰汽车以“热爱我的热爱”为广告主题的一系列电视广告片正好就是用真实来打动公众的。雪佛兰以真实生活中的真实故事为出发点，把舞台交给了社会中的普通人民，将雪佛兰品牌形象所特有的年轻、动感、活力、真诚与自信真实地传达给所有人，使人们喜欢这份真实的乐观与坚持，相信只要自己坚持梦想并为之不断奋斗，就一定可以实现。这样的广告诉求对于大部分人而言，不仅是真实的社会生活的体现，而且也是对普通阶层和他们所拥有的普通生活方式的尊重与理解。很多时候草根内容，更能引起公众的强烈共鸣。

多角度进行广告主题诉求。目前充斥在我们身边的媒体广告不是美女就是俊男，不是商场成功人士就是表现英雄情结。这样的广告传播令人视觉麻痹，极易产生倦怠感。个性化的产品品牌形象广告传播善于挖掘出人们心中细微的情感变化，从更深层次的心理角度进行沟通交流，进而达到理想的传播效果。

品牌形象传播也并非一定要正面宣扬美好的事物，有时候从事物的对立面出发或是旁敲侧击，可能会达到比正面夸奖更意想不到的效果。这点，以人为本的产品品牌形象设计能够做到，因为它注重的是人们内心最细微的情感处，也只有它可以深入细致地挖掘人的情感，把人们内心深处的自己解放出来。传达感情并不是一定要让人流泪才可以的，苦乐悲喜等都是人的情感，其实品牌形象传播的重点就是要把受众的喜怒哀乐激发出来，让他们与这个产品产生共鸣，进而喜欢上这个产品品牌形象，让受众感觉这个品牌形象和自己是有关联的，要让受众感觉这个产品品牌形象是明白他的内心，是一直和他站在一起的。只有这样的品牌形象传播才能让所有的关系利益人都能够和产品站在一起，真正达到传播目的。

2.品牌形象广告受众分析。

在进行品牌传播之前，首先要做市场调查，确定目标市场和目标受众，一般产品选择什么样子的目标市场和目标消费者、潜在消费者，广告就会以这个目标消费者和潜在消费者为目标受众。但是品牌形象个性化设计要考虑的是所有关系利益人的需求，因此它的广告并不仅仅是给目标消费者看的。

淡化商业利益，崇尚自然真实。优秀的品牌形象皆具有深厚的文化底蕴，没有文化支撑着的品牌形象，必然缺乏一定的深度和高度。在以后的品牌形象推广和传播过程中必然也会缺乏竞争力和感召力。品牌形象个性化设计因为常常可以让人们感到似曾相识、熟悉的画面，容易打动人心，或者是能让历史重演的画面都能够增强品牌形象的亲和力。中国地缘广阔，文化底蕴深厚，只要充分利用好我们身边的有利条件，就可以树立品牌形象的亲和力和感召力。

品牌形象个性化的广告不仅要带给人们美的视听觉享受，而且还可以在享受的过程中领略到人们熟知的历史文化魅力，这样使品牌形象深入人心，提高知名度。因演艺界人士对消费者更有影响力，所以浙江商人发挥“名人效应”，借演艺界名人提高自己的品牌知名度。人们熟知的广告词“美特斯邦威，不走寻常路”之所以家喻户晓，其关键在于它出自香港小天王谢霆锋和活泼可爱的女子组合 Twins 之口，老板周成建正是利用了香港艺人的“名人效应”，广告一出，立马引起全国上下男女老幼的轰动，尤其是在年轻人中间，美特斯邦威一下子成为路人皆知的休闲服名牌。

其实，品牌形象传播并非一定要从产品本身着手。产品是属于企业的，所以从企业的宏观角度来切入广告主题也是不错的选择。现在的人都处于广告视觉疲劳期，所以单纯的产品广告商业性太强而受到人们的排斥。而企业形象展播，则充分考虑人们的视听觉享受，淡化了广告的商业性，增添了情感因素，让人们在身心愉悦的情况下渐渐对品牌形象加深好感，不但增加了品牌形象的亲和力，同时也提升了品牌形象。

作为品牌形象传播的一部分，我们必须和股东或者投资人保持良好的沟通和交流，而广告正是其中的一种重要手段。股东或者投资人在各种媒体上看到企业刊播的优秀广告，那么就会对产品对企业有更多的信心和支持；而且好的广告传播，能够引起潜在的股东或者投资人的关注和青睐，也会吸引更多的股东或者投资人加入到产品品牌形象建设中来。

广告传播要考虑政府和有关社会机构，把广告传播融入社会环境之中。因为品牌形象的广告目标受众就是围绕着所有关系利益人所展开的，这个群体，从大的方面来说可以到整个社会。所以在品牌形象传播时就应该从社会的全局角度来考虑和把握问题。企业的行为都要受到社会上各种力量的监督和约束。如果能够以广告传播树立起企业产品品牌形象，就能够在社会上形成一种良性的舆论。好的形象总会让人更愿意购买你的产品，让经销商等更愿意与你合作，从而形成一个良性互动的机制。品牌形象个性化在进行广告传播的时候，要选择在社会公众中具有良好形象的媒体。

3.形象代言与品牌个性。

广告不仅要挖掘产品本身的卖点，同时要赋予产品一种个性化的形象。企业应培植品牌应有的威信，使消费者保持对品牌长期的好感，从而在竞争中处于优势地位。[①] 而品牌的个性化，有助于提升传播效果，关键是在创意时要为这个品牌找到如人一样的价值观、外形及行为等，通过确立品牌代言人、采用拟人化方式，建立品牌个性。在实施品牌策略中，企

---

① 孟庆强:《解析品牌个性塑造》,《商场现代化》2004 年第 21 期。

业可选择个性与品牌个性相一致的明星作为形象代言。品牌个性是企业经营理念和文化的无形缩影。品牌个性欲回归社会与市场,获取立足市场的能量,就必须找到与之匹配的符号载体,品牌代言人是最佳载体。个性是品牌的灵魂,它体现了品牌的价值内涵,也就决定了品牌拥有的不同消费群。比如万宝路的个性是阳刚豪迈,力士的品牌个性是高贵典雅。同样,代言人也有不同的个性,或温文尔雅或粗犷朴实,或沉稳老练或青春活泼,等等。只有品牌个性与代言人个性准确对接,才会产生传播识别的同一性,才能在公众中树立独特位置。香奈尔 N°5 香水的广告,几乎是一页结合艺术与大明星的辉煌历史。洛·波桂、凯萨琳·丹妮芙都曾为 N°5 代言。最让人记忆深刻的广告是妮可·基德曼代言的浪漫而唯美的爱情广告片。而 Pronovias 婚纱礼服品牌与跳水女皇郭晶晶以高贵、优雅相得益彰。特别是麦当娜的野性与范思哲品牌的明艳更是被称为天衣无缝的组合。

浙商品牌洁丽雅长期以来一直致力于以产品质量为核心的品牌建设,洁丽雅也是全国第一家请明星代言的毛巾企业。从 2006 年以明星徐静蕾小姐为形象代言人的系列广告片一直在央视等各类媒体上播出,“洁丽雅”品牌在市场上拥有较高的认知度和美誉度。从而成为行业内第一个“中国环境标志产品”、第一个“中国驰名商标”、第一批“中国名牌产品”。其成功秘诀在于徐静蕾“人淡如菊静如蕾”的气质与品牌个性非常吻合:毛巾就要洁丽雅。图 8-3 为徐静蕾代言的洁丽雅广告。

图 8-3 徐静蕾代言的洁丽雅广告

当然请明星代言存在着不少的风险。如奥运冠军孙杨因其泳技高超、形象阳光而受众多企业的青睐，其代言运动品牌大受公众喜爱。但无证代言汽车，则已属虚假违法广告。正如央视白岩松对孙杨一事的总结："泳道看成绩，车道要驾照！"

二、品牌形象公关传播设计

公关传播：指组织为了提高自身的认知度、美誉度、和谐度，借助传播方式和媒介所开展的传播活动及管理。包括新闻发布会、媒体采访、新闻简报、介绍性文章、电影、电视等所有非人际性的沟通方式以及年度报告、筹资、加入某团体、游说及公共事务等。无孔不入、无所不在的广告会刺激消费者对广告心理免疫系统的形成，当公众广告免疫系统形成时，企业就应该从公共关系等方面来寻找品牌形象传播的突破口。

公关传播分为四层次：第一层是知晓层次——传播的目的是让公众知道信息；第二层是感情层次——让知晓公众进一步密切与组织的关系加深组织与公众的感情；第三层是态度层次——使那些对组织有一定感情的公众，在新的信息影响下，确定或改变对具体事物的态度；第四层是行动层次——使已经确立或改变态度的公众接受信息的进一步引导，采取组织所预期的行动。

公关传播具有五个特点：一是社会性，公关传播活动站在社会整体利益高度，体现作为社会一员的社会责任。二是道德性，有良心，不以不正当手段竞争，做到自尊、自律、自爱。三是文化性，组织与公众之间的沟通，很大程度上表现在文化层次上。如果商品气息太浓，买卖关系太重，金钱味太强，这种沟通就会有障碍。现在人们对文化的追求越来越高了，"文化搭台，经济唱戏"已成为自然现象。因此，策划公关传播不但要有市场意识，还要有文化意识。四是情感性，公关更注重情感传播。传播活动的四个层次：信息→情感→态度→行为，传播的目的是要改变公众的态度，引发行为，这其中需要与公众产生情感上的共鸣，否则不可能上升到第三、第四层次，这是"情商的理论基础"。故公关传播必须注重情感传播，通过真情打动公众。五是新奇性，人们对新事物更加关注。不断创新的组织，有活力，新招迭出，能赢得公众的青睐。成功企业无论对产品或其他举措，都是"嘴里吃着一个，手里拿着一个，眼里看着一个，脑里想着一个"。总领先一步，给公众意外惊喜，创造新闻价值。

1.社会活动赞助。

赞助各种活动已经是众多商家争相去做的事情，比如说像各种大型体育赛事和电视台的各类收视率高的节目等。品牌形象个性化设计在进行公关传播的时候也会用到活动赞助，但是它的活动赞助并不盲目跟风，不一定去赞助关注的人多、人气高的活动，而是去赞助那些更具有社会价值和意义的活动。

不少浙商企业在公益活动中体现出环保的理念，凸显了企业的社会责任心，把产品品牌形象理念和社会价值很好地结合在一起。这样的活动不仅可以提高品牌形象，而且确实能够对社会做出一定的贡献，所以才是品牌形象个性化应该采取的公关赞助活动。如洁丽雅之所以赞助《婚姻保卫战》，是因为此节目很好地契合了洁丽雅的品牌诉求，它倡导的是如何智慧地在婚姻中生活，主旨基调是让人积极正面地去面对生活的种种问题，这种正向的传达与诉求，也正是选择洁丽雅消费者的生活诉求。2012年4月，洁丽雅集团携手浙江绿色环保组织杭州市生态文化协会举办了大型公益环保活动，通过“地球日，我们拒绝末日之宴”的行为艺术活动和专门为支持环保事业筹集款项做的义卖活动，来宣扬环保理念，唤起群众爱护环境的行为意识。

2.为人民服务活动。

只要一提到产品品牌形象的传播，许多人都会想到推销产品，把自己的产品卖出去，如此因商业气息太浓而使人们比较反感。而且在现今产品同质化现象严重的今天，在大量广告充斥我们视线的同时，品牌形象传播应该另辟蹊径，从另外的角度去亲近人群，亲近社会，增加品牌形象的知名度和美誉度，所以众多企业已经开始进行各种公益捐赠或者服务活动。

品牌形象的目标受众不仅是产品的购买者，还包括目标消费者周围的人、企业员工、股东或投资机构、政府、经销商或者代理商等。在某些卖给儿童、老人的产品中，广告的诉求对象往往不是消费者，而是消费者的父母、子女，因为消费者并不一定就是购买者，他们的父母或者儿女才是真正的购买者。因此目标消费者周围社会环境中的人群也是我们不能忽视的，很多时候他们才会是品牌形象产品的真正意义上的“消费者”，这是必须受到重视的一个群体。在进行品牌形象传播和推广的时候，必须把企业的股东和投资人都看作目标消费者。因为正是有了他们的支持和帮助,企业才能有今天的成就。

3.新闻策划活动。

策划具有新闻价值的事件也叫作“制造新闻”或“策划新闻”,即在真实的、不损害公众利益的前提下,策划、举办具有新闻价值的事件或活动,吸引新闻界和公众的注意力,制造新闻热点,争取被报道的机会,使本品牌形象成为新闻的主角,以达到提高知名度、扩大社会影响的目的。① 这需要品牌策划者具备“新闻脑”,富于创造性和想象力。浙江有家服装企业,想让美国前总统克林顿穿上他们制作的西服并作形象代言人,先开出200万美元的报酬,被克林顿婉拒后,又开出2000万美元的新报价。虽然克林顿最后并没有为该服饰做形象代言人,但他不知不觉为该服饰做了新闻宣传。这家企业就是原本仅是一家小厂如今已是一座宏大的企业帝国的法派集团。

蓓英服装店原本是一个鲜为人知的小店铺,但店主十分精明,一方面通过悬挂超肥超大牛仔裤的手段,制造新闻,招徕顾客;另一方面借助名人效应,扩大知名度,通过给郑海霞、穆铁柱定做牛仔裤吸引新闻媒体关注和报道,使得这家个体集体联营的小店名扬全国。这种不同凡响的效果,正是店主敏锐的公关意识的绝妙体现。服装店的店主深谙新闻媒介的特点和作用,通过吸引公众注意,制造了一个具有营销价值的新闻热点并大获成功。

“制造新闻”,是组织提高知名度和美誉度常用的公关手段之一,是指社会组织为吸引新闻媒介报道并扩散自身所想传播出去的信息而专门策划的活动。使用制造新闻的关键是“新”,跟在人后,就会失去新闻价值,公众不会产生新鲜感,也就失去兴趣。只有充分发挥创造性和想象力,出奇制胜,方能奏效。

---

① 郭桂萍:《在新闻与广告上舞蹈——公共关系新闻写作研究》,长春理工大学2011年硕士学位论文。

第九章　浙商企业行为形象性格化设计

用人不在于如何减少人的短处，而在于如何发挥人的长处，并把他放在合适的位置上。自己怎样挥舞球棒并不重要，重要的是场上所有的人都能将球棒挥动得恰到好处。

——马　云

我做企业最重要的是什么？是人与人之间的关系。你问我最头痛的是什么？也是这层关系。再问我企业最缺的是什么？是如何搞好这层人与人之间的关系。

——夏士林

企业形象设计不是给企业化妆，而是技术革新；企业行为性格化设计，是调动全体员工同心同德为企业前途而努力，将企业理念内化为员工的自觉意识、外化为规范行为，让企业理念在各个岗位上体现出来。

——作　者

企业行为识别分对内、对外两类活动。对内就是建立完善的组织、管理、行为规范、教育培训、福利制度、工作环境和开发研究等，从而增强企业内部凝聚力和向心力；对外则通过市场营销、产品开发、公益活动和公共关系等传达企业理念，从而提高企业知名度和美誉度。企业内部行为的根本目的是调动员工的积极性，增强凝聚力。世界上成功的企业皆有其公司行为规范，且管理层率先垂范。

如果把企业比作一个人，他就应该有自己的道德品质，就应该自觉遵守社会的商业道德规范和商业伦理秩序，成为自觉承担社会责任的品牌，促进社会可持续发展。浙商企业家性格就是这种精神特质和心理特质的总和，浙商企业性格化在企业行为形象中表现得特别明显。

做事有“做、做完、做对、做好”四个层次，企业对目标的执行不能仅仅停留在“做”这一层次，而更多的应该是“做完、做对、做好”。执行力的强弱是企业成败的关键。而执行力强调执行的速度、精准度、深度和广度。对于企业管理而言，每个人都遵守公司的规章制度、养成办事守时的好习惯，不找任何理由推脱等，这都是执行力的体现。

第一节　企业行为识别内涵

企业行为形象是由企业组织及组织成员在内部和外部的生产经营管理，及非生产经营性活动中表现出来的员工素质、企业制度、行为规范等因素构成的企业形象子系统。企业行为识别，几乎涵盖企业经营管理活动的全部过程。性格化是塑造典型人物形象的核心问题，也将“典型人物”称作“典型性格”，以示其特点。

如果说企业理念设计是属于CI的“想法”，那么企业行为设计就是CI的“做法”，也就是说企业活动识别是企业形象设计的动态识别形式。正如日本管理专家八卷俊雄所说：单靠外在的力量，无法塑造企业形象，最重要的是“人”的运作。

企业行为识别既有统一性又有独特性。统一性体现在企业的一切活动全体员工和各个部门所进行的各项活动都只有一个目的，就是实现企业的价值观，塑造良好的企业形象。绝对不允许企业中的任何人、任何部门与企业的经营理念相违背。企业行为识别的独特性体现在企业活动应通过其“独立精神”和差别化原则，体现企业独特的经营理念和经营方针，显示出与其他企业所不同的个性，这种独立于其他企业的个性正是企业理念的统合要求，也是社会公众透过企业活动识别企业的基础。企业的系列内部活动和外部活动，构筑出一个完整的行为文化体系。

一、企业行为概念

行为既是一种具体的劳动过程，又是一种识别载体，它直接反射出劳动者的理念追求，呈现出一种特定的形象体系。企业行为及由此产生的识别体系，不仅对企业形象诉求有巨大且直接的推动，更对企业管理水平提升有着巨大的影响。所以，对企业行为及对内、对外识别体系的研究，是企业形象塑造的重要内容。

行为的基本含义。“行”一般是指一种特定的行动或举止，如走路、爬山、听课、喝水等。而“为”更多是指行为或举止所表现出的状态、所遵从的标准及所产生的结果。从表层来看，“行为”是指一种受需求与思想支配而形成的有外部表现的具体活动。但从更深的层面上看，“行为”的含义则蕴含了更多的内容。它是一种在需求与思想意识支配下的，为完成某一特定目的，遵循社会规范及行业标准，所表现出的一种具体与特定的活动。

行为的深度内涵体现在，第一，行为产生的前提是人们的各种需求，而由需求又会导致人们的一些主观思想意识，所以需求与主观思想意识共同作用，进而影响到人的行为，即需求与思想因素是导致人们特定行为产生的前提。第二，行为产生的直接动因是人的某一特定目的或目标。当行为满足了人们的需求后，人们的某一明确目的和目标，就成为导致某种特定行为产生的直接动因。追求更好的生活、更高的地位和更多的财富，使人们不断为自身建立起更高更远的目标，这些目标直接形成了人们的特定行为目的，这些目的也就直接导致了人们各种行为的产生。第三，无论是行为的形成，还是对其做出某种概念判断，都有一定的依据，这种依据主要来自社会的基本行为规范和行业的基本行为准则。

企业行为识别的内涵。企业行为设计又称 BI(Behaviou Identity),它是在企业理念的指导下而逐渐培育起来的、以贯彻和实现企业理念为目的的一系列活动和措施。任何企业行为的背后都蕴含着企业的理念和精神,没有行为表现的理念只是一种虚饰,而没有理念指导的行为只是一种原始的冲动。

企业理念传播主要通过两条渠道:一是静态的视觉识别系统;二是动态的行为识别系统。

从传播学角度讲,企业对内行为识别是对外行为识别的基础;对外行为识别是对内行为识别的延伸和扩展。企业内部行为识别是通过对员工的教育、关心,使员工对企业理念达成共识,从而增强企业的凝聚力和向心力。具体地讲,企业内部行为识别主要涉及企业内部组织传播与行为规范两个方面。

二、影响企业行为因素

行为既然是一种有目的、有思想意识、有一定社会与行业标准的具体活动,因而行为无论是其形成还是具体表现,都会受到一定因素的制约,主要有内在因素与外在因素。

影响与制约行为的内在因素是指影响某一具体行为产生与规范化的主观因素,这些因素有着较强的主观成分,不带有过多的强制性。具体包括:第一,行为人的基本需求及需求的层次。在所有影响行为的因素中,需求因素占有绝对的比重,且需求因素带给一种行为的影响力是刚性的,是超越其他任何影响因素。第二,人的思想道德水准、文化修养及世界观追求。行为是一种受思想支配的外在活动表现,而思想的形成在很大程度上又与文化水平和文化修养直接关联,这就使得思想、道德、文化和修养构成决定行为好坏和行为水平高低的前置因素。第三,人的个体行为习惯,是导致行为产生的特殊因素,由人的自身特质而形成,不受外界因素影响。由于每个人所处的生活环境、成长经历及生存状态不同,这些因素对人的性格特征与情感取向又有着很大的影响,所以,性格特征与情感取向会直接影响到行为习惯。

影响与制约行为的外在因素是指影响或制约行为的客观因素,这些因素在很大程度上带有对行为的强制性。具体包括:第一,行为形成与表现中的社会道德规范，是影响行为的外在因素，但这一因素在制约行为的强制性上相对较低。第二，行为形成与表现中的行业标准与规范要求。一种特定的企业行为，无论是其形成还是表现，都会受到来自行业规范与行业标准的制约。工业企业以为市场提供实物产品为主，企业基本行为一般不直接对外，且消费者对企业基本行为表现形态的关注度更多集中在产品层面上，所以，企业行为的行业标准与规范要求主要体现在保证生产过程的完成及产品质量的稳定上。因此，对生产型企业行为好坏的判断，一般是透过产品质量体系间接地给予评判。商业与服务企业，以为市场提供特定的服务为最终产品，企业基本行为的表现不仅直接对外，而且与消费者直接碰撞，所以行为的行业标准与规范要求更多体现在为完成某一特定服务的过程与结果上，如商业企业的行为行业标准更多表现在如何推动产品销售上，金融企业的行为行业标准集中体现在服务的水准与时间效率上。第三，各种法律规范，对企业行为有着强制的约束力，企业基本行为建立的准则应符合国家法律法规的基本要求。

三、企业行为设计

1. 企业行为设计是企业文化的重要载体。

企业文化建设的主体是员工，其行为蕴含和传递着丰富的企业文化信息，是企业文化的重要支撑和最真实的表现。企业的文化优劣和文化建设工作的成败，往往通过观察员工的日常精神风貌、为人处世的态度、工作中乃至社交场合的行为表现，就可以做出大致的分析与判断。

2. 企业行为设计是落实企业文化的关键。

企业文化要通过企业行为文化来表现，否则理念就成了海市蜃楼，制度也将是一纸空文，企业文化和行为文化的关系见图 9-1。

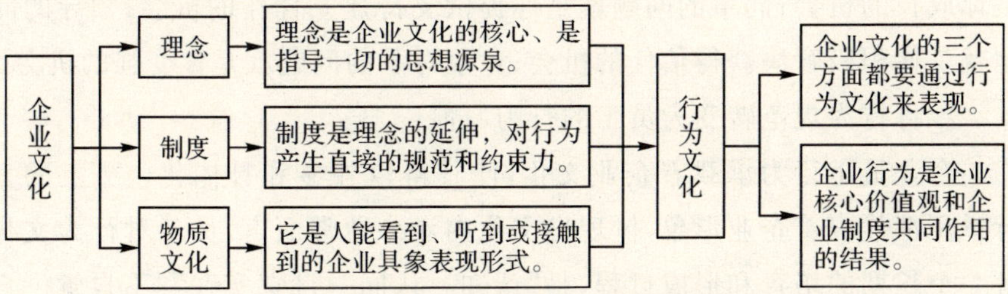

图 9-1　企业文化和行为文化关系图

3.企业行为设计促进企业实现价值观管理。

行为规范不是制度,而是倡导。制度是硬性的,而行为规范会根据行为主体和对象的不同采取相应的手段,形成员工的职业习惯,纠正不符合企业核心价值观的行为,通过引导使员工完全接受企业的核心价值观,当员工与公司的核心价值观达到一致,制度约束的行为规章已经成为大家的自觉行为,即所谓的"以价值观为本"的组织控制。员工行为文化和企业价值观同步,就成为助推企业文化的强大力量。

四、行为设计方法

1.先进理念是员工行为的导航。

员工的价值观念是行为文化的核心内容,员工的行为是受其价值观念支配的,企业核心价值观决定着企业员工的思维模式和行为。因此,构建企业行为文化体系必须在观念层面形成正确的导向,得到员工的认同,使企业文化理念得以贯彻和体现。要使企业核心的价值观转变为员工的行为,需要教育、培训和引导,用理念引导行为,用行为演绎理念,文化教育与各种载体相结合,做到丰富多彩,确保理念教育故事化、人格化和形象化。

行为文化首先是要解决员工的理念问题。2014 年 3 月流传着马云的微信"公司请你来干吗",每位员工是否曾想过,公司请你来做什么?马云说:请你来是解决问题而不是制造问题;如果你不能发现问题或解决不了问题,你本人就是一个问题;你能解决多大的问题,你就坐多高的位子;你能解决多少问题,你就拿多少薪水;让解决问题的人高升,让制造问题的人让位,让抱怨问题的人下课。所以有问题就是给你的机会!公司的问题就是你改善的机会;客户的问题就是你提供服务的机会;自己的问题就是你成长的机会;同事的问题就是你提供支持建立佳作的机会;领导的问题就是你积极解决获得信任的机会;竞争对手的问题就是你变强的机会。

2.将行为规范转变为员工的行为习惯。

企业员工行为承载着企业文化,使其得以外显和具体化。员工的言行举止都代表着企业形象,体现出文化内涵。通常而言,员工对行为文化有一个长期的培育和形成过程,是"认知—认同—自觉实践""不自觉—自觉""不习惯—习惯"的过程。为此,需要建立规范去支撑价值理念体系,并起到约束行为的作用，使他们把行为准则做成有制度保障、具体可操作的行为规范，构建员工行为规范体系。

只有把行为规范转变为员工自觉的行为习惯，把企业的事当作自己的事去做，才能真正建立起企业文化，提升企业形象。2014 年 6 月 13 日在曙光的博客中写道："只为成功找方法，不为失败找借口。你的责任就是你的方向；你的经历就是你的资本；你的性格就是你的命运。复杂的事情简单做，你就是专家；简单的事情复杂做，你就是行家；重复的事情用心做，你就是赢家。美好是属于自信者；机会是属于开拓者；奇迹是属于执着者；你若不想做，总会找到借口；你若真想做，总会找到方法。"①

3. 营造企业行为文化建设的制度环境。

虽然企业员工良好行为的形成有多种途径与方法，但最根本的是规章和制度。制度是具有强制约束性的规定，对企业生存和发展而言，具有根本性和相对稳定性。制度是企业文化建设的重要工具，是企业理念与行为的重要推动力，如果只是员工的自律是难以保证效果的，行为文化的建设为员工提供推动力量，鼓励员工养成新的行为习惯，企业要通过建立和完善岗位责任制、考核评价体系、教育培训和各项管理制度，努力营造良好环境，推进企业员工的行为文化建设。

第二节　企业内部行为活动设计

员工的行为直接影响着企业形象的塑造。企业形象必须得到全体员工的悉心呵护，否则，一个小小的失误，也可能使良好的企业形象受损。有人提出这样的公式"100－1＝0"，不管公司制造多么优良的商品，进行多么完善的形象设计，或推出效果多好的广告，如果得不到员工的配合，则公司的努力都将付诸流水。

在企业内部行为活动设计中，除了利用先进理念引导行为，以行为规范化为重点，培养员工良好的行为习惯，以制度强化为保障来塑造行为文化建设的环境等这些硬的行为文化以外，更重要的是建立软性的行为文化，这正是浙商企业家所致力追求的一种经营境界。把企业理念深深地

---

① 曙光：《只为成功找方法，不为失败找借口》，http://blog-sina.cn/u/1743685874，2014-06-13/2015-12-20。

植根于企业员工的行动之中，使之成为企业素质的一部分。努力营造良好的人文环境，塑造良好的员工形象等。

一、营造良好的人文环境

现代企业比过去任何时候都重视人的因素，充分尊重企业内的每一个员工，鼓励员工积极创造、营造企业人文环境。人文环境是相对于自然环境而言的，专指由于人类活动不断演变的社会大环境，是人为因素造成的具有社会属性的人文社会环境。

企业人文关怀应体现在管理的各个环节。在政治上切实提高操作工人的社会地位，创造良好的社会环境；尊重职工的人格，尊重职工的劳动，保障职工的一切合法权利。经济上，要满足员工生存和发展需要，关心员工健康与安全，解决员工的困境与难题；制度建设上，要依法维护职工的合法权益，切实体现企业人文关怀；环境建设上，美化生产环境拓展发展空间，要创造条件让职工实现职业生涯规划和人生价值，特别是对那些有开拓性和创造性的工程技术人员，要给以特殊的支持和关心。企业只有重视了人的积极性和创造性，克服困难努力创新，才会有强大的生命力。

1. 传承家文化精髓，构建团队形象。

人心中最渴望的是什么？大多数人会说，在茫茫人海中寻找灵魂伴侣，组成一个温馨的家，从此不离不弃。对浙商而言，如果企业能成为员工的第二个家，员工的成长和发展必然也会依赖于企业这个平台，以主人翁的精神全身心地投入到工作中去。企业要想做大做强，必须坚守企业内部伦理，努力营造家的氛围。一个好的企业像什么？应该像家，一个像家的企业是所有企业管理者的期盼，也是所有企业员工的梦想。

从商之道和为上，为人之道和为贵，"家和万事兴"，"家和"是家文化的精髓，追求企业与员工、员工与员工之间的和睦、互助、共进的氛围。"家和"既强调员工个性，又强调员工与企业之间的和谐，从而使企业形成团结、凝聚、协调的整体。

相聚即为缘。企业与员工、员工与员工之间也都是有缘分的。企业吸纳员工是一种缘分。员工进入企业也是一种缘分。正是这种缘分，才使企业和员工形成利益共同体，努力协作，同创未来。因此，企业和员工都要珍惜这种缘分。

以“家和”为精髓的家文化，倡导和谐、整合，从而构筑起企业的管理新优势，进而把家文化构建成企业的核心竞争力。倡导家文化的企业，能够代表全体员工的根本利益和愿望，能有效地引导员工在道德行为、权利义务等方面不断进步，做到长久不衰。

企业不仅是一个从事经济活动的实体，也是员工展示个人才华的舞台，更是员工实现个人发展的平台。企业与员工是利益共生体，两者是融为一体的。员工想要在企业这个平台上发挥自己的能力，实现企业价值与自己的人生价值，就必须要融入企业这个大家庭中，准确定位，积极为企业之“家”发展出谋划策，这样才能赢得领导的赏识，从而实现自己的人生价值。

不少员工会把“爱企如家”挂在嘴上，其实热爱企业终究还是需要通过工作成绩来表达的，而“工作”是一个包含了诸多智慧、热情、信仰、想象和创造力的词汇，只有积极主动的员工才能在工作中付出双倍甚至更多的智慧，这需要具有激情、信仰、想象和创造力，而消极被动的员工则表现为只会逃避、指责和抱怨等。

爱企业这个家要发自内心，这是一个态度问题，一种对工作的真爱。工作需要热情和行动，需要努力和勤奋，更需要一种积极主动、自动自发的精神。只有以这样的态度对待工作，员工才可能获得企业所给予的更多奖赏。建温馨之家，员工企业一家亲。“家”文化建设的关键在于企业赋予员工多大的爱与期待。当员工和企业单纯的劳资关系中穿插了亲情关系时，员工和企业就会成为命运的共同体，只有命运相同，才会思想一致行动一致。只有行动一致，企业目标才能实现。在情感的维系中，企业之“家”才会有温馨之意，员工每天上班如同“回家”的温馨感，下班自然会产生一种“离家”的眷恋感。

2. 实施人本管理，创建和谐环境。

企业管理分为四个层次：道治、德治、法治、术治。其中“道”为最高境界，是一种无为而治；道治是对“有为而治”的否定和超越。道治，也就是“以道莅天下”的无为而治。老子的“无为”只是方法，“无不为”才是目的，“道”虽无为但能有产生天地万物的大为，圣人之无为也能有天下之大治。儒家并不反对“无为而治”，孔子说：“无为而治者舜也与？”他的意思是，像舜那样的圣人或许能做到无为而治，但是一般君主是很难做到的。所以面对现实，我们提倡以仁义为核心的德治。德治是一种人治，需要树立榜样，以德服人；法治则靠契约，制定各种制度；而术治，则是实行强制性的高压政策。企业管理的重点和难点都在于对人的管理，行为科学家认为企业管理的最高境界是"无管理"的管理。

孔子曰："其身正，不令而行；其身不正，虽令不从。"企业必须非常关心员工，公平对待员工。娃哈哈在初创阶段，非常注重对员工的责任和关怀，形成了自己的核心竞争力，这是娃哈哈成功的关键因素之一。企业自建幼儿园，承担员工子女从幼儿园到初中的学费，尽量帮助员工解决住房问题。因此娃哈哈员工的流失率比较低，当然企业员工有一定的流动率也是保存活力的重要因素，所以现在企业在奖励机制之外还引入了竞争机制，每年都要竞争上岗。

人本化管理具体工作体现在以下几个方面：如要对员工的情感进行加温化管理，消除员工的消极情感；要让员工参与决策、实行民主管理，这样不但可以集思广益，而且还可以唤起员工的主人翁意识；要鼓励员工自我管理，就是鼓励员工根据企业的发展目标，自主订计划、自我控制、实现自订目标，做到个人目标与组织目标的整合，这是人性化设计的本义；同时要借助于企业文化来凝聚人心，它也是人性化设计的最高层次，它使员工形成了共同的价值观和行为理念。

人本化管理创造企业与员工之间的和谐关系，这对促进企业活力有着非常重要的作用，万向企业在最困难的时期，曾经有 6 个月发不出工资，全体员工同心同德、共渡难关；而当 2008 年金融危机来临时，出口欧美的汽车零部件订单突然间大幅下降，工人们也从原来的 6 天工作制减少到一周只工作 3 天，当时员工积极性也受到很大打击，情绪非常低落，这时，集团公司提出了"三不措施"：不裁员、不降薪、不减福利，并且积极安排员工调休、旅游和培训等。到了 2009 年下半年，形势快速恢复的时候，员工们都自觉地加班，特别是为了完成"世博会"所需的动力电池供应时，员工们更是放弃了一年当中最重要的除夕夜来加班生产。所以，只有员工个人命运与企业的命运紧紧地联系在一起，大家都做到真诚相待，才能共同克服困难，共谋企业发展。

3. 营造职场氛围，提振员工士气。

营造职场环境是尊重员工鼓励创造的一种态度。企业的工作环境主要包括两部分内容:一是物理环境,包括光线度、办公室布局、自然环境、营销装饰等;二是人文环境,主要有领导作用、精神风貌、竞争环境等。营造一个干净、整洁、独特、积极向上、团结互助的环境,是树立良好企业形象的重要方面,通过企业职场氛围的营造和形象墙等装饰来体现企业文化。如,阿里巴巴的办公环境主色调是橙色,象征温暖而快乐,精彩纷“橙”是阿里人的文化符号。整个阿里巴巴没有空白墙,都被员工设计成了各种颜色的“文化墙”,厕所也不放过,女厕所被叫作“听雨轩”,男厕所叫作“观瀑亭”,每个蹲位还被开发成广告位,由专门部门管理,所有“帮派”可以在这里发通告,“因为这里是所有人都要去的地方,人流量最大”。[①] 图 9-2 反映的是阿里巴巴的文化氛围,在整个办公区域内,到处都有这样的展板,上面全是员工自己的生活工作照片。

图 9-2　阿里巴巴“文化墙”

丽水市大拇指食品有限公司在走道上布置了形象墙(见图 9-3 和 9-4):栏目有“我赞美”“我忏悔”等,员工们积极参与,成为相互沟通、相互了解和激励的文化场所。

4. 授权用人激励,提升员工执行力。

汉高祖刘邦经过 5 年殊死搏斗,终于战胜项羽,夺得皇帝的宝座。公

---

① 李承华:《中国湿地博物馆品牌行为识别理念建设研究》,《包装世界》2010 年第 4 期。

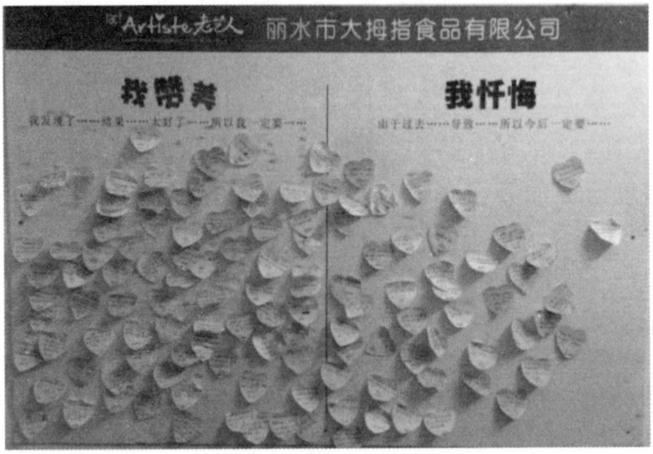

图 9-3　丽水市大拇指食品有限公司“形象墙”

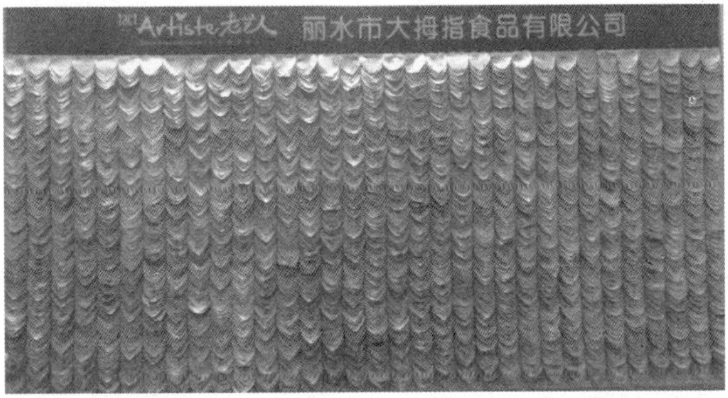

图 9-4　丽水市大拇指食品有限公司“形象墙”

元前 202 年的一天晚上，刘邦召集文武群臣举行宴会。酒至半酣，高祖问道：“诸位，我出身农民，为什么能战胜将门之后项羽而得天下呢？……运筹策于帷帐之中，决胜负于千里之外，我不如张子房；安邦定国，抚慰百姓，调运军粮，我不如萧何；统率百万大军，冲锋陷阵，战必胜，攻必克，我不如韩信。此三人，当今豪杰，而我能使他们人尽其才，各得其所。项羽手下只有一个范增，还不能充分任用。这就是我能够战胜项羽而得天下的原因。”①事实上，作为高层管理的关键，在于用人与授权。

正确的授权应该是“放手的同时不要放眼”。授权，是向员工提供锻炼机会，要允许失败，但关键是要正视失败；正确授权的前提是知人善任，

① 戚明：《现代企业中的帅才、相才和将才》，北方交通大学 1999 年硕士学位论文。

良好的工作态度是信任和授权的基础，高明的管理者应该“离事远点，离人近点”，授权常犯的错误是：意图含糊不清，重点没强调，反馈没说明，期限没规定等。

二、塑造良好的员工形象

企业形象设计重要的不是企业设计制作了图文视觉的标识，也不在于企业赋予了它什么含义，关键是企业做了什么，包括企业每一名员工的行为。企业行为识别包括员工个体的语言、行为以及整个组织的言行。员工形象对塑造企业形象起着极为重要的作用。人们往往透过员工的言行举止感知一个企业的文化内涵。所以企业员工做了好事，自然会给企业的视觉识别增添积极的附加值，反之，则产生负面影响。企业及其成员的日常言行构成了这个企业的行为识别系统，而这些行为识别的具体内容将附加在企业的视觉识别系统之中，通过各种展示方式展示给人们。

1.员工形象是重要的投资环境。

只有在全体员工的努力下，才能树立和维护企业形象，才能使企业形象良好，青春永驻。企业员工形象主要分为管理者形象和职工形象，形象内容主要有品德、气质、知识、才干、技术以及职业道德、敬业精神、精神风貌等。员工形象是指在企业正常运行时，综合企业员工的内在素质和外在表现而形成的对员工的整体性认识和评价。员工形象具有主观性与客观性、概括性与整体性、个别性与共同性以及可传播性等基本特征。

早期浙商出身草根，缺乏形象礼仪意识，甚至出现因不注意卫生而导致与国外企业洽谈的项目半途而废的情况。某浙商在与德国公司洽谈合作事宜，商谈成功将引进外资进行项目研究开发。可是在考察企业中，厂长随意地吐了一口痰，然后继续为外商讲解。德国商人看到这一细节，立刻宣布取消投资项目。他们认为一个不注意个人卫生和修养的人，是不可能创建一个优秀企业的。

从社会公众的角度而言，公众都有一种投射心理，即如果公众认同、喜欢员工的个体形象，就容易对组织的产品或服务产生认同感，从而有助于形成公众对组织产品或服务的消费心理。实验研究发现，企业员工形象可以影响消费者对企业品牌的反应，当企业的信息不足或物理特性不易把握时，企业员工形象对消费行为的影响会增大。如中国海尔集团总裁张瑞敏先生给公众的印象是不知疲倦、有魄力、有胆识、有见解，是一个勇于开拓创新的人。而海尔员工的形象则是有礼貌、热情、有素质、服务周到、技术精湛。因此海尔的人员形象就让人对海尔集团留下十分美好、难忘的印象。

员工形象建设要突出一线员工，主要包括门卫、接话员、行政工作人员和站在前沿的窗口服务人员。要从工作态度、精神状态、道德风貌、文化水平、工作能力、言谈举止和仪表衣着等方面整体推进。如营业员态度恶劣必然会破坏企业形象。如推销员衣冠不整或态度不诚，也会让消费者产生不信任，进而排斥其企业和产品。①

2. 企业员工形象的基本特征。

公众形成员工形象的过程是一个求"善"、求"美"的过程，公众对员工的仪表、服饰、言谈举止、气质等形象要素进行评价，由多种要素构成的系统即员工形象的整体性。诸如员工的举止，包括眼神、面部表情、手势等都是员工外在形象的重要指标，得体的举止能展示员工良好的素养和气质，言谈方式也是员工外在形象的构成要素之一；通过语言，人们可以洞察一个人的精神世界。② 语言还可以反映一个人的道德情操、知识修养等内在形象的要素。优秀企业会对员工形象进行规范化培训，如餐饮企业的店员"穿着整齐、彬彬有礼、笑容甜人、光彩照人"的服务形象，正是企业对员工的衣着、头发、胡须、化妆、仪态等都有极为详细要求的结果。

3. 提升企业员工形象的策略。

首先，注重第一印象。在人们的日常交往和公关活动中，第一印象的形成往往只有短短的几分钟。第一印象好会给对方留下美好的印象，并愿意与之继续交往，否则，会给对方交往带来一定的障碍，甚至不会再有下次碰面。这种现象在社会心理学上被称为晕轮效应或首因效应。人际交往的第一印象一半以上受人的外在形象影响，大多数人都是通过外在形象来确立对他人的第一印象，因此员工塑造自己良好形象首先要给人留下美好的第一印象。

---

① 赵晓兰：《员工形象与企业形象》，《经济论坛》2001 年第 4 期。

② 孙崇勇等：《企业员工形象的含义、特征及提升策略》，《重庆职业技术学院学报》2006 年第 2 期。

企业制定公共关系行为规范，要求文明礼貌待人，言谈举止得体，是每一个员工从事相互交往必备的素质，有许多基本的规范仪表礼仪，要做到穿着整洁、得体、庄重；发型整齐，男同志胡须整洁；走路稳重，脚步轻，不用鞋钉叩响地面；上下楼梯或在走廊行走要靠右侧通行；走路时不大声喧哗或勾肩搭背；遇见同事、客人应点头致意并问好。优秀公司对员工打电话会做专门的规定，如：打电话用语文明、简练；电话未接通要耐心等待，不要拍打电话；打(接)电话应先说“您好，我是某单位某某，请问什么事”；在铃声响起3次以内接听电话；接到打错的电话不要责怪对方，应尽量提供帮助；不用岗位电话闲聊，确保工作通讯畅通等。

其次，打造员工生理形象。生理形象主要包括员工的身材、体形、容貌、肤色等因素。员工的生理形象是与生俱来的，一般难以改变，但员工可以通过穿着打扮来修饰和改变，如高个子员工最好不要穿相对瘦小的衣服，矮个子员工最好不要穿相对肥大的衣服。服装色彩要能够映衬其肤色、发色，使人显得健壮、舒适、有神采，还要体现出自身的品位、文化修养和审美情趣，以便弥补自己生理形象的某些缺陷。

再次，提升员工精神形象。员工形象的提升与塑造还有赖于员工的自我形象认知。个体的自我认知会对他们的智力、创造力及社会适应力产生极大的影响，如果能够正面自我认知，可以提高自信心。同事、亲戚和朋友对员工的自我形象认知发挥着极其重要的影响。如果他们能够给予员工更多积极的关注与肯定，将有助于改变员工的自身形象，为员工塑造良好形象奠定基础。另外，要重视公众的评价，有明确且又深刻的公众观并能以正确的态度对待公众的评价，将形象问题由“评价由人”升华为“行动在己”，充分展示形象塑造的主体意识。

此外，还要提升员工才学形象。企业对员工的培训，可以提升员工的才学形象，它包括员工的专业知识、社会知识、管理知识和技能等，21世纪的文盲不是没知识没文化，而是不会学习，会学比学会更重要。“腹有诗书气自华”，一个人可以什么也没有，但不能没有精气神，而精气神则来自心灵深处的才气底气等。

第三节 企业外部行为活动设计

企业外部行为识别活动是通过客户业务交往、服务方式、公共关系、文化性活动、领导形象和促销活动等向企业外部公众不断地输入强烈的企业形象信息，从而提高企业的知名度和美誉度，配合以视觉形象系统和广告宣传等整体、系统、全面地塑造企业优异形象。如俏江南公司的外部行为识别：美观整洁的环境，真诚友善的接待，准确不误的供餐，优良维护的设备，高质稳定的产品，快速迅捷的服务，顾客满意度非常高。

一、建立对外行为规范

对外行为规范主要是指客户业务交往行为规范和服务规范等。企业客户业务交往行为规范指企业的业务拓展人员在同客户交往的过程中，应当遵守的行为规范，它不仅代表了其个人的形象品位，更代表着企业的形象，包括客户拜访、来访接待、业务商谈规范等。

优良的服务最能博得消费者的好感，包括售前、售中和售后服务，服务必须以诚信为本，言必信、行必果，给客户带来实实在在的价值增值。

优质服务是一种强大的生产力。知名企业家穆罕默德·本·拉希德投资兴建了美轮美奂的 Burjal-arab 酒店(迪拜伯瓷酒店，又被认为是七星级酒店)，它是建在海滨一个人工岛上的如同一个帆船形的塔状建筑，一共有 56 层，315.9 米高。有人形容："我已经找不到什么语言来形容它了，只能用 7 星级来给它定级，以示它的与众不同。"正因如此，这个免费广告传遍了整个世界。Burjal-arab 酒店的服务宗旨是尊贵的周到服务，务必让房客有阿拉伯油王的感觉。接待宾客如同接待世界上的达官贵人，因此一切都极尽奢华，包括接送服务：八辆宝马和两辆劳斯莱斯接送来回机场；能从旅馆 28 层专设的机场坐直升机；潜水艇送到餐厅，享受美味佳肴，环境布置触目皆金；浴室里的所有卫浴用具都是爱马仕的牌子，包括肥皂、古龙香水等，表达了一种"奢华是一种生活态度，一种品位和格调的象征"理念。

著名的迪斯尼公司自有它独特的待客之道：你不是为了自己生产产品，你应该不断地了解人们需要的变化，为他们生产产品。了解你的顾客，真诚地、尊敬地对待他们，他们就会不断地来访。有个案例很能说明问题。有一次，几位客人住在迪斯尼的旅馆里，在乘坐汽车参观迪斯尼世界时，与司机闲聊之中说出房间的水龙头漏水，司机当场向他们保证一定解决这个问题。当客人晚上回到酒店时，水龙头已经修好。迪斯尼认为服务质量应是可触摸、可感受和可体验的，所以迪斯尼认真培训员工，一线员工所提供的服务水平，必须努力超过游客的期望值，从而使“迪斯尼乐园”真正成为创造奇迹和梦幻的乐园。优秀企业用5S管理培训员工。5S是指整理(SEIRI)、整顿(SEITON)、清扫(SEISO)、清洁(SEIKETSU)和素养(SHITSUKE)五个项目，因日语的罗马拼音均以“S”开头，英语也是以“S”开头，所以简称5S。而迪斯尼员工做到极致。一次一名游客不小心打翻了可乐瓶子，虽然他迅速捡起来了，但还是有大半瓶的可乐倒到了地上，这名游客也没有理会，径直走开了。① 然而，保洁员迅速进行清扫，用洁白的吸水纸铺在可乐污迹上吸干可乐后，倒一些清水反复擦洗，直到吸水纸上看不到可乐的痕迹。这就是迪斯尼，这是它的一种文化，更是它良好的行为识别，它表现在每个员工身上的那种重视细节，做好细节，从每一个细节中让游客感到舒心、放心的文化。

细节决定成败。浙商成功企业的员工极具职业素养，做事重细节，且精益求精。特别是杭州银泰百货、红蜻蜓集团等服务型企业，其细节无处不在，甜蜜的微笑、耐心的指引——它在处理和协调人、事、物的动态运作时，会融入日常生活中。其辉煌的历程、商誉和形象，都具体体现在员工们每日对顾客的服务之中。

二、公共关系行为规范

企业公共关系行为规范是企业行为系统的主要内容，它是指一个社会组织运用信息传播手段使自己与各类公众相互理解、相互适应的一种有计划、有组织的活动。任何一个企业都不是一个孤立的客观存在，而是一个由各种社会关系包围着的社会存在。通过公关活动可以提高企业的知名度和美誉度，通过公关活动可以消除公众的误解，免除不良影响，取得公众的理解和支持。公关活动的主要内容包括专题活动，公益性、文化性活动，展示活动，新闻发布会，上级部门及同级单位的关系处理等。

近年来，浙商企业为提升企业形象，总是刻意做公众喜欢的事，如打民族牌的娃哈哈公司的“非常可乐”搞声讨北约轰炸中国大使馆的公关促销活动就很切题。但也有不少企业费了很大财力和精力却达不到预期效

---

① 朱仁祥：《迪斯尼：细节处见真章》，《东方企业文化》2011年第19期。

果。究其原因在于设计这些行为时没有遵循和参照既定的企业理念。如一家西欧风格的高档宾馆去赞助群众秧歌比赛,烟草公司的理念设计为“关爱人类健康”之类,让人感觉不伦不类。公关活动是能体现企业理念的行为,公关活动的主要目的是想在公众中提升企业理念,从而使形象更鲜明。企业行为内涵极为丰富,公关活动只是外向型的、带表演性质的一种。企业行为的设计实际上涉及管理模式、制度建设、产品开发、营销活动以及员工的个人行为等方面。雷达表是瑞士出产的世界名表,未进入中国市场前,国人并不知晓这一品牌。当时是中国正在大力宣传“知识就是力量”的时候,于是雷达表适时地在北京举办了一次“中学生知识竞赛”活动,果然取得了良好的社会反响,企业及产品的知名度也因此一炮打响。此后雷达表又持续举办了几次“中学生知识竞赛”活动,皆获得了社会的广泛赞誉,从而提升品牌形象。

近年来,企业遭遇最大的也是最多的就是诚信问题。凯特法则告诉我们:在学会做生意前,要学会诚信。诚信不只是一种高尚的职业品质,而且也是一种商业优势。李嘉诚做生意是无信不立。他曾说自己并不是做生意的料。因为他第一怕应酬,第二不善逢源,第三失信的事从来不做,但别人对他却不一定守信,结果当然是他自己吃亏。但是他认为自己一生之中,最重要的是守信。正因为诚信,很多生意是别人主动来找他的,这些都是守信的结果。对人要守信用,对朋友要有义气,做生意信用最重要。一时的损失,将来是可以赚回来的;但损失了信誉,就什么事情也不能做了。例如南京冠生园因为诚信问题没有及时采取措施导致破产。江苏南京市有家冠生园食品厂原是一家百年老店,生产的广式月饼以“其形取月之圆,其馅尽味之美”著称,俨然食品生产行业中的“龙头老大”。然而,2001 年 9 月因使用陈年馅料、霉料制作月饼的劣迹被央视等新闻媒体曝光后声名狼藉,企业经营状况一路下滑,在消费者心目中,“冠生园”成为不守“诚信”的代名词。

对企业而言,每一个企业都应该“真诚到永远”。彼得斯在《追求卓越:美国最佳管理公司案例》中提出,一个杰出企业应该拥有 8 个特性:偏好行动而不是沉思;在产品和服务上接近顾客的需求;鼓励自治和放松,而不是严格监督;对雇员的态度是多鼓励;以“走动式管理”保持与大家的紧密接触;专注于自身,以保持商业优势,因此避免了无关的风险;组织结构简洁，人员精干；对目标保持松紧有度的特性但却不窒息创新的控制系统等。

一位浙商在香港开了一家烟酒批发部，在大门旁边特意摆着金碧辉煌的橱柜，里面陈列着来自世界各地的名酒，有大半瓶的，也有半瓶的，就是没有一瓶是整瓶的。在每个酒瓶上还挂着一张精美的卡片，上面写着许多先生或夫人的名字。原来，这些酒都是顾客曾经喝过的酒。为什么要把那么多“半瓶酒”陈列在橱柜里呢？原来，这是老板吸引顾客的经营高招。到这家批发部的顾客，买的酒大多是价格昂贵的名酒，有时喝剩下小半瓶，要带走会嫌麻烦或显得寒酸，可丢掉又觉得可惜。于是批发部便在门口设了一个大橱柜，存放顾客喝剩的半瓶酒，并用一张卡片标上该顾客的名字，待顾客下次来时饮用。这一招像一块无形的磁铁吸引着顾客频频光临，“回头客”越来越多，生意也越做越旺。

第十章　浙商企业视觉形象人情化设计

商战其实在某种程度上也是广告战，有的商家本来产品不错，但是由于广告做得不成功，产品的销路就是打不开。可见，广告是何其重要，它是产品的开路先锋，起着“逢山开路、遇水搭桥”的作用。

——林　东

家有黄金，不宣传，人家不知道；家有石头，可广告说是黄金，所起的只会是负面作用。

——周建成

企业视觉形象犹如人的脸面，是企业形象外在的演绎。良好的视觉形象能促进企业形象快速建立与广泛传播，直观地表达企业形象实力与价值。

——作　者

在“眼球”经济时代，无数的企业和品牌名称以 9.6 秒的商业影子闪现。各种传媒上夺目的企业形象文字、柔美的声音不停地将一天的特别信息告诉消费者。但只有 16%的企业和品牌名称能够让人回忆起来，人们只能记住那个叫“最好的企业或品牌”。因此设计人情化的企业视觉形象，以神领形、以形传神尤为重要。

当代消费者需求分为三个阶段:“数量的满足时代”“质量的满足时代”和“情感的满足时代”。形象设计的情感化不仅体现在赋予视觉设计以美感的形式，更能够使理念和行为识别深入到人的内心世界，唤起人对企业形象的心理感知。

企业视觉形象是由企业的基本标识及应用标识、产品外观包装、企容企貌等构成。企业视觉形象人情化设计，实际上是将企业塑造成一个有血、有肉、有情意的人，只有这样才能打动消费者的心，企业形象所体现的情感往往是与文化相结合的。因为，人的情感交流是通过各种语言、表情、姿态、动作等实现的，而企业与消费者之间的情感，只能以间接的、文化的方式实现。

企业视觉形象表现为优美和谐的图案、色彩和字体组合，以其美学价值和艺术价值在公众心中唤起丰富的联想和美好的情感，使人们清晰地识别并将企业形象牢固地印在脑海里。

第一节　视觉形象设计功能与原则

浙商企业在视觉形象设计时，要注重东西方文化的融合。根据心理学家研究，人们凭感觉接收的外界信息，有 83%来自眼睛。而企业视觉设计无疑就是在争夺人们 83%的视觉注意力。为了抢占注意力，世界一流企业在视觉形象设计上各显神通。

企业视觉形象设计的基础在于企业视觉形象设计的建立，何谓企业视觉形象设计？企业视觉形象设计有什么作用？它在表达企业理念追求、表现企业特有形象上有何巨大威力？视觉形象设计应遵循什么原则？这些是必须首先明确的理论问题。

一、视觉形象设计概念

娃哈哈产品电视广告在视觉传达方面给大家留下了深刻的印象：以公园为背景，漂亮的妈妈正拿着水杯百般诱惑孩子喝水的时候，突然发现孩子黑亮的眼睛盯着远处小商店内的“娃哈哈”——飞速买回后，孩子接过瓶子开心地大口喝水，喝完之后递给妈妈的瞬间，水由瓶内溅洒出来（慢镜头——滴滴纯净、透明的水珠飞溅而出），妈妈开心地笑着接过了瓶子，并使用瓶子放在眼部和孩子藏猫猫（特写一下镜头，突出妈妈在矿泉水中的眼睛，显现水的纯净透明），小朋友开怀大笑！

视觉的基本含义。“视”有三种基本含义：一是看的意思，如看待、看望；二是看的态度，如重视、轻视、藐视等；第三是考察的意思，如巡视、视察、监视等。“觉”有两层含义：第一是指“觉察”，这是由“视”而做出的反应，是一种客观的反应，不带有个性化的主观判断因素，如一套别墅大或小，一个人高或矮；第二是指反映，如觉醒、觉悟等，主要是指对由“视”而做出有深度的并带有一定个性化的主观判断，如不少女人喜欢瘦、讨厌胖等。

“视觉”主要有两个层面的解释：其一是较为名词化的解释，主要是指“看到的物体或事物”，包括主动看到和被动看到。其二是较为动词化的解释，主要是指对所看到的物体或事物做出的某种反应与判断，包括主动判断与被动判断。所以，视觉一般是指看到的特定物体或事物，并由此而形成的带有个性化及主观因素的鉴别与判断。

视觉又可分为可视视觉与非可视视觉。可视视觉又叫直接视觉或直观视觉，即我们直接看到的视觉内容。但在日常生活和市场消费中，我们对人、物及商品等所做出的判断，以及由此而形成的行为并非都来自直接视觉，一些非直观视觉的形式如听、嗅或所谓的感觉，在一定程度上对行为也起着很大的影响，这些听、嗅或感觉的内容就是非可视视觉，又被称为非直观视觉，或广义视觉概念。在此研究的视觉概念主要是针对可视视觉，即直观视觉的内容。视觉必须有针对性；视觉是由一个观察、判断、鉴别叠加的过程，也是由抽象到具体、由模糊到清晰的过程。

企业视觉形象设计是一个既宽泛又狭义的概念。从宽泛的角度讲，任何构成企业基本表现与特征的内容都可视为企业视觉形象设计，如企业的位置、规模、建筑物、产品、工作人员、销售场所、营销手段、各种有形广告等。狭义的企业视觉形象设计是指针对某一具体企业或产品，设计并建立的具备较高的视觉内涵、涵盖丰富的视觉概念、具有充实的视觉内容、蕴涵多层次概念空间、富有巧妙创意的设计手法等内容的具体视觉对象。

企业视觉形象设计是一个体系，它以企业理念系统为中心，借助企业的标志、名称字体、标准色系、辅助图案等基础设计系统，并将之全面应用到企业所有的可视系统中，使理念视觉化，达到统一、美观、易于识别的静态的形象效果。

视觉识别系统其内涵广阔，可分为两个部分：基本要素(Basic Elements，简称 BE)设计和应用要素(Application Elements，简称 AE)设计。基础部分设计包括企业标志、企业标准字体、企业标准色彩、辅助图形、吉祥物和企业标准组合规范。基础设计部分是企业形象设计系统的核心部分，其中标志设计是基础部分设计的关键。应用部分设计包括办公用品、环境指示、交通工具、产品包装、店面陈设、服装配件等，还有诸多项目随着时代的变迁加以更新。具体见视觉识别系统设计图(如图 10-1)。

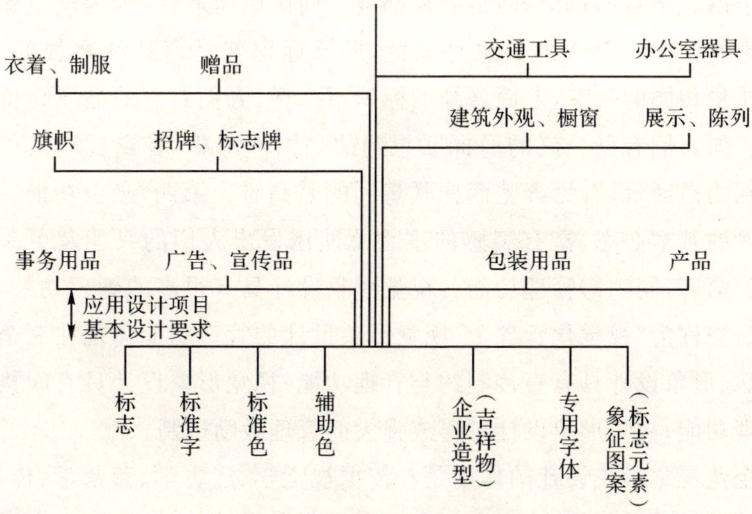

图 10-1　视觉识别系统设计图

二、企业视觉形象设计功能

对视觉形象设计功能与作用的探讨，具有非常重要的理论价值。其理论研究对企业应用视觉形象设计塑造形象、拓展市场、提升竞争力有着非常重要的现实意义。

企业视觉形象设计的功能。第一，识别功能。文字识别是理性的，视觉识别是感性的，而感性的力量往往是直接的、迅速的。百事可乐和可口可乐仅仅两字之差，从名称来看区别并不大，但是企业标识差别就很大。识别功能是视觉形象设计最为基本的功能，也是设计与应用视觉形象设计的核心目的。识别功能主要是通过人们对视觉形象设计的认识和解读，形成对某一物体或某一事物的鉴别与判断，从而产生对视觉形象设计表达物体的特定概念，由此建立自身的行为趣向。识别功能有接受性识别、关注性识别、理解性识别和记忆性识别等。可以有效吸引人们的视觉注意力。第二，传播功能，它是视觉形象设计的本质表现。人类大脑在识别和储存信息的过程，即俗称的记忆中分为两种模式：声音记忆与图像记忆。第三，表现与表达功能。表现与表达特定事物的内涵，是视觉形象设计既重要又独特的功能。在古代时候人们有图腾崇拜，在开始的时候图腾崇拜是实际的物品，但是后来就成为崇拜一个抽象的图腾标识。祖国是一个内涵丰富的概念，但是后来都被一面国旗所取代，因为国旗就是一个国家的标识。企业形象也是如此，形象标识就是商品拜物教的图腾。如果质量相同的汽车，上面悬挂的标识不一样，人们对它的品质评价也不一样。如人们看见一汽的商标联想到的是国产至尊，看到夏利汽车商标联想到的是廉价，看见奔驰商标联想到的是高雅。第四，吸引功能。追求美是人的基本心态，富有美感的事物总能诱发出人们的兴趣及更深层的关注。第五，制约与管理功能。视觉形象设计具有很高的管理功效，这种功效又被称为“视觉化管理”。视觉形象设计的管理功能体现在三个层面上：视觉形象设计具有直接制约与管理功能；视觉形象设计具有间接制约与管理功能；视觉形象设计可形成强大的管理激励机制。

企业视觉形象设计的作用是在依据视觉学、广告学、营销学、传播学、沟通管理学等学科理论，在分析广义视觉形象设计的基础上，重点对以企业视觉形象设计为主体的特定视觉形象设计的作用进行理论探讨。第一，视觉形象设计有着强大的感染力和震撼力。视觉形象设计可形成一种由视觉关注到诱发视觉感染，由视觉感染催生心灵震撼的视觉——心灵互动效应。第二，视觉形象设计能形成强大的视觉关注效应。人们在关注一个事物时，往往是从视觉关注开始，视觉关注的程度对事物的发展有很大影响。第三，视觉形象设计有着非凡的表现作用。视觉形象设计在表达和表现事物特征与内涵方面会产生强烈的视觉效果。第四，视觉形象设计具有极强的感召力。视觉形象设计在很大程度上是与企业、品牌、商品等融为一体的，构成了品牌实力、商品水平，以及公众实力、购买者档次、使用者喜好的直接表达体。所以，是否拥有和使用具备一定视觉形象设计的商品，构成了众多消费群体的直接购买动机。

三、视觉形象设计原则

1. 整体性原则。

视觉形象设计，意为将企业视觉形象进行统一的视觉识别表现和标准化、专有化，是企业独有的一套识别标准，它将企业理念、发展战略、精神境界、文化特质、营销、广告、公共关系等抽象语言转换为具体符号。视觉形象设计的最大特征就是整体性，它不是将企业的各个环节进行孤立的策划，而是在统一的原则指导下进行全局的考量，以保证各环节内容的和谐统一，设计目的是为了传达企业理念，其视觉各要素都是向社会公众传达企业理念的重要载体，脱离企业理念的视觉识别设计只是一些没有生命力的视觉符号而已。保持风格的统一，并非要求千篇一律，而是要有变化地统一，是在坚持基本原则下的统一。

2. 独创性原则。

独创性是视觉形象设计最基本，也是最高的要求。独创性是指视觉形象设计的每一项设计方案，均是根据企业的具体实际提出的，拒绝任何形式的抄袭和剽窃。原创性体现为一种锐意创新的精神，这是视觉形象设计的生命力。视觉形象设计本身作为一种“差别化战略”，以塑造独特个性的企业形象为宗旨，这就要求视觉形象设计要通过“原创性”形成“排他性”，以充分塑造企业独特的个性和魅力。

独创性是指建立在严谨的实证、调研基础上的一种设计原则和思想，体现了一种“人无我有，人有我新，人新我优”的创新精神。例如杭州秀山美地有限公司将在余杭创办的农庄中的餐馆取名为“人民公社”，外边挂着一串串老玉米、红辣椒等农家风味，屋里挂着毛泽东画像、红五角星、毛体书法“为人民服务”标语等，服务员热情、周到、细致，各包厢挂着“红星大队”“红旗大队”等字样，饭店虽然不大，但顾客盈门，这就是独特的视觉形象设计带来的实际价值。

3. 艺术性原则。

企业标志、标准字体、标准色等视觉识别本身就是一种视觉艺术，同时，对视觉的欣赏过程也是一种审美过程。因此企业的视觉识别系统的设计必须符合美学原理，适应人们审美的需求，使社会公众对企业产生鲜明、深刻的印象。因而所设计的视觉形象必须给人以强烈的视觉冲击力和感染力，达到引人注目和有效传播的目的。

4. 人情化原则。

视觉形象设计要注重人情化设计，以消除现代工业所带来的人性异化。与人产生关系，使人感到被关心，创造出互相信任、彼此融洽的亲和感和人文环境，是企业视觉识别设计应追求的目标。人情化设计必须体现不同民族的文化及风格，因为各民族的语言、文字、审美、色彩、图形等都具有自身特点，每个民族都有其偏爱和厌恶，不符合民族习惯的视觉设计必然是失败的。

5. 可操作原则。

视觉形象设计的有效实施，是视觉形象策划的直接目的，在视觉形象设计中要有可操作性的方法和原则。视觉形象设计为企业或社会管理组织的形象塑造与传播提供了内在的向心力与凝聚力，为企业或社会组织的形象管理与维护提供了权威性的操作标准与技术标准。

市场、企业和公众都在不断变化，企业视觉形象设计内容也应及时进行调整。视觉形象设计具有阶段性，并存在着增补或变更的机会，但应严格按视觉形象设计工作程序，由专业的形象设计公司和企业专门的视觉形象设计委员会共同来完成，以维护视觉形象设计的完整性和规范性。

此外，企业视觉形象设计中还要考虑法律性和前瞻性。遵守国家法规，应充分符合《中华人民共和国商标法》《中华人民共和国知识产权法》《中华人民共和国广告法》等有关的法律法规，并在长期的形象管理和维护过程中，依据法律所赋予的权利来保护自己的形象不受侵犯。视觉形象设计所要实现的目标是使企业树立一个长久、稳定、鲜明的个性形象，有利于企业的未来发展。因此视觉形象设计更多地要考虑为未来一个阶段企业发展对形象的要求，留下足够的延展空间。

第二节　视觉形象基本要素设计

人的第一印象来自他的相貌、发型、服饰、声音以及气质等。相貌特征突出、服饰华丽奇异等自然让人印象颇深。但印象深不是目的，印象好才是王道。企业给人的第一印象也是它所表现出来的表象化的东西，诸如企业名称、企业标志、标准字、标准色、象征图案、宣传口语、市场营销报告书等，这些统称为视觉形象设计基本要素。

一、企业标志就是第一印象

企业标志是视觉设计的核心要素，标志在公众心中是企业品牌的同一物，集中表现了企业特征和品牌形象。

标志，英文为 Logo，是一种图形传播符号，以特定、明确的造型、图案来代表企业，反映企业内涵和外在形象。标志作为视觉图形，有强烈的传达功能。在世界范围内，容易被人们理解、使用，并成为国际化的视觉语言。标志，又可分为企业标志和品牌标志，标志作为一个符号，应从第一识别要素上着手开始，即设计出具有独创性、艺术性的企业标志，拥有使人过目难忘的艺术效果和视觉冲击力。高级男装品牌报喜鸟集团的标志，名字叫报喜鸟，但并不是我们生活中的喜鹊。传说中，远古时有一只神鸟，口衔希望和快乐的种子，盘旋在神州上空，寻觅合适的沃土播撒，它飞临哪里，哪里就是一片生机和欢腾。报喜鸟因此得名，该公司也是秉承“喜悦传四海”的理念。图 10-2 为报喜鸟的标志。

图 10-2　报喜鸟标志图

1. 企业标志设计的意义。

第一,企业标志打造企业品牌。企业标志是区分同类企业或近似企业的视觉符号。通过标志,可以显示企业独特的个性,打造企业的认知度和美誉度,为企业赢得竞争优势,并带来更大的经济效益。打造成功的企业标志就是建立优质品牌的前提。金利来的标志以英文 Goldlion 的开头字母 G 为主体元素进行设计,英文 Goldlion 中文翻译为"金狮",与"今失"谐音,有"失利""不祥"之意。所以曾宪梓将其翻译为"金利来",象征着"财源滚滚来",使其拥有美好吉祥之寓意。如今"金利来"这一品牌代表着荣耀与成功,金利来引领的优质生活成为众多男士追求的目标。

第二,企业标志体现企业实力。企业标志是企业精神文化的反映。公众通过对企业标志的认识,产生对企业的认同感和信赖感。其中,信赖感是企业实力的体现,是公众对企业长期支持的结果。

第三,企业标志引领企业方向。企业标志是企业特征的集中体现,其色彩和造型突出了其行业特征,预示着企业的发展方向。透过简洁、鲜明的造型,公众感受和体验到企业的经营方向和经营内容。

2. 标志的类型。

按所属行业类别来分,标志主要包括以下几类。

商标,商品的生产经营者在其生产、制造、加工、拣选或者经销的商品上或者服务的提供者在其提供的服务上采用的,用于区别商品或服务来源的,由文字、图形、字母、数字、三维标志、颜色组合,具有显著特征的标志。①

徽标,政府和国际组织机构标志——国徽、党徽,国际文化、商业等活动标志。如联合国(英文缩写:UN)标志,两根橄榄枝衬托着地球,象征着联合国宗旨是维护世界和平和安全。

公共标志,用于公共场所的指示符号,具有显著的记号作用。如交通指示牌、洗手间、使用标志、运动会系统标志。按内容分类,有商业性标志和非商业性标志。非商业性标志有政府和国际组织机构标志,大型活动、会议标志,公共信息标志。

按表现形式分类:文字标志、图形标志和图文结合的标志。文字是一

---

① 赵星羽等:《企业商标的法律保护与运营争议》,《时代报告(学术版)》2011 年第 8 期。

种带有很强约定性的记号，简洁、活泼、具有冲击力和视觉性，文字标志更多地把它看作图形或符号。文字标志又包括汉字标志、拉丁字母标志、数字标志。

图形标志是以图形构成的标志，包括具象图形和抽象图形。图形标志注重图形、结构的创新与美感，以视觉感染力强、形式多样、形象生动为特点。抽象图形标志即是以一些完全抽象的几何图形、文字或符号来表现的，使抽象图形形象化、趣味化，是抽象图形标志的特征。这类标志具有较强的艺术审美性，容易给人留下深刻的印象。具象图形标志即是运用某一具体形象直接体现设计主题。亲切、直观是具象标志的特点，直接表现的标志人们熟悉的具象形象。

图形和文字组合的标志。对于较单纯的文字或图形标志来说，图文组合的标志表现性能更强，印象和识别性也随之得到了提高，既克服了图形容易产生歧义的缺点，又弥补了文字表述的单一性。

3.标志的特点与作用。

第一，准确的理念。通过视觉形象传达思想，运用象征性、图形化、人性化符号去引导大众，获取清晰的理念感受。第二，视觉美感。标志的视觉美感随着时代变化而升华，它源于人类文化现象及意识形态的转变，并体现着世界标志多元化所带来的视觉时尚潮流，体现着一个国家、民族、历史、传统以及文化特征，在更大程度上决定了人们的审美特点。例如星巴克标志原来是双尾美人鱼木雕图案，她有赤裸乳房和一条充分可见的双重鱼尾巴。后来美人鱼图案做了些许修改，没有赤裸乳房，没有双尾，并把商标颜色改成绿色，一个富有艺术美感的标志诞生了。第三，记忆与识别。标志的记忆性在很大程度上取决于符号的筛选和贴切表达的结果。识别性是由标志创意特征所决定的，在强化共性的同时，突出理念与个性尤为重要，否则它不会强化人们的记忆。

4.企业标志设计的基本原则。

标志设计最重要的是易解、新颖、美感、适用。具体而言：

第一，具有个性，易于识别。与众不同，区别现有的标志是视觉形象设计最基本要求。富有创意的标志往往能让公众瞬间记住，能够体现行业的特点，具有现代的艺术风格，并具有深刻的文化寓意，和竞争对手之间具有明显的区别。苹果公司之所以惊艳世界，不但是因为它生产高科技产品，还因它的极其有个性的“破苹果”标志。这“被咬了一口的苹果”如一个精彩故事，引得众人遐想。有人说：苹果在古希腊神话中是智慧的象征。当初亚当和夏娃就是吃了苹果才变得有思想。苹果公司的标志是咬了一口的苹果，表明了他们勇于创新，向科学进军，探索未知领域的理想。有人说这个标志是为了纪念伟大的人工智能领域的先驱阿兰·麦席森·图灵，他因吃了沾染氰化钾的苹果而死亡。更有甚者，英国人拍了电影 *The Imitation Game*，虚构了有关图灵自杀与苹果公司 LOGO 关系的情节，被相当一部分民众及图灵的拥趸认可并广为传颂。还有人说是由于英文的“咬”字(bite)与计算机的基本运算单位字节(Byte)同音，所以就有了“被咬了一口的苹果”。而真实情况是，苹果的第一个标识非常复杂，它是牛顿坐在苹果树下读书的一个图案，上下有飘带缠绕，写着 Apple Oamputer Co 字样，外框上则引用了英国诗人威廉·华兹华斯的诗句：“牛顿，一个永远孤独地航行在陌生思想海洋中灵魂。”①由于标志过于复杂，乔布斯希望罗勃·简诺夫为苹果设计一个新标识。这就是苹果的第二个标识——一个环绕彩虹的苹果图案。后来有媒体采访了“七彩缺口苹果”的设计师罗勃·简诺夫，他表示，很抱歉破坏那些关于苹果 LOGO 设计的美好传说，事实比传说远远来得更简单一些，仅仅是他喜欢而已。如果真的要解释的话，他觉得最初设计咬那一口是为了让 LOGO 看起来是个苹果，而不是樱桃。发展到现在，苹果的标识更简洁：一个被咬了一口的泛着金属光泽的银灰色苹果。

第二，体现企业理念，符合企业内涵。企业理念是企业文化的核心，包括企业目标、企业价值观念、企业经营哲学、企业宗旨、企业作风等，它以一定的文化内涵为支撑。标志设计应从企业的性质、理念、历史、文化、地域特征、产品类型、目标对象、销售形式等方面去思考和切入，在分析企业内部实态和外部特征的协调性并进行同行业比较的基础上，运用象征、联想、比喻等手法进行具体的表现企业的标志设计。例如中国联通标志由中国古代吉祥图形“盘长”纹样演变而来。② 迂回往复中线条象征着现代通信网络，寓意着信息社会中联通公司的通信事业井然有序。标志有

① 摩尔等：《IT 公司 LOGO 的演变》，《现代计算机（普及版）》2008 年第 3 期。

② 吕静等：《符号学在设计中的“应用”》，《美术大观》2008 年第 11 期。

两个明显的上下相连的“心”，展示联通公司宗旨：让一切自由联通。

第三，形式优美，造型简洁。例如武汉和合面馆标志以店名中“和”字为本，结合中国古代“和合二仙”的传说，由中文“和”字偏旁“禾”及“荷花”“盒”图形构成，寓意和合如意、和合生财。又如深圳兰韵企业形象设计有限公司，其标志透过方块字“兰”，传递出中国易经八卦文化内涵，“兰”字去掉最下方的一横即兑卦，意为创新；“兰”字去掉字头的两点即乾卦，意为领导者。可口可乐原有的标志识别中不可缺少的四个要素：CocaCola的书写字体，Coke的品牌名称，红色的标准色，独特的瓶形等。

而且，标志一旦确定，就相对稳定，超越时代。美国明尼苏达州采矿制造公司，是世界闻名的通信系统与设备制造公司，在1938年公司创立5周年时，公司开始使用3M标志。

随着时代的发展，人们的审美观念悄然改变。标志设计将向以下这些方面发展：仿生设计、人性化设计、时空化设计、朴素设计、随意形态设计、高科技设计和个性化设计发展等。

二、企业名称就是最好广告

世界上最动听的声音，是叫你名字时的声音。名字看上去好看，听上去有音乐美，会不禁使人联想斯人的美好，如宋美龄、林徽因、刘若英等，名字蕴含诗情画意，伊人风情万种，相得益彰。同样，企业的名字对公众的选购是有直接影响的，企业产品命名的好坏，与产品销售之间有极大关系。命名恰当，可以扩大影响，增加销售；命名不当，则可能减少销量。

1.好名字好运道。

电影界，要想好票房，先有好名字，如《大红灯笼高高挂》《满城尽带黄金甲》《2046》《东邪西毒》《周渔的火车》《天下无贼》等，而国外电影的中文译名也饶有意趣：将《滑铁卢桥》(*Waterloo Bridge*)译成《魂断蓝桥》，《鬼魂》(*Ghost*)译成《人鬼情未了》，《速度》(*Speed*)译成《生死时速》，《礁石》(*Rock*)译成《勇闯夺命岛》等，电影名字五花八门引人遐想，吊足了观众胃口。

而在企业界，好名字带来的社会经济不可估量。日本学者山上定指出：“现在销售商品的条件是什么？一是命名，二是宣传，三是经营，四是技术。”他把命名列为畅销商品的第一条件。一个能够表明产品特征和性能的命名，往往能够左右该商品是否畅销。因此，一个好的企业名是一个好的品牌、好的广告。企业或品牌命名的好坏对产品的影响是成正比关系。一个好的名称对企业迅速成长有重要作用，而一个没有文化含量的名称则会对企业或品牌传播起阻碍作用。台湾著名品牌宏基的英文名称是 Acer，给人的第一感觉就是国际性。其实宏基的英文名原先是 Multitech，用了 10 年，刚在国际市场上闯出名气，竟发现这个名称早被美国计算机企业注册使用。于是宏基委托闻名全球的广告设计公司奥美广告设计新商标。奥美广告发动全球的设计师，历经 8 个月，从 4 万多个名字中筛选出 Acer，其蕴含深意（Acer 有优秀、杰出的含义），且富于联想（源于拉丁文的 Acer，代表鲜明、敏锐、活泼、有洞察力），而且该名称出版资料、产品目录及搜索引擎中排名靠前，易读易记。Acer 名称确定之后，宏基公司投资约 6000 万美元在全世界进行商标注册及广告宣传。使一个新的电脑品牌在几个月内名震全球，身价倍增。这是一个耗费巨资的命名。当然，Acer 已经成为台湾价值最高的品牌。

很多企业名称及品牌来自一个个故事："雪佛兰"以著名赛车手的名字命名；"马自达"是古波斯宗教中的光明之神的名字；"碧浪"是《暴风雨》中实现理想的小精灵名称；"诺基亚"以芬兰南部小镇的地名命名；"锐步"以动作敏捷的非洲羚羊命名运动鞋品牌。从企业或品牌名称中就能解读出商品的特点个性，解读品牌文化和企业文化。好的商品名称洋溢个性，耐人寻味，引发形象而优美的联想，给顾客留下美好而深刻的印象。

2. 企业命名艺术原则。

第一，企业或品牌的命名要适应时代经济生活的明快节奏，提高响亮度。牙膏取名"白玉"、自行车取名"飞鸽"、皮货取名"雪豹"等都是脍炙人口的上品。另外，从简单、动听的角度来考虑，"999"胃泰、"101"生发剂等，虽在语调上的美感稍有不足，但由于它们简单、清晰、易记，因而也是很好的名字。

第二，产品的命名要易于传播，不致被混淆。产品命名的目的，就在于使这一产品与那一产品区别开来，使公众容易认准牌号购买。如某产品命名易于同别的产品混淆，就会给公众认购造成困难，势必影响产品的销量。比如"长城""熊猫"的命名就易于被同名而非同类的产品所混淆。据统计，有一年杭州市场有 210 个注册商标，其中用"西湖"命名的就有 58

个，用“西湖”命名作为商标只能给公众一种共同的感觉，即这种产品可能是浙江省出品的，而个性远远不够，它不可能成为某一产品及其特征的代名词，这对于创造名牌和人们认牌购物极不利。

第三，产品的命名要新颖。新颖，才能振聋发聩，给人留下深刻的印象。如儿童食品取名为“娃哈哈”，生动形象，新颖独特。“中意”电冰箱，采用双关法命名，既说明该冰箱系中国、意大利合作生产，又赞誉冰箱能使公众称心如意。目前命名常采用比喻法、双关法、夸张法、重陈法、形容法、颂祝法、借光法、反映法、创词法等，无论采取哪一种，都应务求新颖、不落入俗套、不与人雷同。

第四，产品的命名要有艺术的美感。让人在欣赏夸饰巧喻的愉悦中，达到记忆的目的。例如“霞飞”牌化妆品“霞飞”二字是暗引王勃《滕王阁序》“落霞与孤鹜齐飞”的名句。寓意使用该品可使人永葆青春红颜、神采飞扬的意义，并给人高雅华贵的美感。①

第五，产品的命名要能告诉或暗示公众产品的特征，能给公众带来的好处。如“顺风”电风扇，“声宝”收录机，“丽人清水”化妆品，“舒洁”卫生纸，“味王”味精，“花想容”美发设计中心，“麒麟”保险机构，等等，这些都是根据产品的特征来考虑命名的。“丽宝地”“万家乐”“健力宝”等则告诉或暗示公众在使用后得到的益处。

第六，产品的命名要有伸缩性，可适用于任何新产品，这是因为某些产品的命名具有过强的产品偏向，适合于电风扇的命名，就未必适合于电视机，使如“顺风”是一个很好的电风扇名字，假如以“顺风”来做电视机的牌子，公众就会觉得格格不入。怎么解决这个矛盾呢？企业就必须给产品命名一个通用的名字。

第七，产品的命名要字音和谐，韵味悠长。如“茅台”“凤凰”均为叠韵词，读来琅琅悦耳，众口成诵。如果是出口产品还要考虑命名在世界各地的发音都要一致。“娃哈哈”集团在进入市场之初，其名称就曾经使人耳目一新，从而快速地获得市场认可。正是“娃哈哈”文字明了、可视性好、容易辨认、语句简洁，才在传播中占有了优势。

第八，产品的命名要研究公众的喜好和禁忌，尤其是在出口商品上必

---

① 王克修：《如何构建企业营销文化》，《湘湖论坛》2001 年第 1 期。

须了解公众所在国家和地区的习俗，切勿犯忌。例如，我国的“山羊”牌闹钟，“山羊”在英国是被喻为“不正经的男子”，“山羊”如果出口英国，尽管这种闹钟价廉物美，仍会无人问津。还有我国的“芳芳”牙膏，在英语中的意思是“毒蛇”和“狼牙”，恐怕这种牌名的产品也不会有好的销路。

总之，一种产品要打开销路，占领市场，不仅要求质量高，而且不能忽视牌名的作用。起一个既符合产品性能特征，又符合公众心理需求的名字，无疑会提高产品的知名度和竞争力。

三、标准字的美感与均衡

标准字作为一种符号，和标志一样，也能表达丰富的内容。标准字是指由特殊字体组成或是用经过特别设计的文字来表现的企业厂名或品名。许多国际名牌在进入中国市场时，都将其品牌译成汉字并用独特的字形予以表现，如 Coca-Cola 公司就从 4000 多个中文译名中煞费苦心地翻译为“可口可乐”，并选用特定的字形加以表现，给中国公众以独特的视觉识别。蒙牛集团企业名称也选用了书法字体，字体颜色为黑色。标志图形以牛角和绿色的草原结合而成，突出了蒙牛集团打造绿色健康产品的经营理念。印刷在包装上的字体与标志使公众在购买产品的同时感受到内蒙古大草原的豪迈气息。

企业标准字体设计原则。首先要易于识别。名称的发音要适应社会大众的习惯用语，发音的设计要新颖，朗朗上口。同时企业名称标准字体要易于识别，易于记忆。由细线构成的字体易让人联想到纤维制品、香水、化妆品类。圆滑的字体易让人联想到香皂、糕饼、糖果。[①]“角形字体”易让人联想到机械类、工业用品类。英文字母的各种变形有着各种意味，中文汉字的书法源远流长，其各种字体的形式意味就更丰富了，如隶书的厚实严肃，草书的飘逸灵秀，各种“书”中又分“体”，各“体”又有各种风格，如楷书中的颜体庄重博大，柳体空灵洒脱——变化无穷，有着广阔创作天地。即使不是书法，字体设计上也同样可以下功夫，如“雪碧”“芬达”的标准字，将字体的比例、形状、弯曲度，等等，都处理得精致美观，尤其是雪碧中“碧”字一点，是柠檬形象的高度抽象。在标准字的设计中，首先要注意

---

① 张引良:《浅谈企业形象塑造的形象识别系统》,《大众商务(投资版)》2009 年第 5 期。

各个字的协调配合，均衡统一，使之具备美感和平衡。其次要个性鲜明。企业名称标准字体在易读、易认的基础上还要适应时代发展的需要，具备一定的独特性与审美性，公众通过企业标准字体感受到企业与社会发展的密切联系。最后，应用广泛企业标准字体通常与企业标志配合使用，所以设计者要考虑其在传播过程中的具体情况，使其具备一定的广泛性。

四、企业形象标准色彩

企业标准色彩是结合企业标志和企业标准字体而进行设计的，要适合企业发展，能够代表企业特征的色彩语言。一般不超过3种，应用于标志识别、广告、包装、建筑装饰、展品陈列、旗帜、制服等设计项目，作为企业视觉识别的设计要素。

1. 标准色彩是企业形象背景基调。

“7秒定律”是指企业或品牌通常会在7秒内给公众留下第一印象，这7秒钟有可能引发公众对产品的兴趣，继而希望在产品质量、性能等方面有进一步的了解。在这短短的7秒内，其决定因素中色彩占到67%，这就是20世纪80年代出现的“色彩营销”。正如我们看到绿色的草原就会联想到健康营养的“蒙牛”、黄色的大门就会联想到快捷方便的“麦当劳”，看到蓝色联想到“蓝色巨人”IBM。

色彩有独特意蕴。不同的色彩带给人不同的感受。如白色给人纯洁、干净、明快、洁白之感。在中国民俗中，白色还让人联想到悲哀；在韩国，白色是纯洁高贵的象征。黑色使人联想寂静、绝望、不幸、恐怖、沉默、严肃、庄重等。灰色被视为中庸、平凡、温和、谦让、不公平，在现代社会常用来形容低调。而紫色象征优雅、高贵、壮丽、神秘、永远、不安、气魄，女性用品中大量使用。红色使人联想到太阳、火焰、紧急、血、喜庆、热情、爱情、活力，但在国外，红色还象征着恐惧。黄色是希望、富丽、权威、辉煌、智慧、活跃的象征，在食品行业被广泛使用。蓝色象征诚实、沉着、海洋、广大、悠久、消极、智慧，多用于高科技领域。绿色是草木、和平、环保、成长、健康、自然、安静的象征，环保、食品类公司会大量使用。同时，不同的色彩搭配，会给人带来不同的心理感受。健康快乐的绿色搭配中性的灰色呈现出典雅的气质。黑白的搭配给人以意味深长的感受。卡蒂芬的色彩明快、亮丽给人以活泼、前卫的感觉。

心理学家经调查研究发现，各种颜色对人的感觉、注意力、思维的个性都会产生不同的影响，五彩缤纷的色彩，也就为企业视觉形象的识别提供了基础，成为企业塑造个性形象的有效手段之一。标志色的选择，也便成为企业形象竞争的重要武器。

近年来，有一个民间社团组织正在逐步引起公众的关注，这便是绿色和平组织，除了人们社会环境意识的提高，绿色和平组织能迅速崛起，在世界造成巨大影响力，其绿色和平组织采用的色彩战略功不可没。绿色和平组织以绿色作为组织的标准色，将它统一用在招贴画、宣传车等上面，再加上绿色意味着自然，象征着和平、宁静，给公众留下深刻印象，形成极大的号召力。

2.标准色设计原则。

首先，企业的标准色设计应当突出企业风格，体现企业的性质、宗旨、经营方针。如海王集团股份有限公司选用蓝色为公司标准色，象征着向海洋进军的公司目标，借蓝色冷静、理智、幸福的形象，体现企业对高科技的追求，为人类的健康美好而创造的决心。而美国航空公司，在其广告、公司员工服装、飞机内部以及机票上都使用红、白、蓝的公司标准色，这三种颜色正好是美国国旗所使用的颜色，这清楚地表明了公司作为美国运输者的地位。

其次，标准色的设计要制造差别，鲜明地显示企业的独特个性。例如郑州是九州通衢之地，商战非常激烈，各商场在竞争中也打色彩战，最集中的体现是在员工制服颜色的选用上。亚细亚商场选用湖蓝色，商城大厦选用翠绿色，紫金山百货大楼选用邮差绿，市百货大楼则选用藏青色，商业大厦选用橘黄色，后开业的华联商厦也在制服色彩上动脑筋，经营者认为："我们决不步人后尘，只要那五家用过的色系，我们决不再用！"他们邀请年轻设计师黄波专门进行形象设计，他比较挑选了一个月，最终选用浅青莲色为制服色彩，从而与其他商场制造差别化，提高市场竞争力。

第三，标准色的设计应当有利于企业产品的销售，打开市场，与公众的心理相吻合。在迎接国外企业的挑战中，我国的企业势必要走出国门，打入世界市场，因此，设计也应符合国际潮流。现在世界上企业的色彩正在由红色系渐渐转向蓝色系，追求着一种体现理智和高技术精密度的色彩象征。

3.标志色的选择。

第一,选择单色标准色。单色标准色强烈、刺激,追求单纯、明了、简洁的艺术效果,能给人以强烈的视觉印象,能够给大众留下牢固的记忆,这是最为常见的企业标准色形式。① 如海尔用"海尔蓝"作为标准色,体现空调、冰箱、冷柜等家电产品的功能特征和产品形象;曾经辉煌一时的柯达胶卷的黄色,充分表达色彩饱满、璀璨辉煌的形象。这些都是采用单色标准色的设定方式。

第二,选择双色标准色或三色标准色。为了塑造和丰富色彩的企业形象,可以选用双色标准色或三色标准色彩的搭配,以追求色彩搭配、对比的效果,如百事可乐采用红、蓝色的组合形成丰富美感、"富安娜"的标志两道椭圆形的光环围绕着字母F的艺术变形,艺术变体柔美、极富动感和延展度,标志的背景由红、蓝、白三种颜色组成:红色表示热情奔放,以温暖的色彩衬托富安娜具有十足的活力;蓝色表示企业大海般的生存力量:质朴、深沉,象征富安娜具有大海般的柔情;白色表示企业洁白无瑕的生存本色:纯洁、无暇,象征着富安娜人用自己纯洁而真诚的心为大众创造甜美的睡眠生活。

第三,标准色+辅助色。有许多企业建立多色系统作为标准色,色彩虽然很丰富,但应该有一种色彩是主要的,也就是企业的标准色,而其他的色彩应该是辅助性的。

总之,企业形象标准色的设定应该建立在企业经营理念、组织结构、经营策略等总体因素的基础之上。标准色设计要尽可能单纯、明快,以最少的色彩表现最多的含义,达到精确、快速地传达企业信息的目的;标准色设计应体现企业的经营理念与产品的特性。② 中国邮政公司深谙此道,采用绿色为其标准色,因绿色在交通中是安全与畅通的信号,与公司的性质搭配得天衣无缝。而医药类企业的标准色一般会选择蓝色、绿色,而不能采用较为刺激的大红和黄、橙以及象征死亡和神秘的黑色和紫色。

---

① 高林娟:《浅谈企业CI设计中的标准色彩设计》,《科技信息(学术版)》2007年第5期。

② 石磊:《论企业形象识别与品牌构筑中的标准色设计》,内蒙古师范大学2008年硕士学位论文。

五、吉祥物与特形图案设计

人类运用图形来传达讯息，比运用文字去沟通还要早。简练独特的图形设计，能在瞬间给人深刻的印象。太极与八卦图形，是中国远古时代象征阴阳易理的标记，至今还深入人心。①

1. 吉祥物设计。

吉祥物是为了强调企业性格、配合广告宣传而专门创作的有生命力的形象。吉祥物的形象可以是人、动物或者植物。通过拟人化处理，达到活跃气氛的目的。立体的、真实的、有生命力的形象更能引发公众的兴趣，使企业在公众心中留下和蔼可亲的印象。

创作吉祥物要以企业特征或企业文化为基本出发点，塑造适合企业发展且有利于传播的美好形象。“米其林轮胎”根据经营范围创作了吉祥物形象，米其林集团是全球轮胎行业的领导者，逾百年前建立于法国的克莱蒙赞朗。米其林(Michelin)的吉祥物，体态圆润、举止滑稽的比邦多姆(Bibendum)伴随着米其林轮胎走世界，并逐渐深入人心。英圈《金融时报》曾把比邦多姆评为“21 世纪最佳企业标志”。麦当劳叔叔是麦当劳速食连锁店的招牌吉祥物，其知名程度仅次于圣诞老人。麦当劳品牌为吉祥物注入无限活力。他身穿黄色服装，时尚的爆炸发型与大红短靴相映成趣。他以特有的笑容迎接着公众的光顾。

2. 特形图案设计。

特形图案是企业经营理念和品牌形象中富有地方特色的或具有纪念意义的具象化图案，如图案化的人物、动物或植物。选择具有纪念意义或典型特征的形象物，经过设计，赋予其人格精神，以强化企业性格，突出品牌效应，塑造整体企业形象。②

特形图案设计的特征主要表现在两个方面：首先，个性鲜明。特形图案应富有地方特色或具有纪念意义。选择特形图案和企业内在精神是有必然联系的。其次，图案形象应有亲切感，让人喜爱，以达到传递信息、增

---

① 张晓亮等：《相由心生　相由心转——论企业形象设计》，《河北工程大学学报(社会科学版)》2007 年第 4 期。

② 阚镭：《特形与象征在企业形象设计中的意义》，《广州大学学报(社会科学版)》2007 年第 7 期。

强记忆的目的。

娃哈哈集团的儿童形象设计非常成功，其浓郁的商业意味和商业幽默感令人寻味和喜爱，它不是一个孤立的特形图案，而是与企业文化、品牌形象紧密联系在一起的。娃哈哈儿童虽不像海尔兄弟一样有出处，但其绿衣红裳，头戴小红帽，配一个单纯的娃娃笑脸，正如"娃哈哈"三个字一样，相当喜气。公司的目标是打入国际市场，走国际化多元化路线，一个通俗易懂的标志显得尤为重要。任何国家任何民族都不会不了解笑脸、记不住笑脸，微笑是全人类共同的语言，这也是图案形象设计时的深远意义。红色的色彩运用，既是中国红的体现，又符合了标志图像设计热情的特点。正是由于标志图文并茂的表达，更加让人记住了这个品牌，这些为娃哈哈公司走向世界打造了一把金钥匙。

特形图案设计创意的审美取向主要表现在以下几个方面：第一是拟人化，即通过卡通形式或形象的叠加、改换，赋予无生命的或非人性的事物以生命和人的外貌特征、生理特征、性格特征、精神特征，或幽默或怪诞或滑稽可笑，更贴近生活，从冷冰冰的企业变得与人性亲近。第二是夸张化，即把图形的某一局部或整体进行夸张变形，从而强化形象的特征，达到强调主题或增强独特性和趣味性的目的。第三是几何化，即把具象形变为由纯粹的点线面构成的抽象形。其特点是具有秩序、规律，容易与设计的基本元素相协调，易于识记。第四是符号化，即运用承载着某种特定文化的字体或符号以加强主题的文化基调与文化传统背景，如太极图、龙、凤凰、中国结、十字架等特形符号。第五是复古化，即把与企业相关的具有重大意义的人或物作为造型的基础形象，从而突出其悠久的历史，企业精神文化的深厚积淀，令人产生直接的信任感。第六是寓意化，即借助人们熟知的寓言或故事中的某人、某物的形象，表达一种深刻的寓意和潜在的文化内涵，此种方法特别适合老字号企业。

第三节　视觉形象应用要素设计

应用设计是企业视觉形象设计中的重要组成部分，与公众直接接触，紧密联系，其中包括办公类、服饰类、指示类、车体类和展示类等。应用部分种类繁多，主要根据企业特征和经营内容而制定，应用项目的增加或减少皆由企业的发展状况决定。

一、办公用品设计

1. 办公事务用品设计。

办公用品包括名片、信封、信纸、工作证、合同书、旗帜、请柬、礼品等诸多项目，企业性质不同，企业所需办公用品在项目上也要有所调整。办公事务用品的设计制作应充分体现出强烈的统一性和规范化，表现出企业的精神风貌。其设计方案应严格规定办公用品形式排列顺序，以标志图形安排、文字格式、色彩套数及所有尺寸依据，以形成办公事务用品的严肃、规整、精确和统一规范的格式，充分体现企业的独特风格，同时也展示出现代办公的高度集中和现代企业文化向各领域渗透传播的攻势。[1]

在设计办公事务用品时，除了考虑简洁性和美观性外，还应充分考虑其他功能和材质等实际应用因素。有关企业形象的表现要严格遵循基础要素，规范严谨，以树立完整统一的企业形象。

办公用品是应用部分中使用频率较高的企业用品，其设计需要具有相对的稳定性。统一的视觉形象使企业办公用品整齐、鲜明，从而有效地传播企业信息。办公用品的设计要以基础部分的设计作为出发点，体现办公用品的属性。在色彩的使用上应以企业标准色彩为基础，配合使用辅助色彩和辅助图形。应用设计要突出企业的经营内容和价值定位，显示企业的时代观念和文化品位。总之，办公用品的设计要求体现企业的理念，与时俱进的表现形式，鲜明的设计意图和规范的组合模式。

2. 包装类设计。

伊卡璐之所以受众多年轻女性的青睐，与其漂亮的产品包装不无关系。透明的瓶身，悦目的颜色，简单的设计，醒目而清新。其外观设计将“透明”这一时尚元素发挥到极致。女性们只是看着它，把玩着它，就已经是一种视觉的享受。伊卡璐浓郁的天然花香、珍贵的草本精华，盛在简单透明的包装中，大自然的气息扑面而来。还有什么比透明的包装更能完美诠释“回归自然”的主题呢？还有什么比透明的包装更能让你亲近和喜欢的呢？

包装设计要强调代表企业形象的基础要素，如企业标志、企业名称或

---

① 郑晓华：《南天集团整体形象 IV 设计》，南昌大学 2011 年硕士学位论文。

品牌标志、品牌名称。如果运用到标准色彩和辅助色彩以外的色彩或装饰图形、图片等元素时，要与标准色彩和辅助色彩相协调统一。包装中出现的字体要选择可读性强的文字，但仍要与基础要素中规定的字体相统一。

包装也是一种语言，要善于利用材料、技术、设计美感等一切语言，最终形成既具有品牌个性风格又突出企业整体形象的产品包装。

3. 企业内部和外部建筑环境。

企业外部建筑环境设计主要包括建筑造型、门面招牌、路标指示牌等，是企业形象在公共场合的视觉再现，是一种公开化、有特色的群体设计，标志着企业面貌特征系统。在设计上借助企业周围的环境突出企业识别标志，体现企业形象的标准化和正规化，获得公众认同。

企业内部建筑环境，是指企业的办公室、销售厅、会议室、休息室、产房内部环境形象。设计时是把企业识别标志贯彻于企业室内环境之中，从根本上塑造、渲染、传播企业识别形象，并充分体现企业形象的统一性。主要包括企业内部各部门标识、企业形象牌、吊旗、吊牌、pop 广告、货架标牌等。

雅戈尔十分注重内部和外部的建筑环境设计。其专卖店皆为欧式风格，罗马柱及大气的拱门造型，以突显雅戈尔时尚、高端的品牌地位，表达一种体验式的营销方式。图 10-3 为杭州延安路雅戈尔品牌旗舰店，是雅戈尔品牌形象的最好展示。

4. 环境指示系统和交通运输类设计。

在设计环境指示系统时，主要是以运用基本要素的标准组合形式为基础，根据实际情况进行设计，要与周围环境相协调，简洁醒目，信息传达准确，规范而统一。在视觉形象设计系统中，环境指示类作为 VI 的应用设计，为企业起到了指示引导的作用，同时也美化了企业环境。环境指示设计要注意延展性、可操作性、国际性和差异性。

交通工具其实是一种流动性、公开化的企业形象广告。其反复地流动给人以瞬间的记忆，有意无意地建立起企业的形象。对交通工具广告的设计，应具体考虑它们的移动和快速流动的特点，要运用标准字和标准色来统一各种交通工具外观的设计效果。企业标志和字体应醒目，色彩要强烈才能引起人们注意，并最大限度地发挥其流动广告的视觉效果。

图 10-3　雅戈尔品牌形象旗舰店装饰图

车辆外观设计应注重标准标志、辅助图形及标准字体之间组合的完整，并与车体、车身之间组合的协调，防止标志、标准字等信息要素被车门或车窗切割。

二、员工制服设计

因为制服与全体员工切身相关，所以员工都很关心，从而提高了对活动的理解与参与意愿。而且，从形象层面来评价制服的话，它还是“企业的面子”。公司职员与客户接触或走在街上时穿的制服，是传达品牌形象的有效工具。制服已成为企业形象的重要组成部分，对内可以提高对品牌活动的参与意愿，对外则是形成品牌形象的重要工具。

1. 制服设计的任务与效果。

从一般工作服，到要求当作品牌对外宣传品、有识别性的制服等，整体设计是很重要的。正如拿破仑所言，“人因制服而成为人物”，制服对于企业形象设计而言，不论是对内或对外的任务与效果，都是最重要的项目。制服设计首先要反映业务种类、业务形态，其次要比其他竞争品牌的识别性占优势，还要有时代感，要与穿着环境相配合，更要与企业形象协调。

在设计服装时应以实际情况为基础，以便于日常使用为准则，充分考虑到服装的色彩、款式、材料的具体情况。在色彩上，应与企业的品位及环境相协调。还应区分企业内部员工的不同分工。高层管理员工服装色彩应沉稳，中层管理员工服装色彩应明快、简练，普通员工服装色彩应鲜明。在材料上，应根据企业的财力和工作需要选择布料。在款式上，应体现企业理念，并与企业精神相关，更要适应职务特点。除一般衣服的三要素即审美性、象征性、机能性之外，应加上识别性、经济性和环境的调和性，以提高工作意愿与企业的共识。甚至，采用制服成为企业品牌形象的一环时，再度表现品牌标志及色彩，设计出更能表现品牌理念的制服。

2.制服开发对象与设计要件。

制服设计系统的开发对象，除了事务用、待客用、作业用等服装种类，还应包含徽章、臂章、帽子、遮阳帽等附属品，甚至连穿着手册等软件的开放也包括在内。在此就服装的设计开发，从服装种类的形象层面及机能层面，依序整理的要件：制服设计考虑第一容易活动，穿时舒适；第二容易穿脱；第三要卫生、健康，没有材料、缝制、强度等方面的问题，清洗简单而且经济，等等。

三、企业形象广告设计

企业形象广告是为扩大企业知名度，树立企业形象，求得社会公众对企业的支持与帮助，并接受广告宣传者自身的观点而进行的广告宣传，目的不在于推销具体产品或服务，而是希望公众了解企业、接受企业并支持企业。公共关系广告是一种特殊形态的广告，与一般商品广告相比有着不同的特征。

1.企业形象广告类型。

企业形象广告的主题是企业的观念、实力、声誉和形象。意义不同的企业形象广告，发挥着不同的作用和影响，企业形象广告的具体形式是多种多样的。

企业广告又称形象广告，广告的目的是树立企业的形象和信誉，提高知名度。它们在广告的制作中，把企业的价值观念以新颖鲜明的形式表现出来，使之成为企业的一个基本象征。广告的内容主要是宣传企业的理念、成就、职能、人才优势、经营之道和社会贡献等，以期对内产生凝聚力、对外产生吸引力，使企业形象深入千家万户。

观念广告又称创意广告，是企业以自身的名义，事先发起某种社会活动，或提倡某种有意义的新观念的广告，引导和鼓动公众的消费和购物意向，为加强市场竞争能力旁敲侧击，暗示启发，渲染烘托。如近来在眼花缭乱的商品房广告中，由深圳国际服务公司策划代理的“城市花园”广告，定位为万科为万家，普通市民拥有温馨的家园。采用系列广告的形式，以“明天我们将住在哪里？”的设问句为题，连续推出系列广告画面，均以提倡新观念为内容，饶有趣味的构图，伴以富有哲理的诗句。其中一则创意广告，以红绿灯为背景，以“爸爸，绿灯还没亮！”为题，从提倡遵守交通规则引申到家长要为孩子指点人生的道路这一深刻的主题。还有的以人们排队等车为画面，大标题为“如果每人都让一步”，提倡井然有序的社会环境、文明礼让的传统美德，点出“明天我们将住在——秩序井然、文明祥和的环境里”，与主题设问呼应；再如，以手持香蕉皮的小女孩为背景，以“爸爸，往哪里扔？”为标题，从提倡“请不要随手乱扔垃圾”点出“明天我们将住在一个清洁的环境里”，照应主题设问“明天我们将住在哪里？”广告画面似乎与商品房推销风马牛不相及，而实际上却是通过奇特的构思，将提倡新观念与树立企业形象有机地结合起来，同时也巧妙地传播有关商品房销售的信息。

社交广告又称响应广告，这种广告强调组织与社会生活各方面的关联性和公共性。其表现方式是企业的某种重大政策、活动、成就或事件等通过广告表示支持、响应、祝贺，表明企业对社会和外部环境的积极参与和责任感，有利于建立和增强企业与公众间的亲密感情，从而扩大企业的影响力，提高声誉。

2. 企业形象广告定位策略。

在企业形象广告策划中，通常把理性与感性结合起来表现，“情”与“理”结合起来的表现手法能赢得更多的社会公众的理解和接受，可以满足不同层次社会公众的心理需求。形象广告定位过程是寻找、评估并发挥企业或产品竞争优势的全过程。首先要明确潜在竞争优势，竞争优势只有在与竞争者比较中才能产生，而竞争优势一般分为成本优势和产品差异化。如果具有价格优势，其价格必然会低于同行业竞争者的产品价格，产品的竞争优势就强。产品成本取决于企业的经营管理活动，因此，企业应对其进行认真核算，同时要了解竞争对手的情况，并以此作为本企业的基准点，只要本企业产品成本低于这一点，也就获得了竞争优势。

设计和制作完美的企业广告，关键在于科学、系统的策划，而策划的核心部分又在于企业形象的科学定位。企业形象广告定位是由60年代的印象广告和70年代的产品定位广告演进而来的。企业形象定位策略主要有整体性策略、哲理性策略和情感性策略。

整体性策略。企业形象广告定位是企业文化特征的整体性、综合性的定位表现。这种定位能够消除因销售场所的市场气氛太浓而造成的公众心理上的不安与烦躁,将公众纳入一种文化氛围中,享受亲切的服务。如康佳的"康乐人生,佳品纷呈",就是整体企业文化特征的集中体现。

哲理性策略。企业广告是企业整体性特征的集中表现,而企业文化生命力来源于深邃的哲学内涵,因此这种定位必然带有抽象的哲理色彩。企业形象广告不同于产品广告,它要表达的是抽象的形象、个性,或者说是一种企业精神、情感,一般用一个与产品无直接关系的场面、情节等来隐喻企业形象。①

情感性策略。企业形象的传播对象是具体的具有感情的活生生的人,而感情是人类行为中最为复杂的一面,也是人类生活中最为重要的一面。所以,企业广告定位的形象和语言越来越有人情味,越具感情色彩,就越能与公众沟通,使社会公众增进对企业的了解,最终赢得公众的信任。金利来的形象广告在人情味方面堪称典范:"一个仪表出众的男人,一个富于冒险精神的男人,一个以事业为第一生命的男人,一个有艺术气质的男人,一个知情识趣的男人。金利来——男人的世界。"企业形象广告要宣传的不仅是商品本身,所以想要达到的效果很大程度上是公众心理的认同。另一方面,企业形象的树立靠的是超于物质的精神追求,也就是企业自身的精神诉求以及与公众的精神沟通;而其成功往往就要从精神理念入手,这就需要赋予企业形象广告以精神诉求的意义,起到事半功倍的效果。企业形象广告中的诉求,从广告语言到创意方式,均富有情感,充满人情味,从而就拉近了企业与公众的距离。情感是企业与客户沟通的最佳手段,只有让顾客感觉亲近,才能形成对企业的认同。

视觉识别系统设计在近一百年的发展历史中,经历了形成、发展、成熟等各阶段。在设计手法和设计语言不断得到补充和完善的同时,其内

① 武小非:《中国传播民俗在广告文案创作中的应用》,《今传媒(学术版)》2008年第2期。

容和形式也日益丰富和多样化。“天有时、地有气、材有美、工有巧。合此四者，然后可以为良。”这是中国古代技术传统中深刻的造物原则。这对于视觉形象设计有重要的借鉴作用。视觉形象设计应以神领形、以形传神，通过视觉形象展示企业独特个性，彰显企业的精神实质和理念，有效塑造企业个性化的形象。

四、企业视觉形象提升策略

企业视觉形象提升，是指一种形象在原有水平或状态下的提高，表现在两个层面上，其一是形象认知度的扩大，表现为认识企业形象的群体增多，认知人员范围的扩大。其二就是形象认可度的提高，表现为认知者能接受形象，以及对形象有一个较好的评价。形象提升是任何企业都希望的，它会给企业各个方面都带来收益，尤其是市场营销和竞争力提高方面。

企业导入视觉形象设计很重要的一个目的就是提升形象，通过 CIS 导入使企业形象获得大幅提升，带给企业丰厚的收益。形象提升战略及其相关的策划主要是针对已在市场中建立的形象，即企业形象已经具有了一定的知名度和美誉度。对于这种企业如何通过 CIS 的应用，通过一种有效的策划策略来实施形象提升，是需要深入研究的领域。企业视觉形象的提升策略主要表现以下几个方面：

1. 优势提升策划策略。

这种策划策略又称高举高打，它更多是以放大与提高企业及产品优势来提升企业形象的策划策略，这种形象提升策划在实施中带有强势色彩，所以又称为强势策划。采用优势提升策划策略，企业必须具备一些市场中的显著特点，首先是企业要在市场中有较高的知名度，产品有一定的认可度并有较为广泛的市场关注和追随群体。其次是产品有较强的综合实力，品种多、品质好、售后服务体系完备、传播手段丰富等。并且企业品牌有较高的精神价值内涵，品牌的使用能够延续到身份、实力层面。

2. 劣势改进策划策略。

这一策划策略又称低出高打，它是以发现问题、承认错误、努力改进、弥补不足为基本宗旨的策划，所以也称劣势改进策划。其做法主要是努力从市场和公众中去发现企业的主要不足之处，对不足主动揭底、敢于承认,并采取有效手段努力改正错误,让公众尽可能地看到改正错误的结果和过程。企业以此方式获得公众对企业形象的重新判断、认识和肯定。

3.综合提升策划策略。

这一策略又称提优改缺并进策划,这是一种非常理想化的形象提升策划策略。其立足点在于通过对企业形象中已有优点的发扬和存在缺点的改进,使自身形象在不断提升的基础上日趋完美化。

4.对比提升策划策略。

这种策略是应用度较高、应用较多的策划手段。这种策略着重通过CIS的导入形成企业在形象方面的某种独到特点,以此建立在市场中的某种差异化概念,即自身与同行其他企业的明显不同之处。这种策略又称对比策划,即把自身的形象优势与主要特点与同类产品或品牌进行比较,通过分析比较形成一种特有的形象概念特点,当然这种形象概念不一定都是优点的放大,更多是一种特点的表现。在特点放大的基础上,努力在公众心智建立起一种独特的心理感觉,以此形成一种特定的偏爱性消费及相对固定的消费群体,最终达到提升企业形象的目的。

主要参考文献

[1] 陈立旭. 区域工商文化传统与当代经济发展[J]. 浙江社会科学,2005(3).

[2] 陈学文. 历史上的龙游商帮[J]. 今日浙江. 2004(5).

[3] 陈学文. 浙商的历史溯源:地域、时段、人文基因的交互融合[J]. 商业经济与管理,2007(4).

[4] 陈渊. 统一品牌策略与差异品牌策略比较研究[J]. 理论研讨,2007(12).

[5] 陈祖芬. 关于浙商的文化解读[J]. 企业文化,2007(6).

[6] 戴建中. 现阶段中国私营企业主研究[J]. 社会学研究,2001(5).

[7] 丁家永. 广告营销中情感心理机制与品牌策略[J]. 江苏商论,2005(12).

[8] 董惠民. 近代浔商迅速崛起的原因探析[J]. 安徽史学,2004(4).

[9] 窦军生,贾生华. 家业何以常青[J]. 管理世界,2008(9).

[10] 符晓黎. 简论范蠡商业活动中的管理思想[J]. 商业时代,2006(5)

[11] 傅允生. 工商业传统与区域经济发展关联分析[J]. 经济学家,2003(5).

[12] 何丽野. 浙商转型:打造"水火相济"的商业文化观念[J]. 商业经济与管理,2007(11).

[13] 黄朝晖. 企业形象设计的市场需求与设计模式[J]. 安徽建筑工业学院学报,2009(6).

[14] 贾生华. 企业家能力与企业成长模式的匹配[J]. 南开学报(哲学社会科学版),2004(1).

[15] 李建华. 当代浙商的人文精神[J]. 商业经济与管理,2008(2).

[16] 李永刚.浙江现代经济增长与传统文化理性[J].中共杭州市委党校学报,2003(6).
[17] 李昱.龙游帮:曾是大商帮[J].中国中小企业,2007(3)
[18] 李祝平.产品品牌策略研究[J].华商循环经济与管理,2007(3).
[19] 刘立君,朱学强.企业人格化和人格企业化[J].企业文化,2006(1).
[20] 刘岩.企业形象策划与企业文化建设的关系[J].中国经贸导刊,2011(3).
[21] 吕福新.论"浙商"从边缘到主流——基于"世界之中国"的视角[J].浙江社会科学,2007(3).
[22] 吕福新.再创浙商新优势[J].管理世界,2004(10).
[23] 缪仁炳.浙商创业特点、文化渊源与超越演进[J].商业经济与管理,2006(10).
[24] 任晓.试论"欧商"文化的传承与建构[J].温州职业技术学院学报,2005(9).
[25] 石琼.浙江经济发展的文化动因分析[J].北京工商大学学报,2002(5).
[26] 宋行标.论范鑫的经商思想及其影响[J].浙江经济,2005(5).
[27] 谭典.浅谈品牌策略下的广告策略形成[J].艺术理论,2007(8).
[28] 吴伟强,张彩珠.传统浙商的理性精神[J].商业经济与管理,2008(1).
[29] 徐勇.浙商要成为哲商——顾晓鸣教授谈浙商与文化[J].观察,2008(8).
[30] 尹铁.论近代浙商崛起的社会历史条件[J].浙江教育学院学报,2007(7).
[31] 俞位增.宁波商帮精神与现代商帮人才培养[J].商场现代化,2007(1).
[32] 虞杭,吴晓红.浙江经济发展的文化底蕴及区域特色[J].商业经济与管理,2003(4).
[33] 张敏杰.论浙商的转型与非经济因素[J].商业经济与管理,2007(l).
[34] 章剑鸣.浙商文化的历史探源[J].广西社会科学.2005(11)
[35] 诸葛铠.象征与中国装饰艺术的传承[J].装饰,2004(3).

[36] 白光. 中外品牌案例[M]. 北京:北京经济出版社,2002.
[37] 陈化龙. 易商:化易经为商经[M]. 北京:中国财富出版社,2012.
[38] 陈学文. 诚信是明清时期龙游商帮的经商之本[M]. 浙江方志,2002(3).
[39] 程承坪,魏明侠. 企业家人力资本开发[M]. 北京:经济管理出版社,2002.
[40] 董平. 浙江思想学术史——从王充到王国维[M]. 北京:中国社会科学出版社. 2005.
[41] 冯云廷,李怀斌. 企业形象设计[M]. 大连:东北财经大学出版社,2003.
[42] 高超. 宗庆后如是说娃哈哈方法[M]. 北京:中国工人出版社,2004.
[43] 郭汉尧. 品牌金规如何构筑企业品牌[M]. 北京:中国经济出版社,2009.
[44] 韩永学. 浙商文化研究[M]. 哈尔滨:哈尔滨地图出版社,2007.
[45] 胡连元. 美学概论[M]. 北京:高等教育出版社,1989.
[46] 君子. 中国的"犹太人":浙商传奇[M]. 沈阳:沈阳出版社,2011.
[47] 乐承耀. 宁波帮经营理念研究[M]. 宁波:宁波出版社,2004.
[48] 李 兰. 中国企业家战略选择[M]. 北京:中国人民大学出版社,2012.
[49] 李道平. 企业形象策划[M]. 北京:中国商业出版社,2000.
[50] 李飞,等. 定位案例[M],北京:经济科学出版社,2008.
[51] 李亦园. 中国人的家庭与家的文化[M]. 台北:巨流图书公司,1988.
[52] 李毅. 礼觉传达中的企业形象设计——CIS 深层揭示[M]. 北京:机械工业出版社,2012.
[53] 林磐耸. 企业识别系统[M]. 台北:艺风堂出版社,1991.
[54] 刘光明. 中外企业文化案例[M]. 北京:经济管理出版社,2001.
[55] 吕福新. 企业家角色人格——对企业家的哲理思考[M]. 北京:经济科学出版社,2001.
[56] 吕福新. 浙商人文精神[M]. 中国发展出版社,2008.
[57] 吕福新. 浙商研究 2010:浙商群体转型发展的思路[M]. 杭州:浙江工商大学出版社,2010.
[58] 吕福新. 浙商转型研究[M]. 北京:中国发展出版社,2006.

[59] 罗长海. 企业形象原理[M]. 北京:清华大学出版社,2003.
[60] 罗英,凌志. 世界著名品牌与文化[M]. 北京:金盾出版社,2009.
[61] 饶德江. CI 原理与实务[M]. 武汉:武汉大学出版社,2002.
[62] 任立,品立特. 破解定位打造强势品牌的截拳道[M]. 北京:中国水利水电出版社,2010.
[63] 盛世豪,郑燕伟. "浙江现象"——产业集群与区域经济协调发展[M]. 北京:清华出版社,2004.
[64] 田嫒嫒. 精明的浙江人,可怕的温州人[M]. 上海:文汇出版社,2011.
[65] 王福振. 浙江人凭什么[M]. 哈尔滨:黑龙江教育出版社,2012.
[66] 王锐. 卖点品牌化与品牌卖点[M]. 北京:中国时代经济出版社,2005.
[67] 王维平. 企业形象塑造论[M]. 北京:北京大学出版社. 1998.
[68] 王孝通. 中国商业史[M]. 北京:团结出版社. 2007.
[69] 王振. 浙商的 268 条生意经[M]. 北京:石油工业出版社,2009.
[70] 魏国. 100 个成功的品牌策划[M]. 北京:机械工业出版社,2002.
[71] 温金锁. 温州之春——党的十一届三中全会春风[M]. 北京:光明日报出版社,2000.
[72] 翁向东. 本土品牌战略[M]. 杭州:浙江人民出版社,2002.
[73] 吴国欣. 企业形象设计[M]. 上海:上海交通大学出版社,2005.
[74] 吴慧. 中国商业通史[M]. 北京:中国财政经济出版社. 2006.
[75] 吴思,朱斯佳. 可怕的浙商:中国第一商帮的创富秘籍[M]. 北京:现代出版社,2012.
[76] 吴照云. 企业国际形象塑造[M]. 南昌:江西高校出版社. 1995.
[77] 肖鹏. 垮掉的品牌[M]. 北京:中国水利水电出版社,2005.
[78] 辛薇. 杭商与杭州经济竞争力[M]. 杭州:浙江工商大学出版社,2012.
[79] 辛薇. 杭商与杭州社会建设[M]. 杭州:浙江工商大学出版社,2012.
[80] 辛薇. 新兴杭商[M]. 杭州:浙江工商大学出版社,2014.
[81] 徐王婴. 浙商之变[M]. 杭州:浙江人民出版社,2005.
[82] 徐王婴. 中国龙起[M]. 杭州:浙江古籍出版社,2012.
[83] 严晨,严渝. 促企业形象与视觉传达[M]. 北京:中国经济出版

社,2004.
[84] 杨艾祥.马云创造[M].北京:中国发展出版社,2006.
[85] 杨宏建.浙商是怎样练成的[M].北京:北京工业大学出版社,2006.
[86] 杨宏建.浙商是怎样炼成的仁[M].北京:北京工业大学出版社,2006.
[87] 杨轶清.浙商制造——草根版 MBA[M].杭州:浙江人民出版社,2003.
[88] 杨涌泉.中国十大商帮探秘[M].北京:北京管理出版社,2005.
[89] 余明阳,戴世富.品牌文化[M].武汉:武汉大学出版社,2008.
[90] 余明阳,杨芳平.品牌定位[M].武汉:武汉大学出版社,2008.
[91] 余明阳,朱纪达,肖俊松.品牌传播学[M].上海:上海交通大学出版社,2005.
[92] 余明游.名牌战略的王牌[M].武汉:武汉大学出版社.1999.
[93] 张德,吴剑平.企业文化与 CI 策划[M].北京:清华大学出版社.2000.
[94] 张俊杰.浙商模式[M].北京:中国经济出版社,2005.
[95] 张维迎.企业的企业家——契约理论[M].上海:上海人民出版社,1995.
[96] 郑勇军,袁亚春,林承亮,等.解读"市场大省"——浙江专业市场现象研究[M].杭州:浙江大学出版社,2002.
[97] 支林.CI 企业形象设计[M].上海:上海交通大学出版社,2006.
[98] 周膺.杭商的文化学特征与杭州人文精神[M].杭州:浙江工商大学出版社,2010.
[99] 庄丹华.宁波商帮文化[M].北京:北京理工大学出版社,2012.
[100] [法]保罗·S·麦耶斯.知识管理与组织设计[M].珠海:珠海出版社.1998.
[101] [法]查尔斯·M·萨维奇.第五代管理[M].珠海:珠海出版社.l998.
[102] [美]艾·里斯,劳拉·里斯.品牌的起源[M].太原:山西人民出版社,2010.
[103] [美]菲利普·科特勒,[德]弗沃德.B2B 品牌管理[M].上海:上海

人民出版社，2008.
[104] [美]迈克尔·莱文. 品牌化世界[M]. 上海：上海人民出版社，2008.
[105] [美]尼尔·A·雷恩. 管理思想的演变[M]. 北京：中国社会科学出版社，1986.
[106] [美]斯科特·贝德伯里，斯蒂芬·芬尼契尔. 品牌新世界[M]. 沈阳：辽宁教育出版社，2004.
[107] [美]威廉·鲍莫尔. 资本主义的增长奇迹——自由市场创新机器[M]. 北京：中信出版社，2004.
[108] [美]约瑟夫·熊比特. 资本主义、社会主义与民主主义[M]. 上海：商务印书馆，1999.
[109] [美]詹姆斯·昌佩. 管理的变革[M]. 北京：经济日报出版社，1998.
[110] [美]詹姆斯·罗尔. 媒介、传播、文化——一个全球性的途径[M]. 北京：商务印书馆，2005.
[111] [日]松下幸之助. 松下经营之道[M]. 北京：军事译文出版社，1994.
[112] [日]植条则夫. 广告文稿策略[M]. 上海：复旦大学出版社，1999.
[113] [英]保罗·斯图柏特. 品牌的力量[M]. 北京：中信出版社，2000.

后　记

“世界不是既成事物的集合体，而是过程的集合体。”浙商企业也是如此，有其产生、发展的演变过程。当年马云创办湖畔大学，就课程设置，他本人提出一个建议，就是研究民营企业的死亡。死亡是企业的最终结果，把死亡过程研究清楚了，一个企业就能从反面观照何以能活，能活多久，能否活得有尊严、有诚信、有意义。由此，通过浙商企业形象人文化探源、人格化探魂、人性化探术，探索浙商企业生存之道、长盛之魂，可以让浙商企业活得更长、更具魅力、更有价值！

当前，市场经济正在从野蛮生长状态进入法制秩序状态，进入新常态的浙江经济正在从“要素租金”向“创新租金”驱动的经济发展模式转型，即从制造经济向创新经济转变，浙商正站在经济社会转型、产业升级的“跑道”上。然而，和前些年相比，浙商却已经散失原有制度优势和人才优势，现又正值浙商家族企业代际传承高峰，遭遇金融危机和人才瓶颈，加上市场经济力量的“倒逼”，再度将浙商企业推到了风口浪尖。

浙商企业既是创造利润的实体，更是创承文化的载体，要适应和引领新常态，重塑企业形象是一道绕不过的坎。“哲商”是浙商企业生存之道，“责商”是浙商企业发展之本，“诚信”是永恒的商道；企业文化和企业家精神是浙商企业形象之魂，形象管理与创新是浙商企业形象之术。在“魂”的指导和引领下，提升“术”的策略和技能。从浙商到“哲商”“责商”，浙商必须从“有钱人”向“文化人”转变、“创业者”向“事业家”转变、“经济人”向“社会人”转变，努力践行中华民族复兴的重任。创新形象管理打造最美浙商：浙商“智造”的最优产品和服务形象、浙商创建的最优品牌和诚信形象、浙商构建的最具“哲商”思维、最有“责商”担当的企业家团队和员工形象，创建新时期浙商企业形象品牌。

拙作是浙江省社科联课题研究成果，在选题策划、书稿撰写和专著出版过程中，得到了省社科联、浙江商职院、省形象设计协会及浙江工商大学出版社的关心和支持；在实地调研案例收集及采访中，得到了企业负责人帮助并提出建设性意见。还得到了骆光林、张宝忠、蓝蔚青、杨轶清、徐王婴、马跃明、何小琴、许国梁、黄益琴、符晓黎、陈丽娟、朱小峰等专家、学者和同仁的帮助，在此一并表示感谢！

在此特别感谢我的爱妻许爱玉教授，在研究和成书过程中，她给予倾力支持和帮助。

作　者

2015年11月